KB237092

경영환경의 변화와
조직의 혁신전략

경영환경의 변화와 조직의 혁신전략

양창삼 지음

한국학술정보(주)

　21세기는 변화와 혁신의 시기다. 그러나 그 변화는 불확정성과 카오스 속에서 이뤄진다는 점에서 과거와 다르다. 때로는 뉴턴의 물리법칙에서 벗어나고, 상대성원리와도 거리가 있다. 오히려 양자역학의 불확정성원리와 카오스이론이 더 지배적이다. 보이는 세계보다 보이지 않는 세계에 주목하고, 입자보다 파동의 세계에 관심을 두어야 하며, 비전에 공감하고, 버추얼 리얼리티를 사실 세계로 인정한다. 이런 때 경영자는 비선형 의사결정에 익숙해야 한다. 과거가 재현될 것으로 보는 시계열(time series) 사상의 옷도 벗어야 한다. 과거처럼 반복적 안목으로는 문제를 풀 수 없다. 단순 사이클 의식에서 벗어나 최소한 하이퍼 사이클(hyper cycle) 의식 정도는 가져야 살아남을 수 있다.

　기업의 세계는 빠르게 변화하고 있다. 기술, 제품, 서비스 모든 면에서 속도 전쟁이 붙고 있다. 초속이나 광속을 넘어 생각의 속도로 가고 있을 만큼 놀랍다. 생산자 건너편에서 구경만 하고 있던 고객도 프로슈머(prosumer)로서 생산에 적극 참여하고 있다. 과거 생산자는 그만큼 고객을 무시하며 경영해왔다. 그러나 지금 고객은 경영의 중심에 서 있다. 고객이 "아니오."하면 그것은 아니오이다. 빌 게이츠는 고객 불만(bad news)을 굿 뉴스(good news)로 전환할 수 있는 경영자가 되라고 말한다. 이젠 고객의 만족도 사전만족, 동시만족, 사후만족 모두를 함께 고려해야 한다. 이젠 고객이 경영을 선택하는 시대다.

경영환경도 놀랍게 변화하고 있다. 개방화, 투명화, 디지털화, 네트워크화는 물론 정부와 민간기업의 벽, 조직 부서 간의 벽, 조직과 환경 간의 벽이 없어지고 열린 조직을 통해 건강한 피가 흐르게 하는 노력을 하고 있다. 지식시대에 부합하여 복잡하고 폭발적으로 증가하는 정보를 소화함은 물론 메가 경쟁(mega competition) 시대에 살아남을 수 있는 전문 인력을 확보하는 일이 중요한 일이 되었다. 사람만 전문화되는 것이 아니라 제품에도 지식이 들어가 있어 제품 간 경쟁도 치열하다.

이런 경쟁시대에 경영자가 잊어서는 안 될 일이 있다. 그것은 우리가 동물적 생존경쟁을 해서는 안 된다는 것이다. 상생의 논리 아래 약자를 함께 보듬고 가야 인간답다. 경영은 패배보다 승리를 위한 것이다. 그래서 모두 승리자가 되고자 한다. 하지만 기업이 모두 성공하는 것은 아니다. 오히려 그 경쟁에서 치이고 상처 나고 죽음 직전의 상황이 더 많다. 상황이 이렇다면 경영자는 아픈 전우와 이웃을 돌볼 수 있는 창조적인 경영자로 거듭날 필요가 있다. 이 책에서는 변화와 혁신 시대에 경영을 배우고 조직을 생각하는 우리가 어떤 점을 간과해서는 안 되는가를 조금이나마 드러내고자 했다. 경영자는 변화와 혁신으로 이 시대를 이끌어가야 하는 리더다. 나아가 모두가 함께 노래할 수 있도록 만드는 오케스트라 지휘자이다. 경영은 홀로 잘 살기 위해 존재하는 것이 아니라 함께 잘살기 위해 존재한다. 그것이 조직이고, 시스템 다이내믹이다.

2008년

양창삼

차 례

제1장

변화하는 자본주의 세계와 경영의 대응전략

자본과 시장을 근간으로 하는 자본주의에 변화가 일고 있다. 자본주의든 사회주의든 변화가 있기 마련이지만 그것이 경영에 미치는 영향이 크기 때문에 간과할 수 없다. 경영은 기본적으로 자본주의를 바탕으로 하고 있다. 하지만 천민자본주의(pariah-capitalism)가 되어서는 안 된다는 공감대는 형성되어왔다. 최근 신자유주의에 대한 염려와 함께 초경쟁적 자본주의의 잔인성을 지적하는 슈퍼 자본주의, 약자와 환경을 배려하는 위코노미 그리고 나눔을 실천하려는 창조적 자본주의가 주목을 받고 있다. 이것이 경영에 어떤 영향을 미칠까.

1. 넘치는 신자유주의 물결

세계는 현재 신자유주의로 무장한 경제사상이 주축을 이루고 있다. 이 사상은 원래 자유주의에서 출발한다.

자유주의는 부르주아 시민계급의 생각이 담긴 사상을 대변한다. 자유주의는 민주주의, 자본주의, 법치주의를 세 기둥으로 하면서 시장중심의 경제, 정부개입철폐를 내세웠다. 그리고 자유보장, 자기귀속, 경쟁, 공정성, 투명성이라는 다섯 가지 원칙을 견지했다. 이에 속한 학자로 아담 스미스(탈중상주의), 밀, 오이켄 등이 있다.

신자유주의는 제2차세계대전 후 정부의 개인자유침해, 정부무능, 낭비를 비판하면서 태어났다. 이 사상은 기본적으로 관치를 거부한다. 정부개입의 남용과 오류를 배척한다. 이에 속한 학자로서 기업의 사회적 책임은 이윤극대화라 주장한 하이예크, 뷰캐넌, 프리드먼 등이 있다.

자유주의나 신자유주의는 시장경제를 바탕으로 한다. 그러나 신자유주의가 비판을 받는 것은 시장에 대한 미국의 입김이 너무 강하다는 것이다. 신자유주의를 비판하는 사람들은 미국식 획일화를 우려한다. 촘스키에 따르면 신자유주의는 강대국의 기업과 부유층의 이익을 위해 교묘히 위장된 지배논리이다. 미국은 WTO, IMF 등 세계기구를 통해 제3세계 노동자, 빈곤층을 착취하고 있다며 비판의 강도를 높였다.

그러나 대안이 없는 무조건적인 비판은 생산적이지 못하다. 우리는 시장의 논리를 피할 수 없다. 미국 사회민주주의자 마이클 월저(M. Walzer)는 그 대안으로 복합평등론을 내세웠다. 자유주의가 낳은 사회 불평등의 폐해를 공동체주의로 극복하자는 것이다. 그가 말하는 공동체주의는 가족이나 교회 등 공동체의 다양한 가치를 활용하면서 시장중심의 자유주의 전횡을 막는 것이다. 우리의 경우 중상주의적 정경유착과 관치경제를 청산하면서 정부의 과도한 개입을 부르는 복지국가형 신종개입주의를 경계해야 한다는 주장도 제시되었다. 물론 양극화 현상을 막는 것도 매우 중요한 일이다.

2. 라이히의 슈퍼 자본주의

클린턴 대통령 시절 노동부 장관을 지낸 라이히(R. Reich)가 현대자본주의의 문제점을 들고 나왔다. 자본주의 성장이 우리의 삶을 풍요롭게 해주기는 했지만 심한 경쟁으로 잔인해져 우리 공통의 목표를 성취하는 데 방해가 됐다는 것이다. 그는 이러한 자본주의에 '슈퍼 자본주의(supercapitalism)'라는 이름을 붙였다(Reich, 2007).

슈퍼 자본주의를 반성하는 것은 우리 속에 그래도 이중성이 남아 있기 때문일 것이다. 그는 그 이중성을 자본주의와 민주주의의 딜레마로 설명한다. 이것은 역사적으로 수많은 사람들을 끊임없이 괴롭혀온 자본주의와 민주주의의 딜레마다. 다음은 이중성의 보기들이다.

- 중국산 텔레비전에 열광하면서도 중국의 사회주의 체제에 대해선 위협을 느낀다.
- 엑손 모빌의 배당금을 좋아하긴 하지만 지구 온난화 문제가 은근히 걱정된다.
- 월마트의 특가 할인 제품들을 사랑하지만 그로 인해 문을 닫은 인근 소규모 상점들을 보면 마음이 편치 않다.
- 소비자·투자가로서 우리는 항상 위대한 딜(deal)들이 이루어지기를 바란다. 하지만 시민으로서의 우리는 그로 인해 초래되는 사회적 결과들을 달갑게 받아들일 수만은 없다.

우리가 왜 이처럼 이중적일까? 그것은 우리 모두가 정반대를 바라보는 두 개의 마음을 갖고 있기 때문이다. 그 이중성 때문에 다른 한쪽을 생각할 수 있게 되었다는 점에서 이중성이 꼭 비난의 대상이 되어야 하는 것은 아닌 것 같다. 하지만 생각은 그리하지만 실제로는 자신의 편익을 택한다는 점에서 우리는 더 심각한 상황에 처할 수 있다.

그는 이 문제를 바라보기 위해 자본주의와 민주주의 사이의 팽팽한 긴장감으로 우리를 끌고 들어간다. 그 긴장감은 두려움과 불확실성이 지배하는 오늘의 세계에서 더 강해질 수 있다. 그는 제2차세계대전 후 미국에서 민주주의와 자본주의가 놀랍게도 정확한 균형을 이루던 시절의 이야기를 꺼낸다. 1945년과 1975년 사이, 미국은 효율적으로 경제 시스템과 정치 시스템을 결합했다. 대량 생산 체제는 기업엔 이윤을, 사회엔 고용을 동시에 가져다주었다. 노사 간 임금 협상은 사회 전체적으로 부를 확산시켰다. 이러한 부는 곧 주머니 두둑한 소비자를 만들어 자동차와 다른 제품들을 살 수 있게 되었다. 이러한 현상이 부분적으로는 소수 기업들(oligopolies)의 담합을 통해 생산·가격·임금을 유지했기 때문에 가능했다. 무늬만 황금시대였던 이때 대부분의 사람들은 안보와 안정성 그리고 국부 증진을 그 어느 때보다 즐기고 사랑하게 된다.

하지만 이러한 시스템은 냉전 기간 중 놀랄 만한 발전을 일궈낸 기술 덕택에 결국 분열되고 만다. 교통·통신비용은 진공관이 집적회로(integrated circuits)에, 운반용 나무상자가 철제 컨테이너에 각각 자리를 내주게 되면서 획기적으로 낮아지기 시작했다. 공급 체인이 글로벌해지면서 생산자에서 소비자로 이어지는 모든 단계에서 잔인한 경쟁이 이뤄지는 시대가 열렸다. 비록 안정된 체제는 붕괴됐지만 소비자들과 투자가들에겐 더 많은 혜택이 돌아갈 수 있는 현상이었다. 머지않아 미국인들은 도요타 자동차를 타기 시작했고, 중국산 전자레인지 속에 조리할 음식을 가득 채워 넣기 시작했다. 무자비한 아웃소싱이 시작되면서 급기야 일자리가 줄어들기 시작했다. 그는 이를 '파우스트적 거래(Faustian bargain)'[1]라 한다. 아웃소싱으로 소비의 목적은 달성했지만 귀한 일자리를 잃었기 때문이다.

그렇다고 우리가 기업의 최고경영자들을 무턱대고 탓할 수만은 없다. 그들은 소비자가 바라는 대로 할 뿐이다. 만약 정치인들이 진정으로 월마트의 CEO 리 스콧(Scott)이 보다 많은 직원들의 복지를 향상시키기를 원한다면 규칙을 바꿔야만 한다. 하지만 안타깝게도 일상의 정치는 경쟁에서 조금이라도 앞서 보려고 몸부림치는 기업들에게 점령당했다. 로비경쟁에 갇힌 것이다. 가장 확실한 해결책은 바로 이런 흐름을 멈추게 하는 법을 만드는 것이다. 하지만 국회가 기꺼이 동의하리라는 보장은 없다. 이런 경우 시민이 나서 개혁을 외치는 것이 바람직하다.

슈퍼 자본주의 사회는 지금 파우스트적 거래로 인해 몸살을 앓고 있다. 공존의 틀을 무너뜨리고, 사회는 악화되어 가고 있다. 풍요 뒤에 숨은 잔인함을 어떻게 치유할 수 있는가. 이 일은 정치가의 책임 영역에만 해당되는 것이 아니다. 경영자도 함께 찾아 나서야 기업이 살 수 있다.

---

1) 파우스트 거래는 파우스트와 악마로 등장하는 메피스토펠레스와의 거래에서 나온 것이다. 파우스트는 메피스토펠레스에게 "내가 순간을 향해 '머물러라 그대는 아름답도다.' 말한다면 그땐 자네가 날 결박해도 좋아. 나는 기꺼이 파멸을 걷겠다."라고 약속한다. 자신의 모든 것을 걸고 선택하는 행위 뒤에는 모두 파우스트적 거래가 적용된다. 핵기술의 최초 개발자 중의 한 사람인 알빈 와인버그는 핵개발을 파우스트적 거래로 비유했다. 인생을 파멸하더라도 얻고 싶은 그 순간을 열망하는 것이다.

3. 위코노미

　최근 새로운 자본주의 모델로 위코노미(WEconomy)에 대한 관심이 높아지고 있다. 이것은 우리(WE)와 경제(economy)의 합성어로, '우리'가 키워드다. 우리가 자본주의를 움직이며, 동시에 자본주의는 우리를 위해 공헌하는 공생·협력의 패러다임이다. 이기적이고 파편화된 개인이 아니라 협력하고 참여하고 공존하는 우리가 21세기형 자본주의가 되어야 한다는 것이다. 나만 따지는 전통적 자본주의가 이기적이고 경쟁 일변도이며 폐쇄적이라면 우리가 주역인 새 자본주의는 협력적이고 개방적이며 참여적이다. 또한 전통적 자본주의가 영리와 경제적 가치만 추구했다면 새로운 자본주의는 약자배려·자선·환경보호 같은 사회적 가치를 적극적으로 끌어안고 있다(이인열, 2007).

자본주의의 변화

항목	고전자본주의	수정자본주의	신자유주의	위코노미
등장배경	시민혁명 후	대공황	70년대 석유파동 후	양극화 확대
주역	이기적 개인	온정적 정부	이기적 시장과 시장	협력·공생·참여
정부역할	야경국가 → 최소가능 담당	큰 정부 큰 복지 → 뉴딜정책, 조세정책	작은 정부 작은 복지	작은 정부, 큰 공공 집단창의성으로 혁신
장점	효율성	빈부격차 완화	성장유도 효율성향상	시장원리 속에서 이타적 공공기능강화
단점	형평성 악화 빈부격차	효율성 추락	경쟁탈락 약자문제	자본주의 주류가 될지 미지수

출처: 이인열, 2007

4. 빌 게이츠의 창조적 자본주의

마이크로소프트(MS)를 세워 세계 제일의 부자가 된 빌 게이츠가 자신이 중퇴했던 하버드대 졸업식에서 입학 34년 만에 명예 졸업장과 법학박사 학위를 받고 연설하면서 "창조적 자본주의(creative capitalism)로 세계에 만연하는 질병과 가난, 불평등을 없애자."라고 말함으로써 창조적 자본주의가 새로운 화두로 되었다. 세계 최대의 소프트웨어 업체 회장이면서도, 그는 이날 컴퓨터 얘기는 거의 안 했다. 대신 졸업생들에게 인류애적 봉사를 끊임없이 요구했다.

그는 하버드대 졸업생들에게 불평등 문제를 안고 고민할 것을 당부하면서 창조적 자본주의를 내세웠다. 이것은 자본주의의 양대 축인 시장과 기술혁신을 활용해 가난과 질병으로 인한 인류 불평등 문제를 해결하자는 것이다.

게이츠는 지구상에 희망이 없다고 생각하는 회의론자들은 불평등은 태초부터 있었고, 지구에 종말이 올 때까지도 우리와 함께 존재할 것이라고 말하지만 자신은 그렇게 생각하지 않는다며 창조적 자본주의로 지구의 문제를 극복할 수 있다고 주장했다.

우리는 시장의 힘(market forces)을 가난한 사람을 위해 쓸 수 있다. 만일 정부와 기업이 시장의 힘을 확장할 수 있다면 더욱 많은 사람이 돈을 벌 것이고, 생계를 유지할 수 있게 될 것이다. 그건 심각한 불평등에 시달리는 사람들을 돕는 것이다. 만일 기업이 시장에서 이윤을, 정치에서 표를 추구하는 방식으로 가난한 사람의 필요를 충족하는 방안, 곧 창조적 자본주의를 찾을 수 있다면 이 세상의 불평등을 줄이는 지속가능한 길을 발견할 수 있다.

생명공학과 개인용 컴퓨터, 인터넷으로 대변되는 이 시대의 혁신으로 가난을 근절할 수 있다. 또 예방할 수 있는 질병 때문에 사람이 사망하는 일도 없앨 수 있다. 자본주의의 두 기둥인 시장과 기술혁신을 잘 활용하면 가난과 불평등, 질병의 문제를 해결할 수 있다는 것이다.

시민의 힘으로 정부의 역할을 바꿀 수 있다. 우리는 각국 정부에 대해 납세자가 추구하는 가치(불평등 해소 등)를 더 잘 반영하는 방향으로 우리의 세금을 쓰게끔 압박을 가할 수 있다. 이런 문제의 해답을 찾겠다는 의식적인 노력이 세상을 바꿀 수 있다.

게이츠는 졸업생들에게도 하버드대생으로서 혜택받은 만큼, 사회에 기여하라고 촉구했다. "여러분은 내가 하버드대학에 다닐 때 배우지 못했던 기술을 습득하고 있으며, 세상의 불평등에 대해서도 우리 세대보다 잘 안다."라며 "여러분이 앞으로 전문적인 성취보다 세상 불평등 해결을 위해 얼마나 잘 봉사했는지를 기준으로 자신을 평가하기를 바란다."라고 했다. 그의 연설은 또한 학생들에게 국한된 것이 아니라 기업과 정부 지도자들에게도 기술혁신과 성장으로 축적한 부를 좀 더 가치 있게 쓰라 주문한 것이기도 하다.

그는 2008년 사업에서 완전히 물러나, 2000년 자신과 부인의 이름을 따서 만든 '빌&멜린다 게이츠 재단'에서 말라리아, 결핵 등 질병과 기아 퇴치 등에 전념할 계획이다.

<h1 style="text-align:center">빌 게이츠 하버드대 졸업식 연설요지(중복된 것 생략)</h1>

하버드대에서 가장 기억에 남는 것 중 하나는 1975년 1월 세계 최초로 개인용 컴퓨터를 만들기 시작했다는 뉴멕시코주 앨버커키의 한 회사에 전화를 걸었을 때다. 나는 그 회사에 소프트웨어를 팔겠다고 제의했다. 그들은 구매할 준비가 되지 않았다며 한 달 뒤에 연락하라고 했다. 아직 소프트웨어를 완성하지 못했을 때라 잘됐다고 생각하고 일을 마무리하는 데 열중했다. 그게 학업을 중단하고 MS와의 여행을 시작한 계기다.

하버드대에선 세상의 불평등 몰라

(하버드대 생활을) 돌이켜 보면 한 가지 큰 유감이 있다. 세상에 지독한 불평등, 즉 수백만 명을 절망에 빠뜨리는 건강과 부(富), 기회의 불균형이 있다는 걸 깨닫지 못하고 하버드대를 떠난 것이다. 나는 하버드대에 다닐 때 경제학과 정치학에서 새로운 아이디어를 많이 얻었고, 과학의 진보를 이룬 위대한 발견에 대해 배웠다. 그러나 인간애의 위대한 진보는 이런 발견들을 어떻게 불평등을 없애는 데 적용하는가에 달려 있다는 점은 당시엔 몰랐다.

특권층은 일반인의 삶을 알아야

이 시대에 진행되고 있는 혁신은 우리에게 가난과 질병을 극복할 수 있는 기회를 부여하고 있다. 값싼 개인용 컴퓨터의 출현으로 문제 파악과 해결책 마련에 도움을 주는 강력한 네트워크 형성이 가능해졌다. 이로 인해 모든 이가 여러분의 이웃이 되고, 같은 문제를 해결하기 위한 많은 훌륭한 생각이 한데 결합할 수 있게 됐다.

이는 인간이 서로 도울 수 있는 혁명을 촉발한 것이므로 가능한 한 많은 이가 이 기술에 접근할 수 있어야 한다. 하버드대 교수, 졸업생, 학생과 후원자들이 그들의 힘을 이 세상 사람들의 삶을 개선하는 데 써야 하는 건 두말할 필요가 없다. 여러분처럼 세상에서 가장 큰 특권을 누리는 사람들이 아무 특권이 없는 이들의 삶에 대해 알아야 하지 않겠는가.

나는 오늘 여러분이 세상의 심각한 불평등이라는 이 한 가지 복잡한 문제를 택해 그에 관한 전문가가 되라고 권하고 싶다. 그리고 행동가가 되라. 그러면 여러분은 인생에서 가장 훌륭한 경험을 하게 될 것이다.

시간과 돈을 불평등 해소에 투자하라

기술이 급속히 발달하는 시대에 사는 여러분이 이 불평등을 어떻게 해결할지 생각해보라. 여러분이 일주일에 몇 시간, 한 달에 몇 달러를 이 일에 쓴다고 상상해보라.

(내 아내) 멜린다와 나의 경우도 마찬가지다. "어떻게 하면 우리가 가진 자원을 많은 이를 위해 쓸 수 있을까?"라고 생각했다. 이를 의논하던 중 우리는 기사를 읽었다. 이 나라에선 아무 문제가 되지 않는 병으로 가난한 나라의 수백만 어린이가 매년 사망한다는 내용이었다. 어떻게 이렇게 많은 아이가 죽을 수 있을까. 답은 간단하다. 시장이 아이들의 생명을 구하는 일에 관심이 없고, 정부도 지원을 하지 않기 때문이다.

혜택받은 사람들이 봉사해야

전 세계적인 (부의) 불평등 때문에 극심한 가난에 시달리거나, 예방가능한 질병으로 죽어가는 사람들이 수백만 명이나 되는 세상을 바꾸는 데 하버드 졸업생들이 앞장서 달라. 하버드대생들이 다른 이들에 비해 재능과 혜택, 기회를 많이 가진 만큼, 세상이 하버드대생들에게 뭔가를 한없이 기대하는 것은 당연하다. "세계의 지적 인재들의 집합체인 하버드가 존재하는 이유는 인류의 삶을 더 낫게 만들기 위한 것이다." 가장 특권을 누리는 하버드가 어려운 사람들을 위해 자신들의 지적 능력을 헌신할 수 있을지에 대해 스스로 답해야 한다.

세상이 불공평한 것을 알고 조금만 노력하면 가난한 사람들의 삶을 구할 수 있는데도 이를 스스로 포기한다면 평생 고통스러울 것이다. 문제 해결이 복잡하다고 포기하지 말고 행동하면 인생의 가장 소중한 경험을 하게 될 것이다. 30년 뒤 모교를 다시 찾을 때 직업적 성취 대신 불평등 해소에 얼마나 노력했는지, 또 고통받는 사람들을 어떻게 대했는지로 자신의 인생을 평가하길 바란다.

빌 게이츠의 창조적 자본주의는 소외계층을 배려하는 자본주의로 자리를 잡고 있으며, 세계 각국에서 창조적 자본주의에 입각한 사회적 기업가(social entrepreneur)들을 배출하고 있다. 사회적 기업가들은 스위스 다보스에서 열린 세계경제포럼(WEF)에서도 주인공으로 떠올랐다. 다보스 포럼의 창설자인 클라우스 슈바프는 사회적 기업가를 위한 슈바프 재단을 설립해 사회적 기업가들의 활동을 후원하고 있다.

사회는 변하고 있다. 자본주의도 변하고 있다. 그 변화의 중심에 기업과 경영자가 있다. 기업은 경쟁을 통해 성장하고 발전하지만 그 경쟁의 무자비함과 잔인성으로 많은 사람들이 소외되었다는 것을 잊어서는 안 된다. 이제 경영자가 찾아야 할 것은 혼자서만 독야청청(獨也靑靑)하는 것이 아니라 함께 상생(相生)하는 것이다.

제2장

사회변화와 조직의 변화

1. 조직의 단계적 발전

챈들러(A. D. Chandler, Jr.)에 따르면 조직은 다음과 같이 4단계로 발전한다.

1) 매출액의 확대(volume expansion)

대부분의 기업들은 처음에 공장·영업소·창고 등과 같이 단일 위치·단일 사업 분야·단일 기능을 수행하는 조직통합에 주력하며 성장을 위한 기본전략은 매출액 확대이다. 조직의 계속적인 생존을 위해 매출을 증대시키고 이에 필요한 규모경제를 달성한다.

2) 지리적 확대(geographical expansion)

두 번째 단계는 기업이 점차 시장영역을 확대하는 전략을 사용한다. 단일위치에서 전국적 위치로 바뀌고, 경영관리범위가 넓어진다. 각 지역에서의 효율적인 기능관리와 자원통제를 위하여 조직체의 주요 기능을 중심으로 기능별 부분화가 이루어지고 기본단위조직기구(unit firm)가 발생한다.

3) 수직적 통합(vertical integration)

세 번째 단계는 기존제품을 중심으로 전방통합 또는 후방통합을 전개하여 계속 성장을 유지한다. 기업들이 단일산업 내에서 원료생산에서부터 최종소비재 판매까지를 모두 관장하는 수직적 통합을 시도한다.

4) 제품다각화(product diversification)

네 번째 단계는 기존제품의 수요 감소에 대비하여 기업의 자원들을 고도로 활용하기 위해 새로운 산업과 시장 속으로 뛰어드는 것이다. 동일산업의 관련제품은 물론 다른 산업의 비관련제품에까지 확대·다각화한다.

이 발전단계는 시장과 제품을 고려한 조직 발전단계이다. 현재 조직의 발전은 단순히 이 두 요소에만 한정되지 않는다. 지식시대, 창조경영시대에는 핵심역량을 키우며 창의성을 실현하는 조직이 발전한다. 다음은 우리가 발전시켜야 할 핵심역량들이다.
- 기본역량: 정직, 성실, 태도
- 리더십 역량
- 전문역량: 전문성, 창의성, 실현성

2. 보울딩의 조직혁명이론

보울딩(K. E. Boulding)은 조직이론가라기보다 경제학자로서 더 잘 알려진 인물이다. 그러나 그는 경제학 못지않게 조직이론에도 영향을 주었다. 특히 그는 자신의 책「조직의 혁명」을 통해 조직과 윤리에 대해 자신의 주장을 폈다. 그는 조직이 커짐에 따라 윤리문제가 심각함을 보여주었다(Boulding, 1953).

1) 조직의 혁명

보울딩이 '조직의 혁명'이라 이름 한 것은 거대한 조직들이 급속히 성장되어가는 현상을 가리킨다. 그는 이 혁명을 지난 100여 년 동안에 전개된 매우 중요한 사건으로 간주했다. 그는 이 기간 동안 조직의 수·규모·권력이 엄청나게 팽창했다는 사실에 주의를 환기시키고, 지금도 아주 많은 영역에서 조직화가 촉진되고 있다고 주장했다. 정부·기업·노조·정당·농민단체 등은 고도로 조직화된 형태에 속한다. 그는 이러한 조직의 혁명이 사람들의 행동과 욕구의 변화 때문에 일어나기도 하지만 조직화의 기술 때문에 더 일어난다고 보았다.

조직의 혁명은 주로 다음과 같은 다섯 가지의 형태로 나타난다.

(1) 노동운동의 발달로 인해 노동조합의 권력이 커지고 구성원이 확대되는 형태이다. 노조는 현대 민주사회에서 매우 중요한 정치적·경제적 세력으로 자리를 잡아가고 있다.

(2) 농장조직(farm organization)의 출현이다. 농장조직의 수나 정치적 힘이 크게 신장되었을 뿐 아니라 이들이 미치는 정치적 영향력도 커지고 있다.

(3) 전문직 조직(professional organization)의 수와 그 힘의 증대이

다. 전문직 종사자들은 로비활동을 통해 정치적 압력을 행사한다.

(4) 민간부문의 경제활동 성장이다.

(5) 경제적 권력이 커진 국가정부의 증대이다. 이러한 형태의 정부는 자본주의 국가나 공산주의 국가 모두에서 나타난다. 구소련과 같은 공산주의 국가에서는 경제적 권력을 독점하는 극단적인 형태를 띠었으며, 자본주의 국가에서도 사회보장제도·저개발국가에 대한 원조·기업 및 노동에 대한 규제·국유화산업의 증가 등을 통해 국가의 경제적 책임과 권한을 증대시키고 있다.

보울딩에 따르면 조직의 혁명을 가져온 원인은 크게 지위에 대한 욕구증가·기술의 발전·조직 내부의 구조적 변화 등으로 집약된다. 이 원인들을 보다 자세히 살펴보면 다음과 같다.

(1) 지위에 대한 욕구의 증가: 지위에 대한 욕구의 증가가 조직의 성장을 초래한다. 조직은 지위에 대한 욕구를 충족시켜 주기 때문이다. 개인은 사회라는 대규모 조직의 일부로서 존재하며 그 사회 속에서 안정적인 위치를 갖고 싶어 한다. 불안정한 지위가 개인에게 고통을 주기 때문이다. 미국의 경우 흑인들이 북부보다 남부를 선호하는 것은 남부의 생활이 북부에 비해 안정적인 지위를 확보할 수 있다고 생각하기 때문이다.

지위에 대한 욕구가 증가하게 된 이유 가운데 하나는 의무교육의 실시에 따라 민주의식(democratic consciousness)이 높아지고 문맹률이 낮아졌기 때문이다. 봉건사회에서는 지위에 대한 욕구가 단지 잠재적 수요로 남아 있을 뿐이지만 민주사회에서는 이 욕구가 표출된다. 특히 현대사회에 있어서 직업은 지위를 획득하는 데 있어서 중요한 의미를 가진다. 노동운동이 발생하는 것도 기업들이 노동자들에게 그들에게 알맞은 지위를 제공하지 못하기 때문인 것으로 인식되고 있다. 노동자들은 고객이 아니라 기업의 중요한 한 부분이 되기를 희망하고 있다. 조직은 비교적 안정적 지위를 갖고 싶어 하는 욕구를 충족시켜 준다. 조직은 개인의 지위를 공식화해주는 기능을 갖고 있기 때문이다. 조직은 개인의 지위를 공식화함으로써 개인으로 하여금 보다 자신의 지위에 안주하도록 만들고, 조직 내 개인은 지위의 안정성을 누리게 된다. 따라서 지위에 대한 욕구의 증가는 직무중심의 조직(job-centered organization)을 출현시키게 된다.

(2) 기술의 발전: 기술의 발전은 조직의 성장을 방해해왔던 내부구조의 한계나 외부환경의 압력을 극복하는 데 도움을 줌으로써 조직 규모의 확대에 기여했다. 예를 들어 교통·통신 기술의 발달은 조직 내 의사소통이나 조직 활동공간을 넓히는 것뿐 아니라 조직을 대규모화하는 데 기여했다.

조직이 성장하여 어느 단계를 지나게 되면 그 조직은 환경으로부터 많은 저항을 받게 된다. 이것을 가리켜 '외부환경의 비우호성 증가의 원리(principle of increasingly unfavorable external environment)'라 한다. 이것은 조직의 성장을 억제하는 외부환경으로부터의 제약이라는 성격을 띤다. 그러나 현대에 들어와서 이것들은 더 이상 제약요인으로 작용하지 못하게 된다. 그 이유는 기술의 발전이나 조직 내부의 구조적 변화를 통해서 이러한 요인들이 극복되기 때문이다. 특히 기술의 변화는 환경의 제약점을 약화시킴으로써 조직의 혁명에 기여하였다. 교통혁명은 공간의 개념을 변화시켜 주었으며 조직으로 하여금 보다 넓은 활동공간을 갖도록 해주었다. 아울러 기술의 발전은 내부구조로부터 일어나는 한계점도 약화시켰다. 예를 들어 전화·

타자기·복사기·컴퓨터·전자계산기 등의 발달은 조직 내부의 한계, 곧 의사전달의 어려움과 그 왜곡을 극복하도록 만들어 주었다.

(3) 조직 내부의 구조적 변화: 조직 내부의 구조적 변화가 조직의 혁명에 영향을 주고 있다. 전문화나 다양화는 조직의 확대를 가져온다. 조직이 확장될 수 있는 어느 한계까지 도달하면 조직은 새로운 형태의 구조를 취하거나 분업 및 전문화를 통해 더 큰 규모로 성장할 수 있다. 조직의 규모가 커지면 조직의 구조는 복잡하게 되고 조직 내 적절한 의사소통은 방해를 받게 된다. 이럴 경우 조직 구조를 변화시킴으로써 어느 정도 극복할 수 있다. 예를 들어 교회는 선교에 관한 전문조직을 별도로 구성함으로써, 기업은 외판조직을 따로 구성하거나 다양화된 생산품을 각각 관리하는 전문부서를 설치함으로써 조직을 확대할 수 있다.

(4) 조직구조의 불균형성: 조직구조 자체의 불균형성(disproportionality)이 조직의 성장에 영향을 준다. 조직의 성장은 다른 한편으로는 조직구조의 불균형성을 교정하기 위한 시도의 결과이기도 하다. 예를 들어 큰 집으로 이사를 간 집안은 가구를 들여놓는다든가 아니면 심지어 아이들로라도 빈 공간을 채우기 위해 노력하는 경향이 있다. 마찬가지로 조직 내에 사용되지 않는 부분이 있는 경우 그 부분이 쓰일 수 있도록 확대되면서 쓰이고 있는 부분의 규모와 비슷해져 균형을 이루게 되는 경향이 있고, 이것은 결국 조직 규모를 확대시키는 결과를 낳는다.

(5) 여가의 증가: 여가의 증가는 여가조직(free time organization)을 출현시키고 이것의 발전을 가져온다.

(6) 정치적 보호: 정치적 보호가 조직의 성장을 촉진시키기도 한

다. 동인도회사(East india Company)는 그 보기에 속한다.

이에 따라 조직의 성장이 지속되는 경우 조직 내 사기는 높아지지만 성장이 멈추게 되면 조직 내 사기에 심각한 위기가 발생하게 된다. 따라서 급속한 성장이 끝나게 될 때 조직은 정태적 상황에 어느 정도 자신을 적응시켜 나가야 한다. 적응하지 못하면 조직은 쇠퇴의 길로 들어서게 된다. 독일의 국가사회주의가 국제공산주의로 성장하다가 쇠퇴해버린 경우가 이 보기에 속한다.

2) 조직의 혁명이 미친 영향과 문제점

조직의 혁명은 경제적·정치적으로 영향을 미쳤으며 윤리적 문제들을 파생시켰다. 그 보기를 들면 아래와 같다.

(1) 생산성: 조직의 성장은 일인당 생산성을 높이는 데 기여한다. 조직 내에서는 협동과 전문화를 통한 노동의 분업이 가능하기 때문이다. 전문화는 시장을 통해 이루어지는 전문화와 조직을 통해 이루어지는 전문화가 있다. 시장을 통해 이루어지는 전문화는 교환관계를 바탕으로 이루어지는 전문화로 자본주의 체제에서 주로 나타난다. 조직을 통한 전문화는 사회주의에서와 같이 중앙의 계획경제를 통해 조직의 규모를 최적의 크기로 제한함으로써 정치적인 과정을 통해 조정되는 전문화이다. 사회주의가 전문화와 협동을 의식적으로 이루고자 한다면 자본주의는 무의식적으로 이루고자 한다.

규모가 큰 기업에서 급속한 생산성 향상을 보여주는 사례들이 있기는 하지만 조직의 혁명 모두가 생산성을 향상시키는 데 긍정적으로 작용하는 것은 아니다. 규모에 따른 이익도 있지만 규모에 따른 불이익(disadvantage of scale)도 있기 때문에 큰 규모의 조직이 언제나 경제적 체제일 수는 없다. 예를 들어 조직의 규모가 커지면 노조가 발전하게 되는데 이로 인해 근로기준이 제정되고 이것이 사업장에 적용됨으로써 생산성을 떨어뜨리는 효과를 낳게 된다. 그렇다고 노조가 언제나 생산성을 떨어뜨리는 것은 아니다. 노조는 의무교육의 확대를 통해 더욱 발전해왔는데 의무교육은 생산성을 향상시키는 데 기여했다.

(2) 시장구조: 조직의 성장은 시장구조나 이노베이션에 영향을 미친다. 특히 불완전시장을 초래하여 거의 모든 분야에서 과점의 위험성을 증가시킨다. 그러나 조직의 성장이 독점의 문제를 야기했는지에 대해서는 확실하지 않다. 하지만 잠재적 경쟁의 위협은 독점기업이 독점으로부터 얻는 이익을 샅샅이 훑어가지 못하도록 작용한다. 경쟁적 시장구조 때문에 이노베이션을 촉진시키는 계기도 된다. 노동시장이 조직화되는 경우 노동력을 대체할 수 있는 기술발전을 촉진시키게 되는 것도 이에 해당한다.

(3) 소득분배: 조직의 성장은 소득분배에 영향을 미친다. 하지만 노동조직과 농장조직의 성장이 소득분배에 미치는 영향은 그리 크지 않다. 이 조직들의 성장이 소득분배와 직접 관련되는 것은 아니기 때문이다. 소득분배에 직접 영향을 미치는 것은 누진소득세와 상속세 그리고 통화팽창이다. 노동조직의 성장 등 조직의 혁명이 통화팽창의 원인이 되기도 하지만 통화팽창에 대응수단이 되는 조세체계의 능률을 높이는 데도 기여한다.

(4) 정치구조: 조직의 혁명은 정치구조의 변화에도 영향을 미친다. 권력관계에 있어서 조직의 혁명이 권력의 집중을 가져왔는지 자유의

신장을 가져왔는지는 분명하지 않지만 조직의 성장은 조직구조 안에서 내부적으로 민주주의의 필요성을 증가시켰으며 국가에도 압력단체로 작용하여 민주적 과정에 영향을 주었다.

(5) 심리: 조직의 혁명이 진척됨에 따라 조직은 위계를 통하여 권한을 강화하고 복종을 요구하는 데 성공했다. 그러나 조직 내의 인간적 관계에 치명상을 주었다. 특히 조직 내의 몰인격성은 신경증적 인간을 양산했다. 이들은 좌절·충동·공격성·야망 등을 특징적으로 가지고 있다. 히틀러가 등장하게 된 것은 그 예다.

(6) 환경: 조직의 성장은 조직을 이끌어가는 사람들과 조직을 둘러싼 환경이 밀접한 연관을 갖도록 한다. 특히 비타협적인 사용자는 비타협적인 노조에 둘러싸이게 되고, 융통성이 있는 사용자는 유연성이 있는 노조를 만나게 된다. 이러한 관계를 '거울의 원리(mirror principle)'라 한다.

조직은 환경에 대항하여 생존하기 위해 방어형태를 취한다. 노조의 경우 파업·태업·불매운동을 무기로, 기업은 직장폐쇄·요시찰명부·황견계약·선전 등을 무기로 방어 또는 공격한다. 그러나 상당수 조직들은 특별한 방어 장치가 없어 방어상에 문제가 있기도 하다.

방어수단의 사용은 조직의 목표나 성격 또는 문화적 맥락과 연관되어 있다. 대체로 기업은 폭력보다 광고나 선전을 통해서 방어를 한다. 폭력은 문화적으로 용납되지 않기 때문이다. 국가는 평화를 제공하는 데 목적이 있다. 그러나 평화를 제공하기 위해 보다 방어적인 전투조직이 필요한 경우도 있다.

(7) 윤리: 조직의 성장은 여러 윤리적인 문제를 불러왔다. 조직의 혁명은 인간의 경제생활에 영향을 주었을 뿐 아니라 개인으로 하여

금 윤리적 딜레마에 빠지게 하였다. 왜냐하면 아무리 인간이 조직의 이름으로 행동한다 해도 윤리적 책임을 느끼는 것은 결국 그 개인이며, 더욱이 조직의 내적·외적 측면의 구분, 조직 내부의 부패, 다양한 윤리판단기준의 혼재 등은 개인의 윤리적 딜레마를 가중시키기 때문이다. 그 보기를 들면 다음과 같다.

서구사회는 기독교 사상으로부터 영향을 받은 일정한 가치 및 가정들이 존재한다. 십계명이나 산상수훈은 서구인의 행동에 대한 윤리적 분석의 기본이 되고 있다. 그들은 개인의 행동에 대한 문제를 동료애와 평등이라는 기독교적 이념을 가지고 규정짓는다. 이러한 원칙을 개인의 행동에 적용할 경우 조직 내에서 윤리적 문제를 야기하게 된다.

또한 기독교이념들은 가족적인 것이 많다. 친밀관계에 있어서 사랑은 가장 중요한 덕목이며 가장 가까운 사랑은 가족에게서 얻어진다. 이러한 이상은 조직생활의 필요성과 언제나 갈등관계에 놓이게 된다. 왜냐하면 대부분의 경제조직들은 계약관계에 바탕을 두고 있으며 계약은 덜 중요한 덕목, 곧 성실성(integrity)이라는 덕목만을 필요로 하여 관계는 최소한으로 줄어들고 결과적으로 활력을 줄 수 있는 그 무엇인가를 잃게 되기 때문이다. 따라서 기업가는 사랑과 필요성을 어떻게 균형화시켜야 하는가 하는 특별한 윤리적 문제를 안고 있다. 기업은 신뢰와 희망을 관계의 기초로 삼고 있다. 만약 자선이라는 보다 따뜻한 덕목이 결핍된 것처럼 보인다면 그것은 사랑에 비해 다른 두 가지 덕목을 더 중시했음을 보여주는 것이다.

내부집단(in-group)과 외부집단(out-group)에 따른 윤리는 보다 다른 측면을 가지고 있다. 조직은 대부분 조직구성원들로 구성된 내부집단과 비구성원으로 구성된 외부집단이 있다. 조직은 한쪽에서 볼 때 조직화된 집단 내의 결속을 나타내지만 다른 쪽에서 볼 때 조직외부집단들과는 결속의 결여를 나타낸다. 개인이 속해있는 조직(내부집단)의 규범은 그 개인에게 영향을 미치지만 외부에 존재하는 조직(외부집단)의 규범 역시 그에게 영향을 미친다. 이 경우 내부집단에 속한 개인은 외부집단에 대해 어떻게 자신의 윤리적 신의를 지켜야 할 것인가 하는 윤리적 딜레마에 빠진다. 왜냐하면 내부집단과 외부집단이 구분된 상황 속에서 개인이 가지는 윤리적 딜레마는 내부집단의 동료를 감쌀 경우 보다 넓은 동료애를 파괴하는 것으로 비춰지기 때문이다. 개인이 부딪히는 대부분의 윤리적 딜레마는 이처럼 조직성장의 결과로 나타나는 조직의 두 가지 측면 때문에 나타난다.

조직의 위계도 윤리적 문제를 낳는다. 조직이 커지고 힘이 강해지면서 사람들 사이의 관계를 고정시키고 권력 배분이 이뤄지도록 하기 위해 위계의 필요성이 높아졌다. 그러나 이러한 위계의 존재는 평등이라는 윤리적 이념과 직접 대립된다. 위계는 지위에 기반을 둔, 고도로 충화된 귀족적 사회를 만드는 경향이 있다. 윗사람들로 하여금 민주적인 정치를 하도록 함으로써 성원들의 의지를 반영하도록 하는 것은 이러한 윤리적 딜레마를 극복하기 위한 방법이기도 하다.

윤리문제는 우리가 윤리판단을 함에 있어서 여러 서로 다른 척도들을 가지고 있다는 데서도 발생한다. 이러한 상황은 우리를 혼란 속에 몰아넣고 윤리적 딜레마에서 벗어나지 못하게 한다. 이러한 경우 사회과학자들이 윤리적 혼란을 명백히 해줌으로써 또는 윤리적 판단을 단순화시킴으로써 윤리적 딜레마를 해소할 수 있다.

조직에서의 윤리문제는 개인적 관계 이외에서도 나타난다. 예를 들어 조직의 지도자는 사회 전체에 대해 어느 정도까지 책임을 져야 하는가, 그들 자신의 이익보다 사회 전체를 위한 정책을 옹호해야 하는가 또는 사회에 대한 조직의 의무는 무엇인가 하는 물음들이 그것이다. 이 경우 윤리적 행위의 핵심은 개인의 특수이익보다 일반이익(general interest)을 위해 행동하는 데 있다. 윤리는 개인보다 사회의 욕구나 목표에 부응하지 못하는 조직은 살아남지 못한다는 사실을 인식시키고자 한다. 이것은 강제력의 사용 없이 이루어져야 바람직하다. 하지만 일반이익을 목표로 하는 행동은 사실상 이상에 치우쳐 현실적으로 달성하기 어렵다. 그러나 현실을 이상에 맞추어 끊임없이 조정해나갈 수 있는 방법을 개발할 필요가 있다. 특수이익과 일반이익을 동시에 달성해줄 수 있는 방법도 그중에 하나이다. 수요와 공급의 법칙에 따라 움직이는 시장은 이것을 실현할 수 있는 마당이 된다.

그러나 조직의 혁명은 시장경제 위에 독점과 대규모 경제조직을 덧붙여 놓았다. 이에 대해 개인은 자기들의 대표에 의해 관리되는 시장경제를 요구하게 된다. 이것은 경쟁에 따른 순수한 시장경제로부터 대표성이 첨가된 시장경제로의 변화를 의미한다. 이 경우 사회민주주의 운영방식은 이상과 현실을 최대한으로 일치시킬 수 있는 방안의 하나로 제시된다.

3. 생태학과 조직

핸낸(M. T. Hannen)과 프리맨(J. H. Freeman)은 개체군생태학을 통

해 개별조직이 환경에 적응하는 능력에는 한계가 분명히 있다는 것을 밝힘으로써 환경변화에 대해 조직이 광범위한 적응능력을 가지고 있는 것으로 본 상황적응이론가들의 견해와 반대 입장에 섰다(Hannan & Freeman, 1977/1989).

개체군생태학이론은 환경과 조직구조 사이의 관계에 관심을 주로 가지고 있었던 1970년대 중반에 나타난 이론이다. 당시 상황적응론자들은 조직이 환경을 통제할 수는 없지만 그 변화에 합리적이고 신축적이며 신속하게 대응할 수 있는 것으로 간주했다. 이에 따라 개별조직은 환경변화에 적응하려고 노력하게 되고, 그 결과 조직구조에 변화가 생긴다고 봄으로써 환경과 조직구조 사이의 관계를 설명하고자 했다. 그러나 핸낸과 프리맨은 조직이란 내외의 여러 요인으로 인해 환경에 적응하기보다는 변화에 둔감하여 기존의 조직구조를 그대로 유지하려는 구조적 타성(structural inertia)에 빠짐으로써 조직이 환경에 적응하는 능력에는 한계가 있다고 주장했다.

그들에 따르면 구조적 타성을 가져오는 내부적 요인들로서는 매몰비용·정보의 한계·내부의 정치적 제약·조직 자체의 역사 등이 있고, 외부적 요인들로서는 법 및 경제적 제약·외부정보의 한계·정당성의 한계·합리성의 한계 등이 있다. 이러한 요인들의 영향이 크면 클수록 환경에 대한 조직의 적응능력은 떨어지게 된다.

핸낸 등은 조직과 환경 사이의 관계를 연구할 때 하나의 조직을 단위로 하는 것보다 일정한 경계 내의 모든 조직들을 분석단위로 하는 것이 더 낫다고 주장한다. 어떤 한 조직이 환경변화에 대해 신속하게 적응할 수 있다 하더라도 이 적응의 성공 여부는 같은 환경에 직면해있는 다른 관련 조직들의 전략에 달려 있기 때문이다. 이러한 주장은 상황적응이론이 하나의 조직을 대상으로 환경과의 관계를 분석하는 것과는 차이가 있다.

핸낸 등은 상황적응이론이 안고 있는 이러한 문제점을 극복하기 위해 조직과 환경과의 관계를 설정함에 있어서 시장이론(market theories)과 생태학(ecology)을 고려하였다.

시장이론은 경쟁적인 시장 환경에서 기업이 어떻게 행동하는가를 설명하는 이론으로서 기업과 소비자의 행위를 아울러 고려하기 때문에 좋은 분석 대상이 된다. 하지만 핸낸 등은 이 이론은 기업들이 합리적이고 환경변화에 대해 적응능력을 넓게 보유하고 있는 것으로 가정하고 있어서 비현실적인 것으로 판단하고 생태학적인 접근을 통해 부족한 점을 보완할 필요가 있다고 주장했다.

생태학은 한 마리의 토끼가 주어진 환경에 어떻게 적응하는가에 관심을 가지는 것이 아니라 토끼라는 종이 환경에 어떻게 적응하는가에 관심을 가진다. 따라서 핸낸 등의 이론에서는 분석단위가 확장되어 있음을 알 수 있다. 이것은 한 마리의 토끼가 환경에 적응할 수 있는 능력에는 분명히 한계가 있음을 드러내 보이는 것이기도 하다.

핸낸 등은 자연세계에 대한 이해를 통해 생태계에 관한 연구가 진행될 수 있는 것과 같이 조직생태에 관한 연구로 조직세계에 대한 이해가 높아질 수 있다고 보았다. 이와 같은 관점에서 조직현상을 설명하고자 하는 것이 바로 개체군생태학이다. 핸낸 등은 앞서 언급한 것처럼 상황적응이론을 향해 조직이 환경에 충분히 적응할 능력이 있다고 본 것 그리고 조직과 환경 사이의 관계를 연구할 때 하나의 조직을 단위로 하여 환경과의 관계를 연구하는 것에 대해 이의를 제기하고 이 문제에 대해 보다 유용한 답을 제시하고자 했다는 점에서 높이 평가를 받았다.

핸낸 등은 조직을 생태학적으로 분석함에 있어서 분석수준을 개체보다는 개체들의 집합체인 개체군에 초점을 맞추고, 개체군의 분포와 수 그리고 이것의 변화를 다루었다.

1) 분석수준

그들에 따르면 생태학적 분석수준은 크게 개체(individual), 개체군(population), 공동체(community)로 나눌 수 있다. 일반적으로 한 수준에서 일어난 일은 다른 수준에 영향을 미친다고 보지만 개체군 생태학자들은 개체군 수준에서 일어나는 일이 개체 수준의 일로 환원되지 않는다고 본다. 따라서 그들은 개체군의 분포와 수에 관한 문제는 개체보다는 적어도 개체군 수준 이상에서 이루어져야 한다고 주장했다. 개체군생태학은 개별조직 수준의 분석으로는 조직 사이의 관계뿐 아니라 조직과 환경 사이의 관계를 제대로 분석할 수 없다고 보고 여러 다른 개체군과 공존 또는 경쟁하는 조직군에 대해 관심을 가진다. 개체군은 개별조직들의 집합체로 정의되기는 하지만 개체군의 경계를 긋는 문제는 계속 남게 된다. 곤충이라 해도 개미인지 벌인지를 구별해야 하는 것처럼 조직이 어떤 개체군에 속해있는가를 구별할 필요가 있기 때문이다. 그들은 개체군을 공통된 조직의 형태를 가진 조직들의 집합이라 정의하여 처음에는 조직의 목표·전략·구조 등에 바탕을 둔 조직형태를 경계구분의 기준으로 삼았으나 나중에는 기술의 변화·산업유형을 따져 개체군의 기준으로 삼기도 했다. 이 기준이 자주 변하여 명쾌하지 못하다는 비판을 받았다(Young, 1988).

2) 개체군의 분포와 수

세상에 수많은 종의 동물이 있는 것처럼 조직의 종류도 많다. 이렇듯 다양한 형태의 조직이 존재하는 것은 환경이 다양하기 때문이며, 그러기에 다양한 형태의 조직이 필요하다는 유질동상(類質同像, isomorphism)의 원리에 바탕을 두고 있다. 유질동상의 현상은 조직이 환경의 변화에 적합하게 적응(optimal adaptation)한 때문이기도 하고, 적자생존의 원칙에 따라 환경의 변화에 부적합한(non-optimal) 경우 도태되기 때문이기도 하다. 전자는 상황적응적 접근방법의 설명으로 적응을 강조하고, 후자는 개체군생태학의 입장으로 환경의 선택(selection)을 강조한다. 유질동상이 적응의 결과인가, 아니면 선택의 결과인가 하는 것은 누가 최적화(optimization)의 주체인가에 달려 있다. 개체군생태학의 경우 최적화의 주도권은 개별조직이 아니라 환경이 잡고 있다고 본다. 환경은 어떤 조직이 환경에 의식적으로 적응하던, 적응하지 않던 간에 부적합한 개체군은 결국 도태되기 때문이다.

핸낸 등은 이 주장을 생태학에서 사용하고 있는 경쟁과 적소(niche) 개념으로 설명하고 있다. 적소란 어떤 개체군이 생존하고 또 재생산할 수 있게 해주는 자원들의 조합을 가리킨다. 이 적소의 너비(niche width)와 적소 안에 얼마나 많은 개체가 있는가에 따라 개체의 운명이 달라지듯 조직에 있어서 각 개체군의 밀집도가 개별조직의 운명을 결정한다. 개체군의 적소에는 한계가 있어 이 한계 이상으로 개별조직의 수가 늘어 가면 어떤 조직들은 도태된다. 적소마다 제공해 줄 수 있는 자원에는 한계가 있기 때문이다. 예를 들어 자금이나 부품 또는 고객 등 개체군의 적소에는 한계가 있는데 밀집도가 높아

경쟁이 심하게 되면 어떤 조직은 도태될 수밖에 없다. 이것은 자연세계에서 일어나는 현상과 같다. 이처럼 조직의 성장과 소멸은 적소의 넓이와 조직의 수에 달려 있다. 이것은 모두 개별조직이 통제할 수 있는 범위를 벗어난다. 따라서 최적화의 주체는 개별조직이 아니라 환경임을 알 수 있다.

3) 조직의 해체

특정 개체군 안에서의 조직의 설립(founding)과 해체(disbanding)는 조직의 밀집도·연령·규모 등의 영향을 받는다. 밀집도와 관련하여 그들은 환경적 적소에 비해 상대적으로 많은 조직이 있음에도 불구하고 처음에는 이러한 밀집도가 새로운 조직의 설립을 막지 않는다고 본다. 왜냐하면 조직의 수가 많아질수록 조직을 설립하는 데 필요한 지식이나 경험이 축적되어 밀집도가 커짐에 따라 조직의 수가 줄어들 것이라는 예상과는 달리 점점 더 많은 새로운 조직이 생기기 때문이다.

그러나 밀집도가 어느 수준에 이르면 환경적 적소가 더 이상 필요한 자원을 제공해주지 못하게 되고 조직들은 점차 도태되어가고 새로운 조직을 설립할 매력도 잃게 된다. 그들에 따르면 특정 개체군 내의 조직 총수가 증가함에 따라 처음에는 많은 새로운 조직이 참가하여 수가 많아지게 되지만 밀집도가 조직의 정당성을 점감시키고 경쟁도 심화되어 결국 그 뒤에는 점차 줄어들게 된다.

또한 그들은 조직에는 안정이 필요하다고 주장함으로써 조직이 언제나 변화와 혁신을 지속해야 한다는 주장을 반박하고 있다. 조직이 안정성을 유지해야만 상품과 서비스에 대한 소비자의 신뢰가 유지되고 자원을 규칙적으로 확보할 수 있기 때문이다.

그들은 조직의 연령과 규모가 안정성을 높일 수 있다고 보았다. 즉 조직의 연령이 많을수록 그리고 조직의 규모가 클수록 이 가능성은 높다. 조직의 노령화나 대규모화가 가져다줄 수 있는 구조적 타성에도 불구하고 오래된 조직이 해체되는 경우는 역사가 짧은 조직보다 상대적으로 적으며, 규모가 큰 조직일수록 규모가 작은 조직보다 환경의 충격에 견딜 수 있는 자원을 가지고 있다.

조직의 연령이나 규모가 조직의 해체에 영향을 준다는 주장은 환경적 요인이 아니라 조직 내 요인들이 조직의 운명에 결정적 요인으로 작용할 수 있고, 따라서 조직은 규모를 전략적으로 선택하여 환경에 능동적으로 적용할 수 있다는 것을 보여주기 때문에 이론 전개에 있어서 모순이 보인다. 그러나 개체군생태학은 이러한 변화를 장기적으로 보지 않고 단기적으로 본다. 장기적으로는 여전히 자연도태 과정을 거친다. 변화의 기본적인 원인은 개별조직의 통제범위를 벗어난 적소의 너비와 새로운 조직형태의 도입에 달려 있다. PC의 보급으로 타자기 산업이 퇴조한 것이나 VTR의 보급으로 비디오가게가 번성하는 것은 그 예다. 따라서 그들은 조직을 개선하기 위해 현재 취하고 있는 일반적인 노력에 의문을 제기하면서 이보다는 새로운 조직을 만들 것을 제안하였다.

핸낸과 프리맨의 개체군생태학이론은 조직이 동식물과는 근본적으로 다른 인간으로 구성되어 있다는 점, 환경은 객관적이기보다는 인간이 주관적으로 구성할 수 있다는 점 그리고 인간의 의지적인 전략적 선택의 가능성을 무시하고 있다는 비판을 받고 있다.

그러나 이 이론은 조직에서 일어나고 있는 변화 가운데 경영자의 능동적 대응으로 일어난 것이 아닌 우연한 변화가 조직의 변화에 영향을 준다는 점, 조직의 분석수준을 개별조직으로부터 개체군으로 확장시켰다는 점에서 긍정적인 평가를 받고 있다.

상황적응이론은 개별조직 자체를 중심으로 미시적 수준에서 조직을 분석하면서 점진적으로 적응하도록 하지만 개체군생태학이론은 개별조직의 집합적인 개체군을 중심으로 거시적 수준에서 조직을 분석하면서 환경에 의한 선택을 강조한다는 점에 특색이 있다. 또는 모든 조직이 특정 충격에 똑같이 영향을 받는 것은 아닐지라도 상대적으로 환경변화에 공동운명을 가진다고 판단하고 개체군내 조직들을 동일하게 다룬다는 특성을 가지고 있다. 이것은 접근방법이 상황적응이론과 기본적으로 다르다는 것을 보여준다. 개체군생태학이론이 개체군 내 경쟁보다 개체군들 사이의 경쟁에 더 관심을 보이는 것도 이 때문이다. 이러한 접근방법은 지금까지 하나의 조직을 대상으로 삼아온 기존의 조직이 대규모의 사회변화에 따른 거시적인 문제를 설명하지 못했던 점들을 개체군생태학이론이 설명해줄 수 있고, 아울러 진화론적 모형을 조직이론에 도입할 수 있게 했다는 평가를 받고 있다.

4. 사회진화론과 조직

사회는 끊임없이 변화하고 발전한다. 기업도 마찬가지다. 이에 따라 조직도 발전하고 변한다. 이렇게 말하다 보면 사회든 기업이든 조직이든 진화한다는 생각에 달하게 된다.

그렇다면 생물학적 진화론이 사회나 문화와 연결될 수 있을까? 공해와 환경오염 그리고 유전자조작 등 문제로 인간의 미래에 대한 우려가 짙어가는 가운데 진화론이 사회적으로 수용될 수 있는지, 문화적 범주로 확대될 수 있는지 의문이 아닐 수 없다. 진화론을 사회나 문화에 적용하는 데는 한계가 있을 수밖에 없다. 우리 사회나 조직은 우리가 소원하는 데로 가고 있다 말할 수 없기 때문이다.

진화하면 학자들은 그 개념을 보다 생물학적으로 엄밀하게 규정할 것을 요구한다. 진화란 변화를 수반하는 데서 나온 것이다. 이때 변화는 한 단계에서 다른 단계로 바뀐다는 것이지 진보와는 관계가 없다는 주장이 강하다. 진화라는 개념을 사회발전이론에다 무리하게 적용시키다 보니 진화가 곧 진보인 것처럼 받아들이게 되었다. 그러나 다윈의 진화론이 이른바 논리실증주의적인 뉴턴의 패러다임에 딱 맞추어서 일사천리로 어떤 목적을 향해 나가는 것은 아니다.

우리가 경계해야 할 것은 다윈의 자연선택을 생존경쟁이라는 의미와 곧바로 연결시키는 데서 발생하는 사회적 다윈주의(social Darwinism)이다. 집단방어나 이타주의도 하나의 예이지만 실제로 개체들 중에서 유전적으로 보다 나은 생물들이 살아남는 것이지 한 개체를 없애고 자신이 살아남는 것은 아니다. 즉 사람은 유전적으로 자기에게 맞는 영역을 찾을 수 있으므로 원칙적으로 사회적 다윈주의란 있을 수 없다.

우리는 이 논의를 한 단계 발전시켜 진화론의 사회적 적용 문제를 다룰 필요가 있다. 체격이 좋은 사람과 머리 좋은 사람이 있을 때 이 두 사람을 모두 입시경쟁에 매달리게 하는 사회는 바람직하지 않다. 이 두 사람을 적재적소에 배치할 때 사회적으로 더 건강하게 되고 경쟁도 피할 수 있는 협조적인 사회가 될 수 있다. 이런 의미에서 머리 좋은 사람이 한 사회를 모두 지배하는 것을 정당화해주는 이론으로 진화론을 받아들여서는 안 된다.

생물학적 유전과 문화적 유전의 관계는 리처드 도킨스의 밈(meme)과 진(gene)의 개념으로부터 출발한다. 도킨스는 문화적 유전자를 밈, 생물학적 유전자를 진이라고 칭하면서 인간의 문화에는 본능이나 유전자로 설명하지 못하는 부분이 있음을 지적하였다. 도킨스는 「이기적 유전자」를 통해 비즈니스 세계에서도 문화와 철학, 접근 방식의 다양성이 최선의 결과를 낳는 길이라는 교훈을 주었다. 윌킨스도 「유전자의 마음과 문화」라는 저서에서 컬처젠(culturgen)이라는 개념을 도입했다. 이는 도킨스의 밈에 해당한다. 유전자와 문화의 공동 진화라는 과제는 분명 여러 학문분야를 통합의 안목에서 바라보게 하는 데 도움을 주고 있다. 레스터 서로는 인간 지놈 프로젝트가 완성될 때 우리는 세상의 모든 것이 어떻게 변화하는지 알 수 있게 될 것이라고 주장한다. 이 프로젝트는 생물학적으로나 윤리적으로나 지금과는 전혀 새로운 세계를 만들어낼 것이다. 자연적인 환경이라는 의미는 지금과는 전혀 다른 뜻으로 사용될 것이다. 에드워드 윌슨에 따르면 자연과학은 아직 완성되지 않았다. 단순히 새로운 영역으로 이동하고 있을 뿐이다. 그리고 이 새로운 영역은 가장 도전적이면서도 가장 중요한 연구 분야가 될 것이다. 자연과학과 사회과학이 서로의 필요에 어떻게 응답하는가는 앞으로 우리가 주목할 부분이다.

조직을 말할 때 우리는 그것이 가지고 있는 구조만 말하지 않는다. 그 안에 있는 사람들의 사고와 행동에 관심을 가지고 있다. 조직을 움직이는 것은 기본적으로 사람이기 때문이다. 그런데 그 사람이 현재 많은 문제를 안고 살아가고 있다. 인간의 행동패턴 밑에 깔려 있는 본성으로서의 감정이 급격한 사회변혁을 따라가지 못함에 따라 스트레스, 우울병, 갈등 등 현대병이 나타나고 있기 때문이다. 사회생물학자들은 현재 여러 가지 문물제도들은 인간의 본성을 전혀 고려하지 않고 만들어진 것이기 때문에 인간 본성을 우선 과학적으로 규명한 이후에 거기에 알맞은 제도를 새로 찾아 개혁해나가야 한다고 주장한다. 조직이론가들은 이 점에 주목할 필요가 있다. 조직은 인간이 삶을 영위하기에 적합한 곳이 되어야 하기 때문이다.

인류 진화의 종착역은 과연 사이보그(cyborg)일까?

사이보그(cyborg)는 '생물과 기계 장치의 결합체'를 뜻한다. 아직은 아동용 만화나 SF영화에서나 나오는 존재쯤으로 치부하기 쉽지만, 기계와의 결합을 통해 '보다 강한 인간'이 되고자 하는 인간의 욕망은 이미 부분적으로 '현실'화되고 있다. 사이버 공간에서 생활하고, 머릿속에 칩을 넣으며, 몸속에 제 기능을 못 하는 장기는 인공장기로 대체해서 생명을 연장하는 이들의 등장으로 일부에서는 이미 인간의 사이보그화는 시작됐다고도 한다.

MBC 스페셜은 '미래' 시리즈 2부로 '사이보그라도 좋아!' 편을 방영했다. 축복일지 비극일지 판단하긴 이르지만 '사이보그화'는 착착 진행되고 있다. 캐나다 토론토에서 24시간 내내 컴퓨터를 '입고' 지내는 '사이버맨', 그는 이미 90년대부터 자신의 기억능력을 보충해줄 컴퓨터를 엉덩이에 둘러찬 채로 캠퍼스를 돌아다녔다고 한다. 컴퓨터를 '입는' 순간, 자신이 더 강해진다고 생각하는 인물이다.

영국 에든버러에서는 피아노 연주자가 피아노를 등지고 앉아 피아노를 연주했다. 물론 손으로는 할 수 없다. 연주의 비법은 바로 '뇌파'였다. 과학기술의 발전은 '기억의 편집'도 가능케 한다고 한다. 하루 종일 학교에 가서 공부할 필요도 없고, 개에게 물렸던 기억은 지워버리면 된다. 제3자의 기억을 '이식'하는 것까지 가능하다면? 아직은 '질문'으로 그치지만, 곧 대답을 해야 할지도 모른다.

뇌에 칩을 집어넣는 것과 들고 다니는 것이 무엇이 다르지? 스페셜팀은 "모두 다 그저 나일 뿐이다." "사이보그라서 좋다."라며 신인류로의 진화를 꿈꾸는 이들을 만났다.

　그동안 사회진화론은 제국주의 침략과 부국강병의 논리로 기능하였고, 제국주의의 추종세력 또는 정치, 경제적으로 자립성을 갖지 못한 식민지, 반식민지 지배계급의 변론으로 활용되었다. 제국주의가 번창할 때 사회진화론은 그것을 대변하는 이론이 되었다. 비인간화의 무기로 사용된 것이다. 사회진화론은 처음부터 인간사회의 발전을 설명하려는 합리적인 이론 틀이라기보다 강자의 약자지배를 합리화하기 위한 수단에 불과했다. 따라서 여러 학자들은 진정으로 선진화, 세계화를 지향하려 한다면 이제 사회진화론과 같은 낡은 인식에서 하루빨리 벗어나야 한다고 주장한다.

　최근 경영자들은 자연 생태계와 유사한 비즈니스의 세계를 이해하는 통찰력을 얻기 위해 생물학에 관심을 보이고 있다. 생물학은 무엇보다 무작위성(randomness)의 개념을 이해하는 데도 도움이 된다. 이것은 앞으로 비즈니스 세계가 더욱더 무작위성일 가능성이 높다는 것을 보여준다.

　우리는 모두 사회 속에서 살아가고 있다. 치열한 경쟁 속에서 남보다 한발 먼저 나가는 기업이나 경영자가 이긴다고 말한다. 속도도 중요해지고, 자기의 기술을 글로벌 스탠더드로 만들려는 노력도 빨라지고 있다. 앞서는 것도 중요하다. 그러나 이런 때일수록 우리는 함께 가는 노력을 게을리 해서는 안 된다. 다 죽고 나만 살면 무엇이 유익한가? 더불어 사는 사회, 함께 가는 사회를 만들어나갈 때 우리는 차별성이 강한 기업군으로 발전할 수 있다. 이것이 바로 동양이 서양과 다른 점이다. 이것이 우리가 취해나가야 할 변화의 모습이다.

　하버드대 고생물학자 스티븐 굴드(S. Gould)가 쓴 책으로 「판다의 엄지」가 있다. 그는 이 책에서 "의도하지 않았던 일들이 뜻밖의 좋은 결과를 낳는 진화의 과정은 이 세계의 모든 시스템을 이해하는 결정적 열쇠"라고 말했다. 원래 판다의 엄지는 손가락이 아니라 손목뼈에서 나온 종자골(種子骨)인데, 대나무 잎을 먹기 편하게 다섯 개의 기존 손가락 외에 '엄지'로 진화했다는 것이다(굴드, 1998).

사회가 발전하면서 우리 기업이 어떤 모습으로 성장하고 발전할지 아무도 모른다. 많은 학자들은 앞으로 나타날 변화의 형태를 진보라고 부를 수 있게 되기를 바라고 있다. 하지만 그것도 장담할 수 없다. 그러나 확실한 것은 유전자 복제 및 조작기술 그리고 끊임없이 되살아나는 사회진화론의 유령이 생물학적인 가치중립의 차원으로 진화론을 머물게 하지는 않을 것이라는 점이다. 앞으로 우리는 어떤 싸움을 싸우게 될지 아무도 예측할 수 없다. 그러나 우리가 인간다운 삶을 살 수 있는 경영환경을 창조하고, 조직을 그것에 맞게 만들어나갈 때 즉, 상황적응이 아니라 상황주도적이 될 때 우리의 꿈도 판다의 엄지가 될 수 있다. 이런 의미에서 미래는 우리에게 달려 있다. 조직 경영자는 변화하는 세계 속에서 인간을 살리고 사회의 의를 세우는 기치를 더 높이 들어야 할 차례다.

중국은 21세기에 화해(和諧)의 시대를 열겠다고 말한다. 화해란 '조화로운 세계'를 의미한다. 현재 신자유주의가 비판을 받고 있는 것은 빈부의 차가 큰 사회, 약자가 고려되지 않는 사회가 되는 것에 대한 우려 때문이다. 사회진화론이 비판을 받는 것도 이 때문이다. 신자유주의나 사회진화론 나름대로 일리가 없는 것은 아니다. 그러나 어느 한 쪽이 더 이상 실패한 부류로 낙인찍히지 않으면서 조화롭게 살아갈 수 있는 사회, 서로가 서로를 살리는 사회, 이것이 우리가 지향해야 할 사회의 모습이다. 기업조직은 이런 사회를 만드는 데 기여해야 한다.

제3장

경영환경의 변화와 미래경영의 방향

1. 경영의 과거와 미래

경영은 지체하지 않는다. 계속 변화의 물결을 따르기도 하고 때론 그 물결을 주도하면서 국가의 경제와 기업의 활동이 지속가능하도록 만든다.

경영은 표류하는 1세대 경영, 과학적 관리에서 컨틴전시에 이르는 2세대 경영을 거쳐 지금 고객중심의 창의적 경영시대에 도달해있다. 앞으로 글로벌화의 4세대를 거쳐 지구를 넘어 우주로 향하는 5세대 경영의 문을 열 것이다.

1세대 경영에서 5세대 경영까지

1세대 경영	표류하는 경영(drifting management)
2세대 경영	과학적 관리, 인간관계, 시스템이론, 컨틴전시이론 — 고객 중시하 지 않아 문제
3세대 경영	고객중심의 리엔지니어링, 학습조직과 지식경영 경쟁력, 창의성 강조
4세대 경영	글로벌화 — 21세기 스피드(시간과 공간), 쾌적성(comfort), 환경문제
5세대 경영	탈지구화, 항성화 — 3rd Millenium 시공개념 문제, 공간초월, 슈퍼 스피드 연대감(solidarity), 가치, 존재

1900년대에 들어와 과학적 관리는 경영의 과학화의 문을 열었다. 20년대 메요의 호손연구는 과학화와 인간화의 통합을 이루는 데 기여했다.

1930년대 검사비용을 줄이기 위해 전수검사 대신 통계적인 원리를 이용하는 샘플링 검사기법이 개발되기 시작하면서 샘플링 검사이론 및 샘플링 검사표가 개발되었다. 여기에 크게 기여한 인물로 닷지(H. Dodge)와 로믹(H. Romig) 등이 있다. 이 외에도 여러 가지 통계적인 방법이 품질관리에 응용되기 시작하였는데, 벨 전화연구소의 슈하르트(W. Shewhart)는 공정품질을 관리하는 데 효과적인 관리도를 고안하였다. 벨연구소는 통계적 품질관리를 통해 혁신을 추구했다. 정확한 계량 데이터로 현황을 파악하는 등 통계적 기법으로 자료를 수집하고, 미래를 예측하며, 이에 상응하는 적절한 조치를 취했다.

50년대에는 효율성을 높이는 혁신운동이 일어났다. 듀폰사는 CPM (Cycles Per Minute)을 제시했다. CPM은 생산 활동에 필요한 시간과 비용을 최소화하기 위한 계획법이다. CPM은 Cycle Per Minute의 줄임말로, CPM이란 1분당 샤프트가 떨리는 진동수를 나타낸다. 일반적으로 샤프트에는 L(205−225), A(225−238), R(238−250), SR, S(250−260), X(260−274) 등으로 표기되어 있다. CPM은 샤프트가 강하면 강할수록 높은 수치가 나온다. 물론 기계별 오차가 있을 수 있다. 경부고속도로 건설 때 이 방법을 사용했다. 60년대부터는 불량률을 줄이려는 운동이 일었다. ZD, QC, TQC, TQM, MRP, TPM은 그 보기이다.

1970년대에는 재고관리, 컴퓨터에 의한 관리통합화, 공장의 인간화가 추진되었다. 도요타는 JIT(Just In Time)를 통해 재고관리를, 해링턴은 CIM(Computer Integrated Management)으로 컴퓨터를 이용한 경영관리의 통합화에 기여했다. 볼보는 생산성 혁신의 주체는 인간이라는 생각을 가지고 공장의 인간화를 내세웠다. 인간은 과학만으로 예측이 불가능한 속성을 가지고 있다는 판단 아래 포드시스템에 따른 공장을 철거하고 예전 방식으로 돌아가 노동에 의미를 부여했다.

1980년대에는 다운사이징, 벤치마킹, 제약조건이론(TOC), 6시그마, RIAL, ISO 9000 등 여러 방법과 제도가 도입되었다. 1990년대에는 BPR, CALS, SCM, CRM, ERP 등 여러 혁신적인 관리방법들이 도입되었다. 2000년대에는 지식경영, 창의경영, 윤리경영, 환경친화경영이 각광을 받고 있다.

시대마다 경영혁신의 방법이 다르지만 효율성과 효과성, 생산성을 높이려는 목표에는 변함이 없다. 또한 각 혁신방법이 새롭게 등장하지만 그것이 보편적인 성격을 띤 것은 아니어서 한 기업의 성공이 꼭 전체의 성공으로 이어진다 말할 수 없다.

경영활동의 변화

연대	경영활동 보기
1910년대	과학적 관리, 포드의 대량생산 시스템
1920년대	메요의 호손연구, 통계적 품질관리
1940년대	시스템분석, TRIZ, 가치공학
1950년대	CPM
1960년대	ZD, QC, TQC, TQM, MRP, TPM
1970년대	JIT, CIM
1980년대	다운사이징, 벤치마킹, TOC, 6시그마, RIAL, ISO 9000 시리즈
1990년대	BPR, BSC, CALS, SCM, CRM, ERP
2000년대	지식경영, 창의경영, 윤리경영, 환경친화경영

현재 기업은 구경제의 패러다임을 벗어나 신경제 패러다임 속으로 들어가 있다. 신경제는 구경제와 삶의 방식이 다르다. 아날로그에서

디지털로, 위계적 구조에서 자율적 구조로, 관료제에서 애드호크라시
로 바뀐다. 관리만 하던 시대에서 지식과 창조를 요구하는 시대로
변한다. 이런 때 경영은 틀만 바뀌는 것이 아니라 의식도 바뀐다.
그래서 경영은 획기적인 전환이 요구된다.

구경제와 신경제

구경제	신경제
건물, 땅	지식
대기업, 중소기업	창의적 기업, 지식기업
명령, 통제, 지시	자율
안정	변화
느림	빠름
계층, 위계	탈위계
아날로그(연속적, 예측가능)	디지털(불연속, 예측 어려워)
큰 콘셉트	작은 콘셉트
구조, 기술, 조직혁신	가치혁신
위계조직, 관료제	팀조직, 하이퍼텍스트 조직, 애드호크라시
단일기능	다기능
단채널	다채널, 선택, 다양성
단절, 비밀조직	학습, 열린 조직
형식지(보이는 지식)	암묵지(보이지 않는 지식)
관리경영	지식경영

　기업은 실수와 재생의 연속이다. 그러나 지속적으로 갱신해나간다.
모방심리에서 창조심리로, 문제인식에서 기회모색으로, 양적 차이에
서 질적 차이로, 문어발식에서 강점 특화로 진화해나간다. 이 과정에

서 고객과 더욱 밀착된다. 고객이 원하는 것에 귀를 기울이게 된다.
기업이 성숙하게 되는 것이다.

기업의 성숙과 변화

모방심리(따라 가는) ────────→	창조심리(앞서 가는)
	기술축적＋관리능력 필수
	계속적 창의: 어제 성공에 안주하지 않는다
	차별화된 창의
문제인식 ────────→	기회모색
고가격정책 ────────→	저가격정책＋질적 차이,
	아이디어 뛰어나야, 단순히 새로운 것이 아니다
	산학협동－MVG 비전그룹
투기, 문어발식 사업 확장 ──→	강점 특화－비전: 미래전망
	핵심역량－지식, 기술, 경영체제, 가치관
	리더십, 커미트먼트, 통합
	고객과 밀착경영
	종업원 적대감 최소화

　경영자는 새로운 방법을 꾸준히 찾을 것이다. 그중에 어떤 것은 일
시적으로 유행하는 기법(management fad)으로 자리하다 떠나게 될 것
이고, 어떤 것은 좀 더 수명이 긴 신경영기법(new management tech)
으로 남게 될 것이다. 어떤 것들은 내용은 과거의 것과 별반 다름이
없는데 이름만 팬시하게 바꿔 등장하는 것도 있을 것이다. 그래서
어떤 이는 하늘 아래 새것이 없다고 말하기도 한다. 중요한 것은 기
술의 발전이 가속화될수록 새로운 경영에 대한 요구가 커지게 된다

는 점이다. 새 시대에는 마땅히 새 술이어야 한다는 인간의 심리가 작용하기도 하지만 새로움 속에서 인간의 존재가치도 향상되리라는 희망도 담겨있다.

그러나 그 희망은 외부의 작용이 어떻게 나타나느냐에 따라 달라진다. 의도하지 않은 요인들이 경제와 경영에 영향을 미치는 외부효과(externality) 때문이다.

외부효과

외부효과는 한 경제 주체의 경제행위가 시장을 통하지 않고 다른 경제 주체의 경제활동에 영향을 미치는 것을 말한다. 한 경제 주체의 행위가 다른 경제 주체에 이로운 영향을 미치면 외부경제(external economy)라고 하고, 해로움을 끼치면 외부비경제(external diseconomy)라고 한다. 경제 내의 자원이 효율적으로 배분되려면 이러한 외부효과가 자체적으로 해결되는 것이 바람직하다. 하지만 이것은 결코 쉽지 않다. 대표적인 외부비경제인 공해를 예로 들어보자. 공장이 공해물질을 내뿜으면 그것 때문에 피해를 보는 사람들이 있다. 공해로 인한 피해는 광범위하고 오랜 기간 지속되기 때문에 그 피해가 어느 정도인지 정확히 계산하기 어렵다. 게다가 관련된 경제 주체가 불특정 다수여서 협상 당사자도 불분명하다. 그래서 이런 외부효과를 해결하기 위해 정부나 국제기구가 개입하는 경우가 많다. 기업이 공해를 유발하는 기업이라면 문제는 더 심각해진다. 이 문제에 관한 한 앞으로 심각한 제재가 가해지기 때문이다. 지구의 온난화 문제를 해결하기 위한 국제적 노력이 높아지는 것은 그 보기이다. 이것은 단순한 문제가 아니다. 기업의 생산 활동과 소비자의 소비 활동과 직결되는 문제이다. 그 심각성에 따라 경영은 달라질 수밖에 없다.

최근 경영자로 하여금 외부효과에 대해 실감하게 만들어준 것은 프리드먼(Thomas Friedman)의 「렉서스와 올리브나무」이다. 그에게 있어서 렉서스는 세계화를 상징하고, 올리브나무는 전통과 불변을 뜻한다. 그는 현대 기업이 혁명을 하지 않으면 안 된다고 말한다. 그 혁명은 내부에서 오는 것이 아니라 외부에서 온다. 전자혁명, 인터넷, 세계화, 투명성 등이 외부요인이다. 그래서 현대 혁명은 외부(abroad, beyond)로부터의 혁명이다. 그 외부는 기업이 어찌할 수 없는 외부환경으로부터 밀려온다. 그래서 그는 글로벌류션(globalution)을 해야 한다고 말한다. 글로벌류션은 글로벌(global)과 혁명(revolution)을 합한 조어이다(Friedman, 2000). 세계적 흐름이 경영자를 코너로 몰기 전에 스스로 혁명의 길에 나서지 않으면 기업은 존립하기 어렵다.

2. 현대 경영기법의 문제

한동안 비즈니스 리엔지니어링, 다운사이징 등 다양한 경영기법들이 제시되었다. 물론 이 기법들은 생산자중심에서 소비자중심의 구조로의 변화, 기업의 구조조정 필요성 등 다양한 이유가 존재했다.

그러나 그 속에는 무엇인가 변화하지 않으면 도태된다는 불안심리가 내재되어 있다. 이 불안이 가속화되면서 경영자의 관리 불안, 종업원의 감원 불안을 낳았다. 기업은 신경영기법을 택하지 않으면 도태된다는 강박관념에 사로잡혔다. 새로운 경영기법은 높은 영업 실적을 요구하면서 종업원을 더욱 코너로 몰아넣었고, 잘못하면 쫓겨난다는 의식을 심어주었다. 신경영에 대한 신경불안증이 유발되면서 기업은 종전과 다른 방법을 추구하지 않으면 안 되었다.

학자들은 이러한 현상을 놓고 보수적 학계와 혁신적 컨설턴트가 대립하였다고 한다. 보수적 학계의 경우 신경영은 근원적인 대안의 제시라기보다 하나의 유행병(fad)으로 보았다. 그러나 혁신적 컨설턴트의 경우 기업이 현재의 상태를 변혁시키지 않으면 죽을 것으로 보았다. 서로 팽팽하게 대립한 것이다. 물론 양쪽 모두 변화를 수용한다. 그러나 그것은 본질적 변화인지 유행인지 견해의 차이가 존재한다.

경영에서 리엔지니어링은 정체가 아니다. 지속적인 리엔지니어링 작업이 요구된다. 심지어 리엔지니어링을 넘어서는 사고가 요구된다. 기업에 있어서 변화와 혁신은 필연적 요소이기 때문이다. 삼성의 이건희는 "세상은 giga로 변하는데 우리의 사고는 mega에 머물러 있다."라고 지적했다. 이런 경우 기업은 시대에 뒤지고, 생산성을 떨어뜨린다.

마이클 해머(M. Hammer)는 드라마틱하고, 근본적이며, 급진적으로 기업의 프로세스가 고객중심으로 변화해야 한다고 말한다. 이를 위해서는 기업의 프로세스만 변화시켜서는 안 되며 가치의식의 변화도 병행되어야 한다. 산업혁명은 전문화를 발생시켰다. 당시의 전문화는 단순노동의 반복이었고, 이것으로 대량생산이 가능했다. 종업원은 끊임없는 근면을 요구당했고, 그만큼 기계화되었다. 리엔지니어링은 이러한 흐름에 메스를 가하는 것이다. 우선 생산자중심에서 고객중심으로 프로세스에 혁명을 일으켰다. 팀플레이가 강조되고, 창의성을 발휘하도록 함으로써 일의 의미를 갖게 했다. 나아가 기업이 홀로 가는 것이 아니라 투자자와 소비자가 함께 참여할 수 있는 길도 열었다. 과거에 비하면 가히 혁명적이다.

그러나 해머는 이제 리엔지니어링을 넘어서야 한다고 주장한다.

과거의 리엔지니어링은 부가가치가 있는 과업을 중심으로 낭비과업을 제거하는 데 초점을 맞추었다. 이런 과정에서 프로세스 자체 붕괴에 대한 우려가 커졌고, 인간적 요소가 가끔 무시된다는 비판을 받았다. 리엔지니어링을 넘어서고자 하는 그의 작업은 비부가가치 과업으로 하여금 부가가치 과업에 도움을 줄 수 있게 만드는 데 있다. 프로세스에 대한 붕괴 염려를 하지 않고서도 창조적인 전환이 가능하다. 이 과정에서 비인간적인 다운사이징에 대해서도 재고하도록 요청한다.

다운사이징은 한마디로 슬림화 정책이다. 기술의 발전은 슬림화를 촉진한다. 농업시대의 남자는 밭에서 일하는 존재(男)로 대우를 받았다. 농업 자체는 큰 변화를 요구하는 일이 아니기 때문에 가뭄을 극복하며 수천 년 이상 지탱할 수 있었다. 그러나 공업사회에 들어서면서 변화를 체험하게 된다. 농민들은 도시에 들어와 임금노동자가 되었다. 처음에는 가족단위로 고용이 이뤄졌지만 차츰 능력 위주의 고용체제로 전환되었다. 농업시대와 달리 변화를 요구받게 된 것이다. 하지만 그 변화는 현대의 수준에서 볼 때 점진적인 것에 해당한다. 공업시대는 100년 이상 지속되었고, 기술의 발전과 함께 구조조정 요구가 더해졌다.

기술 산업이 급격하게 발전하면서 변화에 가속도가 붙었다. 기술은 봉합곡선(envelope curve)을 이루며 그 속도를 더해갔으며, 슬림화뿐 아니라 기술의 정밀성에서도 가속도가 붙었다. 일의 수행에 있어서 자격, 능력, 창의력을 요구하고 변화도 급진적이다. 10년이면 강산이 변한다는 말이 1년으로 줄었다. 지금은 그 기간이 더욱 짧아지고 있다. 그 기술이 항속을 내면서 변화의 정도도 달라진다. 사업구조 대조정을 통한 도약, 고부가가치 산업의 육성 욕구도 커진다. 이에 따라 다운사이징도 다양하게 전개된다.

다운사이징의 다양한 변화

다운사이징의 종류	속성의 변화
종업원 다운사이징	대량농업인구 ― 중·공업인구 → 소, 다양
시설다운사이징	기계화 ⟶ 정밀화, 소형화
직급다운사이징	다 ⟶ 소
보고단계 다운사이징	다 ⟶ 소
리더십, 커뮤니케이션 다운사이징	단순, 지시적 ⟶ 네트워킹
서류 다운사이징	다 ⟶ paperless

다운사이징은 단지 줄이는 것이 아니라 능률과 생산성을 날로 고도화할 것을 요구한다. 10여 년 동안 계속 다운사이징해온 GE는 스피디한 슬림화와 국제적 M&A 강화를 통해 조직력을 키워왔다. 코피 아난 유엔사무총장도 UN사무처를 개혁하기 위해 암스트롱을 개혁위원장으로 임명하기도 했다. 변화는 기업에만 해당되는 것이 아니다.

그러나 다운사이징에 대한 반론도 만만치 않다. 우선 노조의 반발이 거세다. 드러커는 역작용을 우려했다. 최고경영자들에 대한 반감이 커지고, 기업의 무정함에 비애를 느낀다. 경영자들은 악덕자본가(robber barons)로 욕먹게 된다. 무엇보다 인간자본 경시에 대한 우려가 커진다. 인재를 우대하는 것은 좋은 일이지만 과도한 고급두뇌 지향으로 사회문제화될 우려가 높다. 오히려 뒤처진 사람들을 재교

육해 더불어 사는 사회를 만들어나가는 것이 바람직하다. 다운사이
징이 나쁜 것은 아니다. 하지만 그것이 길로틴 경영으로 끝나서는
안 된다. 오히려 가치와 고용을 창출하는 슬림화로 발전되어야 한다.

3. 도전받는 잭 웰치의 경영방식

미국 역사상 최고의 CEO라는 잭 웰치 전 GE 회장의 경영기법이
‘구시대의 유물’로 전락되고 있다. 포춘지는 ‘잭 웰치의 경영지침서
를 찢어버려라’라는 기사를 통해 웰치식 경영기법이 급변하는 경영
현실에 더 이상 맞지 않는다는 재계의 평가를 실었다.

포춘은 먼저 웰치의 경영방식을 일곱 가지로 요약했다. 즉, ‘시장
에서 1, 2위를 차지하라. 그렇지 못하는 부분은 과감히 구조조정을
하거나 사업을 중단한다. 카리스마 있는 CEO를 중심으로 사업을 키
우고, 주주 이익을 최우선으로 생각한다. 우수한 인재를 뽑아 신상필
벌을 적용한다.’라는 것 등이다. 웰치의 이런 가르침은 경영난을 겪
던 GE를 회생시켰고, 그의 경영기법은 미국 업계에선 바이블로 통
했다.

하지만 점점 많은 회사가 웰치가 강조한 주주가치 경영, 지속 성
장정책, 시장 점유율과 단기적인 주식 가격 등을 덜 중요하게 보기
시작했다. 웰치 방식이 특정 시기에 생긴 문제를 해결하는 데는 효
과가 있었지만 이제는 유통기한이 지났다는 것이다. 시장점유율의
중요성이 의심받고 있으며 단기간의 주가로 CEO를 평가하는 게 옳

은지, 주주를 만족시키는 경영이 장기 경쟁력엔 되레 해가 되지는 않는지 등 의문도 잇따르고 있다는 것이다.

포춘은 이런 상황에서 중요한 것은 외형적 성장이나 1, 2위 달성보다 누구도 따라올 수 없는 새로운 영역을 개척해 자기만의 시장을 만드는 것이라고 지적했다. 이는 카리스마보다 용감성을 가진 CEO, 뛰어난 능력보다 열정을 가진 직원이 더 달성하기 쉽다는 것이다. 예컨대 델의 경우 규모의 경제보다 아웃소싱으로 끊임없이 가격을 낮추는 민첩함 때문에 불과 몇 년 사이 HP를 제치고 세계 최대 컴퓨터 업체로 떠올랐다. 구글의 새로운 기술과 비즈니스 모델은 시장 점유율이나 기업 크기에 바탕을 둔 것이 아니었다. 아이팟으로 세계 시장을 석권한 애플의 스티브 잡스는 직원을 A, B, C로 나눠 관리한 웰치와 달리 열정을 보고 사람을 뽑는다. 포춘은 웰치의 일곱 가지 원칙이 다 틀린 것은 아니지만 이제는 기업 환경에 맞춰 버릴 것은 버리는 지혜가 필요하다고 결론지었다(윤창희, 2006).

잭 웰치 경영과 새로운 경영 방식

잭 웰치 룰	새로운 룰
대형 업체가 시장 장악한다	민첩함이 최고, 너무 크면 불리할 수 있다
시장에서 1,2위 업체가 되라	틈새시장을 찾아라, 새로운 것을 만들어라
주주가 왕	고객이 왕
조직은 날렵하게(구조조정)	안이 아니라 밖을 보라
우수한 인재를 뽑아라	열정적인 사람을 고용하라
카리스마 있는 CEO	용기 있는 CEO
능력을 경배하라	영혼을 경배하라

자료: 포춘

스탠퍼드의 페퍼 교수도 잭 웰치에 대해 비판적이다. 그는 신자유주의적 경영의 상징인 웰치를 원색적으로 비난한다. 특히 직원을 상·중·하로 평가해 하위 10%를 내보내는 웰치의 강제배분평가방식(forced ranking system)은 학교에서나 사용하는 방식이라며 그 방법이 기업에서 효과적이라는 것을 입증하는 어떤 체계적인 문서로 표현된 리서치도 발견하지 못했다고 주장했다. 그는 웰치의 GE는 혁신(innovation)과는 거리가 멀며, 기본적으로 다른 회사를 사들여 큰 회사라며 GE가 수년 전 화학물질을 뉴욕 허드슨 강에 불법 방류하는 바람에 엄청난 벌금을 물었던 사례를 들었다. 그는 경영자들이 '웰치가 했으니 우리도 한다.', '잭 웰치가 성공했으니, 우리도 그렇게 하면 성공할 거다.'라는 식으로 맹목적으로 따라 하는 것은 터무니없는 논리(lousy reasoning)라고 말한다.

4. 미래와 바람직한 경영의 방향

앞으로 바람직한 경영은 무엇일까? 지금은 아무것도 하지 않는 것도 경영이라는 의미의 휴(休)경영까지 제시되고 있다. 하지만 기업의 경영은 기본적으로 정체될 수 없다. 그러면 어떤 방향으로 나가야 할까.

무엇보다 환경창조형 비전경영이 중요하다. 경영자는 비저너리(visionary)가 되어야 하고, 비전 있는 기업이 경쟁력이 있다. 미래에 창조적이고 주체적으로 대응하는 적극성과 대담성이 요구된다. 이를 위해 조직이 필요한 것은 꾸준한 학습이다.

글로벌 하이브리드 경영으로 발전한다. 최근 자동차의 하이브리드화가 빨라지고 있다. 하이브리드는 자동차에만 해당되는 것이 아니다. 기업도 하이브리드 기업, 곧 다목적, 다기능기업, 능력 있는 기업으로 발전해야 한다. 나아가 합리적인 포지셔닝을 통해 그것을 글로벌한 기업으로 키워나가야 한다.

분자경영, 분자조직으로 발전한다. 이것은 파이의 크기를 크게 하는 조직을 말한다. 파이의 크기를 한정시키면 극심한 경쟁을 초래할 수밖에 없다. 생산성이 높은 조직은 변신능력이 있고, 자발적이며, 고정관념을 버릴 줄 안다.

전자통신이 발달한 사회는 스피드 경영을 촉발시킨다. 이 사회에서는 시간이 경쟁력의 핵심이다. 기술이 매우 빠른 속도로 진화하고 있어 특허의 경제적 수명은 더욱 단축되고 있고, 시장에 맨 먼저 진입했다고 해도 곧바로 다른 기업의 추격을 받는다. 아마존(Amazon)이 온라인으로 책을 팔겠다고 결정한 첫 번째 기업이 아니며, 화이자(Pfizer)의 대박상품인 '스탭(Stab·분무형 인슐린 약)' 역시 먼저 개발한 회사가 있었다. 정보시스템을 구축하되 유연성과 창의성이 발휘되도록 한다. 관료주의로는 이 시스템을 운영할 수 없다. 기회를 선점하기 위한 노력과 창조력의 스피드가 앞날을 좌우한다. 연구개발부서의 경쟁은 더 높아진다. 개발비는 보잉처럼 불경기 때 오히려 늘려 나간다. 적극 경영이 큰 흐름으로 자리잡게 된다. 세계는 지금 국가 간 경쟁이 아니라 기업 간 경쟁시대에 돌입했다. 그러나 그 경쟁은 단지 규모의 경쟁이 아니다. 기업의 크기보다 창의력과 스피드 경쟁이다. 이런 때일수록 중요한 것이 인간이다. 페퍼에 따르면 현대 기업은 제품과 서비스를 일상적으로 재창조(reinvention)해야 하며 이는 결국 인적자본(human capital)과 이를 구축하는 인프라에 달려 있다.

앨빈 토플러는 "다양성을 인정하라." 말한다. 각 개인에게 맞는 완전 맞춤형(full customization)은 다양성을 띨 수밖에 없다. 우리의 가족구조도 핵가족만이 아니라 싱글, 이혼＋재혼 등 다양한 형태를 이루고 있다. 생산자와 소비자를 확연히 구분하는 시대가 아니라 특정 제품을 생산하고 소비하는 프로슈머(prosumer)들이 늘어나고 있다. 특히 하이테크 프로슈머가 많아진다. 스포츠도 다양하게 즐겨 탈대중화가 빨라지고 있다. 우리의 사회구조 자체도 점점 복잡해져 심지어 잉여 복잡성(surplus complexity)이라는 단어까지 등장했다. 그는 NGO 활동들이 더 복잡하게 만들었다 주장한다.

이제 기업은 복잡성을 더 깊게 이해할 필요가 있다. 복잡성은 매트릭스처럼 서로 얽혀있다. 우리 사회를 탈경제 시대라 한다. 국경도 없고, 사회와 경제의 경계도 무너져 있기 때문이다. 복잡성의 문제를 효과적으로 극복하기 위해 임시나마 경계를 넘어설 수 있는 태스크 포스가 필요하다는 말까지 한다.

복잡할수록 위기에 대한 대처능력이 뛰어나야 한다. 테러와 같은 위기가 자주 발생할 경우 관료제 구조로 대처해서는 안 된다. 외무부와 내무부를 구별해 그 역할을 한정하는 시대가 아니다. 모두가 육해공군이 되어 전천후 작전에 돌입해야 한다.

과거 국가의 경계는 애매하게 그어져 있었다. 그러던 것이 웨스트팔렌(Westfallen) 조약으로 국가의 경계가 더욱 확고히 그어지게 되었다. 그러나 지금 그 경계선이 무너지고 있다. 국가경계의 의미가 점차 축소되고 있다. 국가경계만 그런 것이 아니다. 학제 간 분리도 무너지고, 드라마와 광고의 경계도 무너졌다. 뉴스와 비뉴스(앵커들의 멘트)의 경계도 무너지고, 트랜스젠더로 남녀의 성 경계도 무너졌다. 지금은 개인을 하나의 성으로 주장하는 시대가 아니다. 이렇듯 변화가 클 때 지각의 변동과 변화의 물결을 빨리 파악하고 기회를 놓치지 않는 것이 중요하다. 거기에 미래의 비즈니스가 있기 때문이다. 레스터 서로우(L. Thurow)는 경영자를 향해 리더십보다 탐색자(explorer)가 되라고 말한다. 지금은 클러스터들이 어떻게 모이고 어떤 연구를 하는가에 주목하라. 산학만이 아니라 산학연정이 어떻게 뭉치고 연합하는가를 보라. 그렇다고 제조기반을 무시해서는 안 된다. 그것은 기업의 근간이다. 경영자는 언제나 마라톤처럼 긴 호흡과 긴 비전을 가지고 오히려 변화를 이끌어가야 한다.

기업이 빼놓을 수 없는 영역은 고객이다. 기업은 고객을 중시한다. 그러나 고객에 대해서도 한 가지 생각만 해서는 안 된다. 하버드의 크리스텐슨(C. Christensen) 교수는 고객만족, 벤치마킹 등 모범적 경영이 되레 실패를 불러온다고 주장한다. 그는 고객만족을 중시하는 현실에서 오히려 "고객의 목소리를 귀담아 듣지 말라. 고객을 위해 좋은 서비스를 개발하는 것이 헛수고일 수 있다."라고 주장한다. 가히 파괴적인 주장이 아닐 수 없다. 그의 역발상 이론은 "왜 성공한 기업들의 모범적인 행보가 때로는 급작스러운 실패에 부딪히는 것인가?" 하는 의문에서 출발했다.

그는 모범적인 경영이 성공을 방해하는 가장 큰 요인이라 주장한다. 톰 피터스 등 유명 컨설턴트들이 등장하면 컨설팅 업계는 '성공한 기업 따라 하기' 유의 벤치마킹이 유행한다. 하지만 최고로부터 배우기나 성공의 비밀, 성공의 습관에는 함정이 숨어 있다. 최고로 여겨졌던 성공스토리의 비결은 특정시간이나 상황에서만 맞아떨어지고 범용성이 낮을 수 있다. 역설적으로 기업들의 모범 경영사례를 공부하는 것은 그래서 의미가 없다. 기업들의 성공요인은 당시 상황에만 적용될 수 있을 뿐이며, 상황이 달라지면 언제든 뒤집어질 수 있다.

그가 강조하는 좋은 경영은 성공적인 몇몇 기업의 특성을 모방하는 것이 아니다. 벤치마킹은 사람이 새의 깃털을 달고 날아오르기 원하는 것처럼 어리석다는 것이다. 좋은 경영은 성공의 뒤에 자리잡고 있는 근본적인 메커니즘을 고찰하는 데서 출발한다. 새의 날갯짓을 볼 것이 아니라 공중에 뜨도록 하는 기본적인 원리를 파악하는 사람만이 비행에 성공할 수 있다(정동일·김현진, 2007). 비행능력을 갖춘 기업이 되라.

이를 위해 기업은 어떻게 할 것인가? 독특한 통찰력으로 미래의 트렌드를 예견하는 페이스 팝콘은 「클릭 미래 속으로」에서 경영자로 하여금 클릭할 것을 주문한다(팝콘 외, 1999). 사전적으로 클릭은 서로 맞아 들어간다, 무언가 갑자기 분명해지거나 이해된다는 뜻을 가지고 있다. 그러나 그가 말하는 클릭은 C(Courage, 용기), L(Letting go, 결행), I(Insight, 통찰력), C(Commitment, 전심전력), K(Know how, 노하우)의 합성어이다. 여러 트렌드를 파악하고 미래를 향해 적극적으로 나아가라는 것이다. 클릭을 할 때 창이 열리고 세계가 펼쳐진다. 그 세계를 향해 우리 모두가 함께 가야 한다.

5. 경영환경의 불확실성과 시나리오 플래닝

기업은 자신을 둘러싸고 있는 환경의 불확실성을 최소화하기 위해 올바른 의사결정을 내려야 한다. 미래를 예측하고, 대응하는 방법엔 크게 두 가지가 있다. 하나는 미래 예측(forecast)이고, 다른 하나는 시나리오 플래닝(scenario planning)이다. 미래 예측이 '하나의 미래상'만을 보여준다면, 시나리오 플래닝은 나타날 가능성이 있는 여러 미래상을 제시한다. 시나리오란 미래의 불확실성을 인정하고, 그 불확실성하에서 장래 일어날 가능성이 있는 환경 요인을 분석해 복수의 설득력 있는 미래상들을 그려보고, 그러한 미래상에 따라 최적의 대응 전략을 수립·실천하는 일련의 과정이다(Davis et al., 2007). 다음은 모니터그룹의 시나리오 컨설팅 회사 GBN(글로벌비즈니스네트워크)이 활용하고 있는 7단계 시나리오 플래닝 방법이다(이정석, 2007).

1) 핵심 이슈 파악

경영진이 미래에 내려야 할 핵심 의사결정 포인트를 파악한다. 이 과정에선 기존 경영진의 사고방식(mind set)을 검증하고, 어떠한 사고방식이 경영진으로 하여금 미래를 올바르게 바라보는 데 장애 요인으로 작용하는지 밝혀내야 한다. 이때 경영진들이 가지고 있던 선입견과 편견에서 벗어나는 것이 중요하다.

2) 정보 수집

스토리와 시나리오를 작성하기 위해선 당연히 리서치가 필요하다. 특정 시나리오를 개발하기 위한 좁은 의미의 리서치는 물론, 시나리오 플래너가 보다 근본적인 질문을 던질 수 있도록 도와주는 광범위한 리서치 모두를 실행해야 한다. 이때 예상치 못한 조사 결과가 나오더라도 개방적인 자세로 임하는 것이 중요하다.

3) 시나리오 결정 요소(Driving Forces) 파악

시나리오 작성 단계의 첫 과정은 바로 시나리오에 큰 영향을 미치는 환경 요소들을 파악해내는 것이다. 이 단계는 시나리오 플래닝에서 가장 큰 노력을 기울여야 함은 물론 통찰력을 발휘해야 하는 과정이다. 이러한 분석에는 'STEEP' 분석이 유용하게 쓰일 수 있다. 이는 사회적(Social), 기술적(Technological), 경제적(Economic), 환경적(Environmental), 정치적(Political)의 앞 글자를 따서 만든 용어로 일반적으로 시나리오에 영향을 미치는 주요 요소들을 파악하는 데에 도움을 준다. 다른 사람에게는 쉽게 보이는 결정 요소가 특정 개인에게는 전혀 안 보이는 경우도 있으므로 반드시 팀을 이뤄 이 과정을 수행하라.

4) 핵심 불확실 요소 파악

핵심 요소와 영향력을 미치는 트렌드를 놓고 순위를 정하는 과정

이다. 불확실 요소의 중요도와 불확실한 정도가 높을수록 높은 우선
순위를 부여하고, 그에 따라 선택된 요소들을 시나리오 결정 시 잣
대로 사용한다.

5) 시나리오 작성

미래를 설득력 있게 설명하기 위해 플롯(plot)을 작성하고 실제 시
나리오를 써나가는 과정이다. 팀 및 전문가들을 한자리에 모은 후,
토론을 진행한다. 시나리오 작가는 이 토론에 나오는 여러 가지 플
롯을 잘 구성해, 두세 개의 시작·중간·최종적 미래상을 자세하게
묘사한 시나리오를 도출하고, 이해하기 쉬운 제목을 붙여 완성한다.
토론 과정에 반드시 1·2·3·4 단계를 두루 인지하고 있는 팀원 및
전문가들을 포함시킨다.

6) 시사점 도출 및 대응 전략 수립

이제 시나리오 작성은 끝났다. 그리고 세상은 작성된 두세 개의
시나리오 중 하나에 가깝게 흘러갈 것이다. 하지만 후속 작업 없이
미래만 알고 만다면 아무런 의미가 없다. 회사는 시나리오 개발 후
현재 가지고 있는 역량, 전략을 개발된 시나리오별로 대입해 검토한
후 그에 대한 대비책을 세워야 한다. 시나리오별 대비책은 최대한
구체적으로 세운다.

7) 조기경보 시스템 개발

세계가 어떠한 시나리오에 가깝게 전개되고 있다는 것을 가능한한 빨리 알아내 대응하는 것 또한 매우 중요하다. 따라서 시나리오별 대응전략이 수립된 이후, 회사는 환경변화 방향을 대표적으로 보여줄 수 있는 선행 지표와 지침을 미리 정해놓는다. 지표와 지침에 따른 지속적인 모니터링이 중요하다.

제4장

창조사회로의 기축이동과 창조경영

1. 창조사회로의 기축이동

사회는 당신이 잠든 사이에도 변하고 있다. 중심가치가 달라지고 기축마저 이동하고 있다. 과거엔 그 변화의 정도가 심하지 않고 속도도 느려 변화를 체감하기조차 어려웠다. 예를 들어 수렵사회에서 농업사회로 변하는 데는 수천 년이 필요했다. 산업사회에서 정보사회로 가는 데도 몇백 년이 필요했다. 그러나 지금의 변화는 너무 빠르고, 그 깊이도 달라 가히 예측이 어렵다.

심지어 앞으로 어떤 사회가 도래할지 모른다는 말도 한다. 그것은 창조에 바탕을 둔 사회가 만들어낼 가공할 만한 상상력이 사회를 변화시킬 것이기 때문이다. 창의, 창신, 창발은 사회의 슬로건이 된 지 오래다. 이 슬로건이 말한 대로 우리 사회는 창발사회, 창발경제를 만들어갈 것이다. 공급자의 권위주의적 체계도 무너지고 고객중심의 사회, 고객이 생산에 깊이 영향을 주는 사회로 변하고, 우리의 생각도 일방주의에서 쌍방커뮤니케이션 체계로 구축될 것이다. 나아가 우리 사회가 지구에 한정되지 않고 그 지경을 우주에로 확장할 경우 경영환경은 물론 우리의 경영 마당도 달라질 것이다.

사회가 변화한다면 경영자는 그 누구보다 변화에 민감하게 반응할 줄 알아야 한다. 앞으로는 그 변화에 대한 기업의 비전, 곧 미래에 대한 비전을 제시하는 기업이 선도하는 기업이 되고, 그 미래를 함께 호흡할 수 있도록 하는 기업이 더욱 존경을 받게 될 것이다.

가치이동과 기축이동

농업사회	산업사회	정보사회	창조사회
협동경제	규모경제	범위경제	창발경제
뉴턴법칙	상대성이론	양자이론	카오스이론
제1의 물결	제2의 물결	제3의 물결(토플러)	
농업혁명기	과학기술혁명기		
1만 년 전-AD1700	1700-2000	2000-	
	대형화 (큰 것)	비대형화 (작은 것이 아름답다)	
	인격의 존엄성 낮아	인격이 대접받는 사회	
	소외감 높아	개성과 창의성 존중	
	삶의 위치 상실	인간성 회복	
	소속감 상실		
	부모와 같이 사는데도 삶의 나눔 없어		
	선생을 매일 만나는데도 공감자리 없어		

시스템의 확장 ——————————————————————————→

생산자중심	종업원중심	고객중심
과학적 관리	인간관계	리엔지니어링(시작)
기업 내	기업 내(intra)	기업 내외(extra)
	종업원이 가장 불안정	
	무사안일척결, 창조 능력 요구	

가시고객————————————————————————→불가시고객

visible customer		invisible customer
		항성기업, 위성기업
		가상시장(기업, 문화)

인터넷 I →인터넷 II →지구정보고속도로→항성 간 고속도로

2. 창조경영

이건희 삼성그룹 회장은 앞으로 창조경영을 해야 한다고 선언했다. 삼성은 창조경영이 그룹 내에서 활발히 전파되기 위해 계열사 간 사업 협력을 통해 새로운 성장 동력을 발굴해야 하며, 그러려면 조직을 둘러싸고 있는 벽을 과감히 허물어야 한다는 생각 아래 조직을 개편했다. 이제 창조경영은 기업에만 해당되는 것이 아니라 국가도 창조경영을 해야 한다는 의식이 확산되고 있다. 지금까지 경영의 화두가 되어온 혁신이 창조로 바뀌고 있다.

그러면 혁신과 창조는 무엇이 다른가?

첫째, 혁신이 기존의 방식을 바꾸는 것이라면 창조는 무에서 유를 만든다는 점에서 다르다. 어디서 시작해야 하는지 알 수 없고 혁신에 비해 체계적 접근이 어렵다.

둘째, 아는 것을 바꾸는 혁신은 그 범위와 가능성이 유한하지만 창조는 무한한 가능성이 있다. 현재 우리가 알고 있는 것은 모르는 것의 1%, 아니 0.0001%도 안 되기 때문이다.

셋째, 혁신은 익숙한 것을 버려야 하지만 창조는 익숙한 것이 없으므로 버릴 필요가 없다. 이 점에서는 더 쉽다고도 할 수 있다.

창조경영의 인물로 애플컴퓨터의 스티브 잡스(S. Jobs), 비전과 상상력으로 사막 위 뉴욕을 건설한 두바이 통치자 셰이크 모하메드(Mohammed)를 꼽는다.

창조경영의 출발은 백지 위에 미래에 도달하고 싶은 모습, 비전을 그리는 것이다. 그러나 창조경영에 있어서 더 중요한 과제는 비전을 실현하는 데 필요한 환경과 자원을 창조하는 것이다. 내가 원하는 환경과 자원을 찾을 수 없다면 만들어 넣어야 한다. 있는 환경과 자원을 활용하는 방법만 따지는 소극적인 사고에서 벗어나야 한다.

어떤 이는 창조란 하나님이 주신 선물, 즉 타고 태어나는 것이지 공부해서 습득하는 것이라고 말한다. 그러나 이러한 생각은 늘 맞는 말이 아니다. 창조를 등산에 비유해보자. 높이 8848m인 에베레스트 산에 올라갈 때 해발 0m에서 시작하는 사람은 없다. 해발 4800m, 5300m 그리고 더 높이 베이스캠프를 칠수록 더 많은 사람들이 올라갈 수 있고, 정상에 도달할 가능성이 높아진다. 등산이 과학과 체력이 합쳐서 이루어지듯 창조 역시 체계적 접근과 상상력이 합해 이루어진다(조동성, 2007).

톰 피터스는 창의성을 경제자원 중 가장 가치 있는 것으로 꼽고, 사회와 교육구조가 오히려 창의성을 말살하고 있다고 주장하였다. 그는 지동설을 주장한 코페르니쿠스를 예로 들며 "우리 역사책에 나오는 사람치고 당시에 정상인으로 취급받은 사람이 없다." 말한다. 기업의 미래는 괴짜들의 열정에 달렸다. 상상을 경영하라.

3. 미래기업과 창의성 시스템 구축 전략

스티브 잡스(S. Jobs) 에플 회장이 2007년 창조경영의 대명사로 떠올랐다. 그는 아이팟을 잇는 빅 히트작 아이폰을 내놓으며 창조와 혁신경영의 주역이 된 것이다. 포천은 그를 '비즈니스의 벤토벤'이라 부르며 가장 영향력 있는 기업인 25인 중 1위로 꼽았다.

창의성은 이제 이 시대의 키워드가 되고 있다. 오늘날 우리는 산업화시대와 지식·정보화시대를 거쳐 창조력이 경쟁력의 핵심인 시대에 살고 있다. 무사안일을 깨는 파괴적 창조성(destructive creativity)이 강조되고, 혁신은 경영의 주요 도구로 등장했다. 인간은 모두 창조적 소명(creative imperative)을 타고 이 땅에 태어났다고 할 만큼 창의성에 대한 태도가 달라지고 있다.

인사조직에 관심이 있는 학생들과 함께 한 대기업을 방문했다. 그 자리에서 인사 분야의 최고경영자 중 한 분이 학생들에게 창의성의 중요성을 강조하고 창의성을 높이기 위해 학생들에게 몇 가지 의미 있는 주문을 했다.

- 변화를 즐기라(enjoy change). 무사안일을 좋아하는 곳에 창의성이 발휘될 수 없다.
- 창조에는 어느 정도의 긴장이 필요하다. 그는 이것을 창조적 긴장(creative tension)이라 불렀다.
- 좋은 것(good)은 위대한 것(great)의 적이다. 현재 좋다고 생각되는 것에 안주하지 말라.
- 습관으로부터 해방하라. 102＋1＝101이 된다는 것을 입증해보라. 우리 습관으로는 입증이 어렵다. 그러나 길이 있다. 10의 제곱＋1＝101이 된다.
- 그냥 일하기보다 열심히 일하고, 열심히 일하기보다 즐기며 일하고, 즐기며 일하기보다 미쳐서 일하라. 그러면 창의력은 발휘된다.

그분이 학생들에게 창의성을 강조한 것은 창의력이 그만큼 중요하기 때문이다. 지금은 창의시대라 할 만큼 창의성은 기업의 생사를 가름할 중요한 요건이 되고 있다. 갈수록 창의성은 기업경쟁력의 핵심으로 작용할 것이다. 무한경쟁시대에 마지막 성공 잣대는 창의성이다. 창의성은 미래 기업을 성공적으로 이끌고 성장시키는 가장 중요한 질서이다.

이를 반영하듯 주요 기업의 최고경영자들은 기존의 사고를 깨는 변화와 혁신을 강조하고 있다. 창조란 창의적 아이디어를 잘 육성하여 발전시키고 이를 실행에 옮기는 것으로, 변화와 혁신은 이러한 창조의 바탕 위에서만 가능하다. 그러나 우리는 수많은 창의적 아이디어들을 기존의 시각과 고정된 틀로 질식시켜 버리고 있다.

혁신은 비즈니스에서 직면하는 문제들에 대한 해답으로 간주되고 있으며, 혁신을 통한 명석한 사고와 자원의 정교한 재분배를 통해 원칙적으로 모든 문제들은 해결될 수 있다. 혁신은 중요할 뿐만 아니라 지금 당장 이루어져야 한다. 그럼에도 불구하고 많은 기업에서 혁신의 성공률은 매우 낮고 그 과정 또한 신속하지도, 효율적이지도 않다.

개인의 아이디어도 중요하지만 기업이 창조성을 발휘할 수 있도록 시스템을 구축하는 것이 필요하다. 창조성이 높은 기업과 그렇지 않은 기업 간에는 창조력을 위한 조직 내 노력에 차이가 있다. 창의적인 잠재력을 잘 발휘하는 조직과 그렇지 않은 조직에는 어떤 다른 점이 있을까? 창조성문제해결그룹(CPSB) 대표 스콧 아이잭슨은 각 기업 조직원, 임원을 만나 해당 기업 성과들을 비교한 결과 창조성 측면에서 우수기업과 열등기업은 세 가지 점에서 차이가 있음을 지적했다(김응철·이호승, 2005).

　첫째, 조직원이 자유스런 분위기에서 자신의 의견을 개진할 수 있는 분위기가 정착되어 있다. 이를 위해서는 가부장적인 조직문화를 바꿔야 한다. 창의력은 명령으로 끌어낼 수 있는 것이 아니기 때문이다. 조직 구성원 한 사람, 한 사람이 스스로 생각할 수 있고 토론할 수 있도록 바꾸어 괴짜가 등장할 수 있는 공간을 만들어주고 인내할 수 있어야 한다.

　둘째, 조직원의 창조력을 일깨우는 데는 조직원들의 자유로운 의견개진과 위험을 감수하면서 도전할 수 있는 분위기를 만들도록 CEO가 포용적인 리더십을 가져야 한다. 성과가 우수한 기업은 우선 조직의 창조성을 높이기 위해 조직원의 적극적인 참여를 유도하는 포용적인 리더십이 정착되어 있다. 임원이 항상 현장 가까이 있다는 점도 포용적 리더십의 특징이다.

　셋째, 창조성이 높은 기업은 우연히 창조적인 아이디어가 나오기를 기다리지 않고 창조적인 아이디어를 생산해낼 수 있도록 하는 프로세스가 있다. 성과가 높은 기업은 창의력 창출 프로세스를 위해 관련 부문 교육 프로그램을 마련해놓고, 이를 관리하는 담당자를 두고 있다. 조직의 창조성은 우연하게 발휘되지 않는다. 교육프로그램 등 창의력을 유도하는 계획적인 프로세스를 통해 만들어지는 것이다. 조직 내 창조력을 높이기 위해서는 시스템부터 구축해야 한다.

　이 세 가지 요소 중 한 가지에만 집중해서는 창의력이 발휘될 수 없으며 창조성이 우수한 기업은 세 가지 요소를 골고루 갖추고 있다. 치열한 경쟁과 급격한 변화의 소용돌이 한복판에 놓여있는 우리 기업들이 기존의 패러다임이나 틀에 안주하지 말고 창의적 사고와

새로운 혁신 패러다임에 눈을 돌려 지속가능한 성장을 이루는 것이
중요하다.

4. 창의적 업무혁신

기업경영의 화두는 언제나 변화와 혁신에 있다. 사회 전반에 불확
실성이 높아지면서 한 치 앞을 내다보기 어렵고, 미래를 정확하게
예측하는 것이 성공의 요소로 작용하기 때문이다. 기업이라는 배를
타고 험난한 바닷길을 가야 할 조직 구성원들에게 절실하게 요구되
는 것이 혁신이요 창의요 열정이다.

혁신(innovation)이란 무엇보다 새로운 길을 가는 것이다. 혁신의
어근은 라틴어의 '노부스(novus)'다. 우리말로 '새로운(new)'이라는
뜻을 가지고 있다. 우리가 뉴스에 귀를 기울이는 것은 그것이 새롭
기 때문이다. 사람들은 구문에 관심을 두지 않는다. 혁신적인 도서관
의 경우 2년 동안 아무도 찾지 않는 책은 서가에서 제외시킨다. 새
로운 것은 그만큼 우리 삶에 영향을 준다.

경영에 있어서 혁신은 많은 영역에서 새로워지기를 바라는 소망이
담겨있다. 기업혁신, 조직혁신, 기술혁신, 제품혁신, 서비스혁신, 업무
혁신 등 혁신 대상이 아닌 것이 없다. 왜 혁신을 하고자 하는가? 그
것은 기업 스스로 새롭게 변화함으로 인해 고객에게 "우리는 이렇게
달라졌습니다."라는 메시지를 전하고, 그 달라진 것을 제품으로, 서
비스로 입증해야 하기 때문이다. 기업이 정말 달라졌다면 고객은 박

수를 칠 것이고, 구호뿐이라면 실망하게 될 것이다. 혁신은 기업이 살을 깎는 노력을 하고 있다는 것을 보여주는 증거이자 조직이 살아 있음을 입증하는 것이다.

혁신이라고 모두 수용할 수 있는 것은 아니다. 창조적이어야 한다. 21세기는 창의시대다. 창의를 생활화하지 않으면 살아가기 힘든 시대에 살고 있는 것이다. 그래서 "인간은 모두 창조적 소명(creative imperative)을 타고 이 땅에 태어났다."라고 선언해야 할 만큼 창의성을 삶의 DNA로 삼고 있다.

업무혁신을 위해서는 우리의 어떤 것이 달라져야 할까?

첫째, 무엇보다 변화에 대한 수용능력이 높아야 한다. 변화를 기뻐하고 즐길 필요가 있다. 사람은 안주를 좋아한다. 처음에는 서먹하다가도 한곳에 오래 있다 보면 그곳이 편해져 고향과 같은 느낌을 갖는다. 안주는 우리를 무사안일의 늪에 빠지게 하고, 일어서지 못하게 한다. 조직에 있어서 안주는 생체를 마비시키는 바이러스와 같다. 살아 있는 조직 구성원이라면 변화에 민감하고, 변화를 주도할 수 있는 능력을 키워나가야 한다. 변화에 대한 수용능력을 높이기 위해서는 조금이라도 새로운 것이 보이거나 생각나면 메모하는 습관을 기르고, 더 나은 업무혁신을 위해 "나는 무엇으로 공헌할까?" 숙고할 필요가 있다.

둘째, 자신의 안이한 습관을 과감히 수정할 필요가 있다. 우리 모두는 일한다. 그러나 '그냥' 일해서는 안 된다. 그냥이란 생각 없이, 해오던 옛 방식 그대로 일하는 모습을 담고 있기 때문이다. 이보다 좀 더 나은 단계는 '열심히' 일하는 것이다. 과거에는 열심히 일한 것도 성실과 근면이라는 점에서 인정을 받았다. 그러나 창의시대에는 열심히 일하는 것만으로는 족하지 않다. 생산성과 효율성을 더 높일 수 있는 방법을 찾아가며 일하는 것이 더 중요해졌기 때문이다. '그냥'과 '열심히'의 1, 2단계를 뛰어넘으려면 '즐기며'와 '미쳐서'라는 3, 4단계로 나가야 한다. '즐기며' 단계는 자기의 하는 일에 대해 관심이 높고, 능동적으로 업무에 임하며, 일에 대한 기쁨과 성취에 대한 기대로 가득 차 있는 단계다. '미쳐서' 단계는 창의적으로 업무에 임하며 순간순간 미래에 대한 도전과 열정의 바다에 빠져 업무성취의 절정감을 만끽하는 단계다. 매슬로우(A. Maslow)의 자아실현 인이 경험하는 절정경험(peak experience) 상태다. 업무혁신을 위해서는 이처럼 일에 대한 자신의 태도에 강력한 변화가 있어야 한다.

셋째, 보다 나은 방법을 추구한다. 드러커는 지식혁명의 선두주자로 과학적 관리의 아버지 테일러(F. Taylor)를 꼽는 데 주저하지 않는다. 100년도 넘은 인물이 21세기에 와서도 칭송을 받는 이유는 무엇인가? 그것은 그가 최선의 방법을 추구해온 인물이기 때문이다. 최선의 추구는 시간연구 및 동작연구로 나타났다. 시간연구는 시간의 경제성을, 동작연구는 동작의 경제성을 추구하는 것이다. 시간과 동작에서 낭비의 요소를 최대로 줄이고자 한 것이다. 조직에서 업무혁신은 자기 업무에서 최선의 방법을 찾아내는 것을 말한다. 그것이 구체적으로 무엇인지는 업무가 요구하는 기술서(specification)에서 생각보다 쉽게 발견할 수 있다. 조직에 기술서가 마련되어 있지 않다면 지금부터 그것을 만들어 가면 된다.

지금 최선의 방법을 찾을 수 없다면 보다 나은 방법을 찾으려는 노력부터 해보라. 그러면 업무에 임하는 태도와 성취의 정도가 달라질 것이다. 나아가 조직은 각 업무에 적합한 창의적 방법을 찾아낼 수 있도록 유연성을 최대한 허용할 필요가 있다. 기존의 방법만을 고집하고, 그것을 잘 지키고 있는지 철저히 감독하며, 창의성을 발휘할 수 있는 여유를 주지 않는다면 더 나은 방법의 추구는 어렵다.

끝으로, 창의적 업무혁신이 계속 유지되기 위해서는 변화와 혁신을 향한 조직의 긴장감(tension)이 지속적으로 유지되어야 한다. 창의성과 혁신은 잠시 강조하다 끝나는 사안이 아니고 조직의 속성으로 자리잡아, 이러한 정신이 개인 모두에게 체화되어야 하기 때문이다.

조직의 긴장감은 조직의 관성(organizational inertia)을 타파함으로써 가능하다. 조직이 관성에 빠지면 활성을 잃고 기업도 쇠퇴의 길을 걷게 된다. 조직의 관성을 타파하는 방안으로 도전적인 목표설정, 자유로운 커뮤니케이션 환경조성, 망각조직의 구축, 창의적 인재의 선발 등이 꼽힌다. 망각조직(forgetting organization)에서 망각은 기존의 사고, 기존의 기술, 과거의 영광을 '잊어버리고' 새롭게 출발하는 것을 말한다. 조직의 경우 기존의 틀에서 벗어나 새로운 변화기회를 포착하기 위한 것으로 기존의 영향을 차단, 신사업조직을 독립조직 형태로 별도 운영하는 것을 말한다. 소니의 게임 산업, HP의 PC프린트사업 등은 망각 조직으로 성공한 경우에 속한다. 이것은 기업이 얼마만큼 창의성을 중시하는가를 보여준다. 드러커는 이런 현상을 빗대어 이젠 "기존의 것을 포기하는 것이 미덕이다."라고 말할 정도다.

창의적 업무혁신을 위해서는 조직부터 창의적 메커니즘을 갖춰야 한다. 메커니즘을 갖춘다는 것은 과거의 조직문화와는 그 성격을 달리하는 것이다. 이런 환경에서 기업이 갖추어야 할 조건은 파괴적 혁신이다. 과거와는 달라야 한다. 그것도 빨리 달라지지 않으면 안 된다. 한때 최고의 자리에 있던 거대기업이 파괴적 혁신을 하지 못하고 한순간에 무너진 이유는 경영진이 무능했기 때문이 아니라 커다란 수익을 창출한 기존의 사업 분야에 안주하고 싶어 했기 때문이다. 벨이 발명한 전화기를 보고 당시 대기업이던 웨스턴 유니언 회장은 "그 장난감을 가지고 할 수 있는 것이 무엇인가?" 비꼬았다. 웨스턴 유니언은 자신들이 성공적으로 운영하고 있던 전보 전신 사업에 주력하고 싶었고, 그 결과 전화라는 혁신적인 기술의 파괴적인 힘을 발견하지 못하고 치열한 경쟁에서 밀려나고 말았다.

기업경영은 선택이다. 끊임없이, 빠르게 변화하는 상황에서 기업은 미래를 좌우할 크고 작은 선택을 한다. 창의성을 요구하는 시대에 당신의 업무도 혁신의 대상이다. 지금까지 해오던 방식을 이어갈 것인지, 아니면 이전과는 다른 길을 가야 할지 이젠 결단할 때다. 속도가 중요한 시대에 그 결단과 시행은 빠를수록 좋다.

제5장

지식기반사회와 지식경영

1. 지식기반 경제원칙과 경영의 과제

미국경제가 한창 좋았던 몇 년 전만 해도 학자들은 그 공을 신경제(New Economy)에 돌렸다. 신경제는 IT, 벤처가 중심 기업을 이룬 터라 신경제의 해는 결코 지지 않을 것처럼 보였다. 그러나 지금 미국경기가 잇단 회계부정과 기업가의 비리로 인해 추락한 신뢰만큼이나 떨어져 있어 신경제는 물 건너간 것이 아니냐는 우려를 낳고 있다.

그러나 드러커에 따르면 신경제는 지나간 것이 아니라 아직 그림자조차 보이지 않았다고 말한다. '넥스트 소사이어티(Next Society)'를 지식사회로 본 그는 지식을 기반으로 한 본격적인 신경제의 도래를 긍정적으로 보고 있는 것이다. 그러므로 비록 미국경기가 휘청거리고 경제에 대한 암운이 세계적으로 깃든다 해도 우리 기업이 이 시점에서 힘써야 할 것은 지식경영의 바탕을 더욱 튼튼히 하는 일이다. 인적자원관리도 지식에 기반을 두어야 함은 물론이다.

그러면 어떻게 해야 할까? 여러 학자의 주장이 제시되고 있지만 MIT 경제학자 레스터 서로우(L. Thurow) 교수가 제시한 지식기반경제의 8개 법칙을 빼놓을 수 없다. 그가 제시한 원칙은 경영자들이 앞으로 어떤 경영철학을 가지고 업무를 추진해야 하는가를 잘 가르쳐주고 있다.

그는 첫째, 진정한 부는 언제나 지식에서 나온다는 사실을 잊어서는 안 된다고 주장한다. 과거처럼 단순한 절약으로는 불가능하며 더 적은 노동력과 자본을 갖고 더 새롭고 더 많은 것을 생산할 수 있는 지적 능력이 발휘될 때 가능하다.

지식은 현대에서만 빛을 발하는 것이 아니다. 100년 전만 해도 지식은 시대를 이끌어가는 정신이었다. 그때 나온 것이 바로 전기와 전구다. 전기와 전구는 당시 왕성한 지적 산물이다. 지금 PC가 현대의 대표적인 지적 산물인 것과 같다. 지적 산물에 대한 값은 언제나 비싸다. 당시 전구 가격을 지금의 화폐가치로 환산하면 1,445달러로 바로 오늘날의 PC값과 같다고 한다.

나아가 새로운 지적 기술과 신공정이 등장하고, 이를 통해 생산성이 올라가는 불균형 상황에 과감히 투자를 할 때 거부들이 급속하게 등장한다. 100년 전 록펠러, 모건, 멜론 등 몇 사람은 당시의 신기술과 신공정에 투자해 거부가 되었다. 82년에 10억 달러 이상인 미국 부자는 13명에 불과했지만 지금은 빌 게이츠를 포함하여 189명 이상으로 늘어났다. 규모와 투자 면에서 비교가 되지 않는다.

중요한 것은 지적 기술의 도약이 빚어낸 불연속성은 치열한 경쟁을 거치면서 점차 사라진다는 사실이다. 이것은 또 다른 지식이 창출되고, 새로운 부가 형성된다는 것을 의미한다. 달리 말하면 지식이 정체되면 부의 축적도 기업이나 사회발전도 어렵다는 것을 보여준다. 따라서 지식이 부의 원천이 되는 게임의 원칙은 특정시대에 국한되지 않고 계속될 수밖에 없다.

둘째, 현재 성공적인 기업들이라 할지라도 계속 현 기술을 해체하고 새 기술을 받아들일 만큼 적극적이어야 한다. 지식기반사회는 새로운 기술의 창출과 도약으로 불연속성이 거듭된다. 불연속성이 강할 때 새로운 기술을 받아들인다는 것은 모험에 가깝다. 그러나 지식기반사회에서는 현재의 생산기술을 과감히 해체하고 새 기술을 받아들이는 국가와 기업만이 성공을 보장한다. 1960년 미국 25대 기업

중 지금 기업 명단에 오르내리는 것은 고작 5~6개 사에 불과하다. 새로운 시대는 언제나 새로운 기술을 필요로 한다. 새 술을 새 부대에 담아야 하듯 기업도 언제나 새로워져야 한다.

셋째, 기술의 급진적 변화 외에 사회적인 불균형, 개발의 불균형도 성공의 기회를 제공한다. 현대를 가리켜 카오스라 한다. 기업도 앞을 내다보기 어렵다. 그만큼 우리 기업환경은 불균형, 불연속 상태에 있다. 이럴 때 기업가는 위기감을 느낀다. 그러나 그 위기감이 오히려 성공의 기회일 수 있다는 것이다. 중국은 현재 '도우(桃遇)'라는 말을 자주 사용한다. 도우란 기회라는 뜻이다. 변화와 위험을 성공의 기회로 삼자는 말이다.

넷째, 글로벌화는 가격인하 바람을 초래하고 계속 생산단가가 싼 곳으로 생산시설을 옮기게 해 인플레이션 환경보다 디플레이션 압력 아래서 자본주의를 운용하는 것이 더 어렵다. 가격인하 경쟁에서는 감량경영과 아웃소싱이 주요역할을 한다.

다섯째, 창업가야말로 창조적 파괴라는 자본주의 핵심이며 창업가를 대체할 사회적 기구는 없다. 기득권이 물러날 수 있게 사회가 조직되어 있지 않으면 창업가는 발생하지 않는다.

여섯째, 질서를 우선순위에 놓는 사회는 결코 창조적일 수 없다. 이미 15세기에 화약과 포, 나침반, 선박의 키, 십진법, 이동형 활자 등 서양과는 비교도 안 되는 문명을 이룬 중국에서 지리적 정복이나 산업혁명이 일어나지 않는 이유는 바로 질서에 대한 욕구가 인간의 호기심을 끝내 억제했기 때문이다. 현재 중국이 잘 나가는 듯 보이지만 중국정부가 질서의 유혹을 물리치지 않는 한 곧 한계에 부딪힐 것이라는 주장은 이 때문이다.

일곱째, 성공적인 지식기반경제를 이루려면 교육과 하부구조, 연구개발에 대한 대규모 공공투자가 필요하다. 민간 기업이 장기적인 연구개발비에 투자할 여력이 별로 없기 때문에 기초학문을 발전시키기 위한 장기계획은 정부가 지출해야 한다.

여덟째, 개인은 '어떻게 경력을 쌓아 가느냐?' 하는 미지의 최대도전에 직면한다. 이 문제는 인사관리자의 관심사항이기도 하다. 글로벌 경제, 감량경영시대에는 한 기업에서 평생 일하면서 경력을 쌓는다는 개념은 사라지고 만다. 기술은 계속 변하고, 기업은 고령인력을 싼 임금을 주고 잠재력이 많은 젊은이들로 대체할 수 있다. 기업은 직업훈련이나 재교육의 필요성을 못 느끼고, 종업원은 고용불안으로 인해 고용주에 대한 충성심이 계속 줄어든다. 따라서 서로우는 정부 및 사회가 재교육과정에 개입해야 한다고 주장한다. 한 예로 직업훈련을 실시하지 않는 기업에는 매출의 1.5%를 '교육 훈련세'로 부과하는 프랑스식 개입을 적절한 사례로 들었다.

지식기반사회는 결코 안정된 사회가 아니다. 계속 새로운 지식을 추구하고, 창조적 파괴를 일삼으며, 무질서와 불균형 속에서 성장을 추구한다. 경영자는 이러한 변화를 인식하고 미래에 창조적으로 대처해야 할 것이다.

2. 지식기업, 지식조직 그리고 압솔리지

탈무드에 "돈 많은 사람이 부자가 아니라 지식과 지혜가 많은 사람이 부자다."라는 말이 있다. 현재 기업은 지식을 얼마나 창출하고 활용할 수 있는가에 따라 그 성패가 달라지고 있다. 지식기업이 되고자 하는 열망이 강한 것도 이런 추세를 반영한다.

매일경제는 세계지식포럼을 개최하고, 아시아 최고지식경영기업시상을 한다. 최고지식경영기업(MAKE: Most Admired Knowledge Enterprises)은 포천지가 선정한 세계 500대 기업 최고경영자(CEO)와 최고지식경영자(CKO) 등 지식경영 전문가 1800여 명이 기업별 지식경영 현황을 평가해 시상하는 것으로 98년 처음 도입되었다. 그중 아시아 MAKE상은 2002년부터 영국 지식경영 컨설팅업체인 텔레오스와 매일경제가 공동으로 선정해 시상하고 성공사례를 소개하는 프로그램이다. 그동안 아시아 MAKE상을 수상한 기업은 다음과 같다.

- 한국: LG전자, 포스코, 삼성SDS, 삼성종합기술원
- 일본: 가오, 닛산, 도요타
- 인도: 위프로테크놀로지스유레카포브스, 인포시스테크놀로지스, 타타컨설팅서비스
- 인도네시아: 유니레버
- 대만: 타이완세미컨덕터
- 싱가포르: 싱가포르항공

기업이 아무리 지식을 추구한다고 해도 모든 것이 활용가능한 것은 아니다. 토플러는 "쓰레기 지식 버려야 부를 얻는다."라면서 압솔리지(obsoledge)라는 신조어를 만들어냈다. 그는 20년 전 농업혁명과 산업혁명에 이은 지식혁명의 도래를 설파한 바 있다. 그는 「부의 미래(Revolutionary Wealth)」라는 저서를 통해 우리가 들어선 지식혁명

이라는 대소용돌이의 본질과 변화 방향을 분석한 다음, 지식혁명이 불러올 미래가 '시간, 공간, 지식'에 의해 좌우될 것으로 판단했다.

그는 오늘날 세계 여러 나라가 직면한 위기가 경제발전 속도를 제도와 정책이 따라가지 못하는 데서 생기는 속도의 충돌, 즉 시간의 문제라고 진단한다. 변혁을 주도하는 기업과 작고 탄력적인 조직의 네트워크로 연결된 비정부기구(NGO)는 시속 100마일(160㎞)과 90마일로 쌩쌩 질주한다. 반면 노조(30마일)와 정부(25마일), 학교(10마일), 정치권(3마일)은 느려터진 거북이걸음으로 고속도로의 흐름만 방해하고 있다. 정부의 관료주의, 교사노조가 좌지우지하는 공장형 학교교육, 봉건적 발상을 벗어나지 못하는 정치권이 지식기반 시스템과 선진경제로의 발전을 가로막는다.

하지만 미래는 어둡지 않다. 불확실하지만 도전해볼 만하다. 토플러는 지식혁명이 만들어낼 새로운 부의 창출 시스템과 자본주의의 미래에 대해 여러 질문을 던지고 있다. "자본주의에 대한 새로운 정의는 무엇인가?", "제4의 물결 속에서 자본주의는 어떤 모습으로 변해갈 것인가?" 그가 해답의 실마리로 던진 화두는 무형성이다. '보이는 부(visible wealth)'와 '보이지 않는 부(invisible wealth)', '보이는 시장'과 '보이지 않는 시장', '보이는 화폐경제'와 '보이지 않는 비화폐경제', 이런 '보이지 않는 것들'이 '보이는 것들'과 상호작용하면서 혁명적인 변화를 일으켜 일찍이 역사상 없었던 모습의 부의 창출 시스템을 만들어내고, 그것이 자본주의의 미래를 바꿔나갈 것이다. 무형성을 향한 혁명적 변화는 현재 일어나고 있는 자본주의 변신의 첫 시작에 불과하다.

이런 혁명적 변화 속에선 지금까지의 지식과 산업시대의 발상은 더 이상 쓸모가 없다. 쓸모없어진 지식, 정보의 홍수 속에 쏟아져 나오는 쓰레기 지식, 토플러는 이를 '압솔리지'라 부른다. '쓸모없다'는 뜻의 'obsolete'와 '지식'이란 뜻의 'knowledge'를 결합한 신조어다. 이런 무용 지식을 걸러내는 능력이 미래의 부를 결정짓는 핵심 요소이다.

그는 아시아란 공간에 특별한 의미를 부여했다. 부의 중심축이 지난 세기 유럽에서 미국으로 건너갔고 21세기는 아시아로 이동해, 특히 중국이 세계의 부를 지배할 것이라고 보았다. 지식혁명의 물결 속에서 한국의 역동성에도 기대를 걸었다. 한국은 불과 한 세대 만에 제1, 제2, 제3물결을 모두 이뤄낸 나라이고, 40년 만에 산업화 물결을 타고 넘어, 정보화 물결의 맨 앞줄을 달리고 있다. 그러나 한국은 시간과 싸워야 한다. 지금 한국은 속도 지상주의 문화를 가지고 빨리 달리고 싶어 하지만 신중하고 더딘 남북관계 속에서 그 속도를 조절해야 하기 때문이다. 이 모순을 어떻게 극복하느냐에 한반도의 미래가 달려 있다.

3. 지식경영과 웹 2.0 경영

지식경영은 형식지 못지않게 암묵지를 중시한다. 형식지는 형태를 가지고 표현되는 지식으로 수학, 과학, 매뉴얼 등에서 쉽게 찾아볼 수 있다. 이에 비해 암묵지는 문화에 뿌리박은 지식으로 학습과 체험을 통해 내면화하는 지식이다. 암묵지가 중시되는 것은 아이디어 때문이다.

영리하고 창의적인 직원을 회사에 두고 있다는 것은 글로벌 무대에서 이기기 위한 필수 요건 중 하나다. 치열한 경쟁 속에서 단순한 비용 효율성이 아니라 아이디어와 지적 노하우로 무장한 기업이 우위를 차지하게 된다. 스위스 제약회사인 로슈의 CEO 프랜츠 허머는 연구개발이 중요한 산업에 규모의 경제(economy of scale)는 존재하지 않으며 머리를 쓰는 것이 중요한 산업에는 오직 아이디어의 경제(economy of ideas)만 있을 뿐이라 주장한다. 우리 사회는 그만큼 아이디어가 중시되고 있다.

이 아이디어는 지식의 교류에서 비롯된다. 삼성그룹은 웹(Web) 2.0 경영을 선언했다. 이것은 아이디어와 정보의 공유 시스템에 바탕을 두고 있다. 웹 2.0이란 원래 인터넷이 예전의 초기 단계(1.0)에서 벗어나 성장·진화해서 다음 단계(2.0)로 접어들었다는 뜻에서 붙여진 말이다. 기업이 일방적으로 전달하는 콘텐츠를 수용하는 차원에서 벗어나, 불특정 다수의 네티즌이 자발적으로 콘텐츠 제작에 참여해 새로운 인터넷 문화를 만들어가는 것이 특징이다. 온라인 백과사전 위키피디아, 동영상 공유 사이트 유튜브가 대표적이다. 인터넷을 기반으로 펼쳐지는 웹 2.0 경영 체제에서는 사원부터 사장까지 누구나 자유롭게 경영에 관한 의견을 낼 수 있다.

삼성그룹은 우선 임직원의 자유로운 아이디어 발제와 정보 공유를 핵심으로 하는 웹 2.0 경영을 구상하고 그룹 전략기획실 밑에 이 경영을 담당할 실무팀을 배치했다. 그룹 전략기획실을 중심으로 하는 기존의 의사결정 체계는 유지하되, 최종 결론을 내리기까지 구성원들의 아이디어와 의견을 최대한 수렴하겠다는 것이다. 삼성전략기획실이 제시한 시스템 구축의 대원칙은 '정보 개방성', '쌍방향성', '외부와의 연관성'이다. 정보개방을 통한 의견수렴을 위해 경영정보까지 공개하고, 쌍방향성 수뇌부의 수직방식 의사결정을 탈피하며, 외부와 소통하는 홈페이지를 공개해 국민과 정보를 공유하는 것이다.

삼성은 웹 2.0 경영체제 구축을 위해 기존 사내 인터넷망인 '마이 싱글'을 업그레이드했다. 마이 싱글은 16만 삼성 직원들을 연결시켜 주지만, 그 기능이 사원정보 확인이나 회사 홍보자료 공시, 이메일 교환 수준에 머물러 있기 때문이다. 시스템 업그레이드를 통해 계열 사별로 공개되는 각종 사내 정보와 회사가 추진 중인 현안에 대해 직원들이 자유롭게 의견을 내거나 댓글을 달 수 있다. 이 과정에서 나온 아이디어를 체계적으로 취합, 정리한다. 전 사원을 아이디어 창구로 활용하는 것이다. 삼성전자의 신제품 TV 개발에 대해, 회사 직원은 누구나 자신이 갖고 있는 상품 아이디어·홍보전략·시장 트렌드에 관한 생각을 적어놓을 수 있다. 이 내용은 개발팀을 비롯한 경영전략 수립에 반영된다. 장기적으로는 대외비를 제외하고 홈페이지를 외부에 공개, 국민과 정보·아이디어를 공유한다.

왜 웹 2.0 경영인가? 위기 탈출을 위해 새로운 시도가 필요하기 때문이다. 그룹 혹은 회사 수뇌부가 결정해 지시를 내리던 수직적 방식이 성장 한계에 부딪힌 만큼, 전 구성원들의 아이디어를 구하는 수평적 체제로 전환한다는 의미다. 주력 계열사인 삼성전자는 지난 몇 년간 매출 성장세가 약화되면서 이 고민을 풀어줄 아이디어를 찾고 있다. 다양한 의견을 수렴하는 것은 급변하는 경영 환경에 대응하기 위해서도 필요하다. 일각에서는 웹 2.0 경영이 이건희 삼성 회장이 강조하고 있는 창조경영과 관련이 있다는 시각도 있다. 새로운 것을 창조하려면 결국 새 아이디어가 필요할 수밖에 없다. 이런 의미에서 웹 2.0 방식의 경영 시스템은 단순한 댓글 모음 정도가 아니라 차별화된 고품격 지식 창구로 발전시켜 나갈 필요가 있다(탁상훈, 2007).

웹 2.0은 리더십 2.0, 기업 2.0 그리고 국가 2.0 등 여러 차원에서의 변화를 이끌어내고 있다. 중국 다롄에서 열린 2007 다보스포럼에서는 2.0 시대의 도래를 선언하고, 참여와 협력을 통한 변화, 웹 공간을 탈피해 정치 외교 경영으로 나아가도록 했다. 이것은 2.0이 세계를 바꿀 패러다임이 될 수 있음을 보여준다. 이 포럼에서는 세계 지형도를 바꿔놓을 수 있는 새로운 키워드로 리더십 2.0, 기업 2.0, 국가 2.0 등을 내놓았다(김현진, 2007).

- 리더십 2.0 원칙: 상식적인 개념을 거부한다. '두 명을 위한 식탁(able for two)'처럼 비용을 안 들이며 사회공헌을 한다. 식단 구성 중 일부를 절감, 아낀 비용만큼 굶주린 이웃을 위해 기부한다. 이것은 기업의 이윤 중 일부를 사회에 환원한다는 기존의 사회공헌 논리를 과감히 깨뜨린다.
- 기업 2.0 원칙: 정부를 교육한다. 세계시장 기업들이 각국에 글로벌 스탠더드 강력히 요구할 수 있도록 똑똑히 로비를 한다.
- 국가 2.0 원칙: 차별화 전략으로 국가의 가치를 극대화한다. 가장 가까운 나라와 최대한 다른 표정을 짓는다. 산업을 과감히 개방하는 콜롬비아가 대표적이다. 비결은 베네수엘라 등 인근국가들과의 극적인 차별화였다. 원유산업을 국유화하고 좌파 정권이 들어선 베네수엘라와는 전혀 달리 산업 구조를 과감히 개방하는 한편 국유기업들을 민영화했다. 콜롬비아 기업들은 필요 없는 자회사들과 자산을 매각하며 핵심역량을 찾고 있다.

웹 기술이 발전하면서 웹 2.0에서 웹 3.0의 시대가 올 것으로 예측하고 있다. 많은 사람들의 참여가 웹 2.0의 화두라면 웹 3.0의 핵심어는 개인화이다. 웹 3.0은 모든 서비스의 중심이 개인이 되는 것으로 나만의 웹이 가능하다. 이것은 웹 기술이 개인화를 구현하게 되면서 '오직 당신'만을 위한 콘텐츠와 서비스가 확대되는 데서 비롯된다. 참여공유 개방의 웹 2.0 특징이 더욱 강화되면서 참여하는 인간과 똑똑한 웹이 서로 의사소통하게 되는 것이다.

웹 3.0은 웹의 진화를 가정한 것이다. 질문이 생길 때 우리는 네이버 지식IN을 검색하기도 한다. 하지만 검색된 자료 중 마땅한 대답을 찾기란 쉽지 않다. 아직은 덜 똑똑하기 때문이다. 네이버 지식IN은 사용자의 집단지성이 지능형 웹으로 진화되기 전의 모형이다. 현재 웹은 사용자가 마우스나 키보드를 이용해 원하는 정보를 찾아 눈으로 보고 이해하는 형식이다. 웹 기술은 여기서 만족하지 않고 컴퓨터가 직접 질문과 자료를 이해하고 명확한 답을 낼 수 있는 시멘틱 웹(semantic web)으로 진화하고 있다. 시멘틱 웹이란 컴퓨터가 정보자원의 뜻을 이해하고, 논리적 추론까지 할 수 있는 지능형 기술을 말한다. 1999년 시멘틱 웹 개념이 도입된 이래 이에 대한 연구가 진행되고 있고, 앞으로 웹 3.0이 올 것을 예고하고 있다. 그때는 기업에서도 웹 3.0을 이용해 필요한 정보를 얻고 상담도 할 수 있을 것이다. 앞으로 경영자는 웹 2.0 또는 웹 3.0이 기업의 비즈니스 모델을 어떻게 변화시킬지 먼저 이해하고 대처해야 한다.

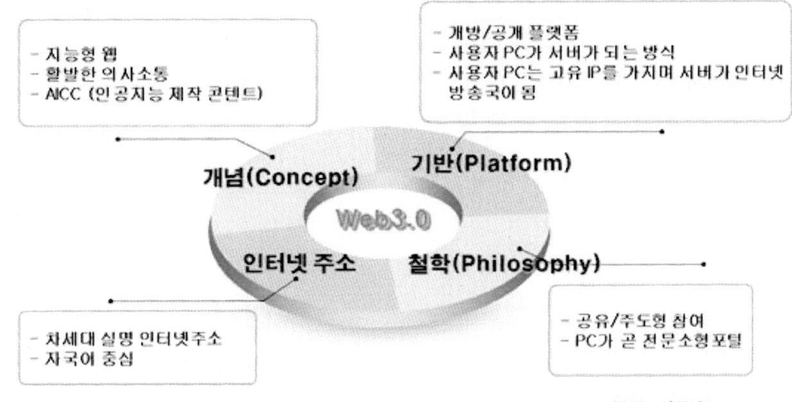

구분	웹1.0	웹2.0	웹3.0
의사소통	일방적	고정된 공간 (포털)에서 양방향	자유로움
콘텐츠	콘텐츠 생산 주체가 사용자에게 일방적으로 제공	사용자 스스로 참여	웹 자체가 지능화돼 사용자가 원하는 정보를 제공
검색엔진	곔색엔진 내부에서만 가능	여러 사이트에 있는 자료의 개방 (Open API)	사용자 맞춤형 검색

전문가들은 웹 3.0 시대엔 웹서버, 데스크톱PC, 모바일의 경계가 무너질 것으로 내다보고 있다. 모든 매체 간 경계가 사라지는 네트워크의 강화, 즉 현실적인 유비쿼터스가 구현되는 것이다. 이에 따라 현재 높은 수익을 내고 있는 대형포털이 위험상황에 처할 수 있다. 기존 시장을 선점한 주요 포털들이 네트워크 수평화에 대한 대안을

못 내놓은 상태에서 소모적인 팽창이 이뤄지고 있는데 검색과 네트워킹 기능이 데스크톱 차원으로 내려오게 되면 포털 사이트라는 것 자체가 필요 없어지는 상황이 올 수 있기 때문이다(최선욱, 2007).

웹 3.0 시대가 와도 기계가 모든 것을 해결해줄 수는 없다. 상황 판단을 하는 것은 역시 인간이기 때문이다. 이런 의미에서 웹 2.0은 물론 웹 3.0도 인간을 위한 웹이 되어야 한다. 웹의 진보가 인간중심적으로 접근할 때 그 사이버 공간도 자연스럽고 지속가능한 공간이 될 수 있다.

4. 학습조직

피터 셍게(P. Senge)에 따르면 조직을 변화시키기 위해 무엇보다 필요한 것이 직원들의 학습이다. 미래가 불확실성으로 가득 찬 오늘의 지식사회에는 뭔가를 배우지 않으면 심각한 위기에 빠진다는 위기감이 중요하다. 그 위기감이 배움을 촉진시킨다. 그는 지속가능한 경영과 창조경영을 수행하기 위해서는 개인적 숙련, 정신모델, 비전공유, 팀 학습, 시스템사고를 강조한다(Senge, 1990).

개인적 숙련(personal mastery)은 명확한 비전과 집중력을 바탕으로 현실을 객관적으로 파악하고자 하는 것이다. 개인적 숙련은 조직 전체가 학습조직으로 발전하는 데 필요한 가장 중요한 초석이다. 개인적 숙련이 제대로 이루어질 수 있는 지원 시스템이 갖추어져 있지 않은 조직에서 가장 흔히 나타나는 현상이 조직 구성원이 꿈을 이루려는 목표를 단념하고 단순 노동자로 전락하는 과정이다. 입사 초기 총명하고 에너지가 충만하며 회사에 의미 있는 변화를 일으켜 보겠노라고 결심한 초년병들이 30대만 되어도 조직에 대한 충성심이나 패기를 찾아볼 수 없는 이유가 바로 개인적 숙련을 할 수 있는 기회가 전혀 없기 때문이다.

정신모델(mental model)은 사물에 대한 종합적 인식을 강조한다. 정신모델은 개인이 사물과 현상을 이해하는 데 필요한 가장 근본적인 가정(assumptions)과 가치체계를 의미한다. 사회과학 특히 리더십 분야에서 흔히 이야기하는 것 중의 하나가 객관적인 실체보다는 개인이 실체를 어떻게 이해하느냐가 더 의미 있다는 것이다. 그래서 리더의 가장 중요한 역할 중 하나는 부하들이 사물을 긍정적이고 본질적인 관점에서 볼 수 있도록 카메라의 렌즈와 같은 역할을 수행하는 것이다.

비전의 공유(shared vision)는 조직의 목표와 가치에 대한 인식을 공유하는 것이다. 공유된 비전이야말로 시대를 대표하는 위대한 기업이 가지고 있는 가장 중요한 특징이다. 기업에서 리더들의 비전은 있지만 공유된 비전이 조직에 존재하지 않는 경우가 많다. CEO가 연설할 때만 외치는 개인적인 비전, 사무실의 한쪽 벽을 차지하고 있는 죽은 비전은 기업 발전에 장애 요소가 될 수 있다. 직원들을 한데 모아놓고 긴장되고 엄숙한 분위기에서 연설을 한다면 직원들이 고개를 끄덕일 수는 있지만 진정으로 그 말에 공감하기는 힘들다. 일방적인 연설보다 공감할 수 있는 대화의 시간을 갖는 것이 중요하다.

비전을 공유하는 환경을 만들기 위해서는 서로 신뢰하는 환경을 만드는 것이 중요하다. 두려움 없이 서로 말할 수 있는 환경이다.

이를 위해서는 조직 내에 창조적 긴장(creative tension)의 기류가 끊임없이 흐르도록 해야 한다. 조직에 이런 분위기가 자연스럽게 흐르도록 하려면 게릴라 미팅(guerilla meeting)이 효과적이다. 돌연 일터에 나타나 직원들과 소규모 팀을 짜서 끊임없이 의견과 아이디어를 교환할 수 있는 문화를 만드는 것이다. 이렇게 하면 직원들의 머릿속에 담아뒀던 아이디어들을 발견할 수 있다. 또 직원들이 실질적으로 조직에 대해 주인정신을 가지게 할 수 있다.

대화를 통한 팀 학습(team learning)의 실천이다. 통제와 효율로 수행되는 현대 기업경영에서 가장 큰 부작용은 구성원들이 가지고 있는 창의적인 잠재역량이 최대한 발휘되지 못한다는 점이다. 팀 학습이 효과적으로 된다면 상상할 수 없는 창의적인 아이디어와 결과를 도출할 수 있다. 이를 위해서는 모든 가정과 편견을 제거한 상태에서 진심으로 같이 생각해나가는 대화가 필요하다.

시스템적 사고(system thinking)는 문제를 단선적인 조각으로 분해해 이해하거나, 즉자적 반응을 보이는 사고의 반대편에 있다. 조각들이 서로 미치는 영향과 관계, 이것이 다시 발전하는 과정을 통합적으로 이해하는 사고방식이다. 기존의 단선적이고 평면적인 문제해결 방식 대신 조직을 전체적인 유기체로 파악해 종합적으로 대처하려는 구성원 개개인의 사고방식이다. 구름이 모여들고 하늘이 검게 변하고 바람이 불어 나뭇가지가 흔들리는 현상이 자연의 개별적인 현상인 것 같지만 시스템 사고의 관점에서 관찰하게 되면 곳 비가 올 것이라는 예측을 가능하게 한다.

조직의 학습과 연관된 것이 벤치마킹이다. 벤치마킹(benchmarking)은 가장 까다로운 경쟁자들이나 일류회사들을 상대로 제품, 서비스

그리고 실행수준을 측정하고 배우는 연속적인 과정으로 제록스에 의해 발전되었다. 기업들이 특정 분야에서 뛰어난 업체나 상품, 기술, 경영 방식 등을 배워 자사의 경영과 생산에 합법적으로 응용하는 것이다. 단순한 모방과는 달리 우수한 기업이나 성공한 상품, 기술, 경영 방식 등 장점을 충분히 배우고 익힌 후 자사의 환경에 맞추어 재창조하는 것이다. 쉽게 아이디어를 얻어 새 상품을 개발하거나 조직 개선을 위한 새로운 출발점의 기법으로 많이 이용된다.

벤치마킹은 타사의 제품을 몰래 복제하거나 특허를 침해하는 범죄행위와는 명확히 구별된다. 벤치마킹은 어느 특정분야에서 우수한 상대를 표적 삼아 자기기업과의 성과 차를 비교하고 이를 극복하기 위해 그들의 뛰어난 운영프로세스 등을 배우면서 부단히 자기혁신을 추구하는 기법이다.

벤치마킹은 기본적으로 측정프로세스이나, 이러한 측정프로세스는 결과적으로 상대방의 성과를 비교하는 데만 그치는 것이 아니라 상대방의 우수한 성과가 어떻게 도출되었는가 하는 방법론적인 노하우까지도 비교대상으로 삼는다. 즉 벤치마킹 활동의 결과물로는 상대적인 성과의 비교뿐만 아니라 우수한 성과를 가져오게 된 동인(enabler)도 분석하여 제시되어야 한다.

벤치마킹의 유형으로는 내부벤치마킹, 경쟁자벤치마킹, 기능벤치마킹 등이 있다. 내부벤치마킹은 자사 내 타 부서와 비교하고 효율적인 부서의 방법을 도입하는 것이다. 경쟁자벤치마킹은 경쟁사의 유사업무 처리과정을 비교해 배우는 것이다. 도요타의 싼타페 분해(tear down)가 그 예다. 기능벤치마킹은 업종에 관계없이 문제가 되는 부문의 최우수 기업을 대상으로 한다. 베트남 경제 관료들이 LG

그룹을 방문해 벤치마킹한 것이 그 보기다.

벤치마킹이라고 다 성공하는 것은 아니다. 엔론이 실패한 진짜 이유, 도요타자동차에 대한 벤치마킹이 성공을 거두지 못하는 이유, 시화호 수질 오염이 더 악화되는 이유는 시스템적 사고의 부족 때문이다.

단기적 성과만을 강조하며 직원들을 벼랑 끝으로 몰아넣는 조직문화가 결국 엔론을 죽였다. 시스템적 사고를 할 수 없는 조직의 구성원들은 항상 단기적 성과를 높이려는 유혹에 노출되어 합법이건 불법이건 수단과 방법을 가리지 않게 된다.

많은 기업들이 도요타에 몰려가 JIT시스템, 품질관리 시스템을 보고 난 후 이와 비슷한 시스템을 도입했다. 하지만 정작 실적은 내지 못했다. 그들은 도요타를 강하게 만드는 조각들만 보았지 그 조각들이 어떻게 하나를 이루는지는 파악하지 못했기 때문이다.

시화호 개발 사업을 추진하면서 수질오염문제가 발생하자 근본적으로 오염문제를 해결하기보다는 수질오염 자체만 감소시키는 즉각적인 문제해결 방식을 선택해 실패했다. 해수를 유입시키고 오염된 물을 시화호 밖으로 방류하는 방법을 선택함으로써 오히려 바다의 오염을 가중시키는 결과만을 초래한 단선적이고 근시안적인 정책실패의 대표적인 사례가 되었다.

이와 같은 학습조직 이론을 구축한 이유는 무엇일까? 그것은 서구식 구조조정에 대한 의문에서 출발한다. 셍게는 전통적인 경영혁신법에 기반을 둔 리스트럭처링과 다운사이징을 미래를 보지 못하는 지극히 단기적이고 비효과적인 처방으로 간주한다. 오히려 학습조직을 만들어나가기 위해 위에 언급한 다섯 가지 훈련방법에 익숙한 구성원들이 조직변화의 중심이 될 수 있다. 그들은 변화에 대해 역동적으로 상호작용을 하며 서로 학습의욕과 능력을 증진시키는 능동적 유기체로 거듭난다.

5. BSC

지식은 기업의 학습만 촉발시키는 것이 아니라 학습을 활용한 기업의 활동을 증가시킨다. 그 예가 BSC다.

BSC(Balanced Score Card)는 하버드대 교수 카플란(R. S. Kaplan)과 노튼(D. P. Norton)에 의해 제시된 것으로 재무적 요인과 비재무적 요인을 균형 있게 관리하는 데 초점을 맞췄다. 기업들이 지금까지 매출·수익·현금 등 주로 재무적 지표를 기반으로 기업을 운영했다면 이제는 브랜드·고객만족도·기술역량 등 비재무적 지표도 함께 관리해 스코어카드의 밸런스를 유지하자는 데 뜻이 있다. 비재무적이라 함은 계량화하기 힘든 부분의 자료를 이용해 기존의 성과측정 시스템이 접근하지 못한 부분을 반영함으로써 기업가치 창출의 정확한 요소를 밝혀낸다는 것을 의미한다.

재무적 지표는 사업의 결과로 나타나는 결과지표이며 비재무적 지표들은 그 결과지표가 나오게 하는 선행지표이다. 따라서 비재무적 지표들이 관리되어야 그 결과로 재무적 지표들도 성과가 있다. 만약 어떤 재무적 관점의 목표가 있으면 그 목표가 달성될 수 있는 고객관점에서의 목표가 먼저 정의되고, 그 고객관점의 목표를 달성하기 위한 내부프로세스가 또한 정의되며 그 프로세스를 가능하게 하는 학습과 성장 관점의 목표가 필요하다.

BSC 구축에 필요한 요인은 다음과 같다.

- BSC 지표는 기업의 미션, 비전 및 전략적 목표와 연계되어야 한다.
- 핵심성과지표의 목표는 합리적으로 설정되어야 한다.
- 전사 차원의 BSC는 하부 조직 단위 및 개인 단위의 스코어카드와 연계되어 통일성을 지녀야 한다.

BSC를 구성하는 측정 지표들은 조직의 구성원들이 회사 전체의 비전을 향해 나아갈 수 있도록 설계된다. 즉 기업 전략의 구체적 행동지침으로 표현되는 것이다. 미션은 조직이 존재하는 이유다. 비전은 조직이 고객을 위해 미래에 되기 원하는 모습이다. 미션을 달성하기 위해서는 전략이 필요하게 된다. BSC 설계에 있어서 중요한 것은 비전과 전략 및 전략체계도(strategy maps)의 수립이다.

상위개념인 비전과 전략, 하위개념인 성과지표의 연결을 위해서는 핵심성과지표(KPI: Key Performance indicator)의 사용이 필요하다. 지나치게 많은 지표를 관리하기보다는 전략목표 달성을 위한 소수의 핵심지표를 사용함으로써 궁극적인 목표인 고객만족에 더욱 쉽게 다가설 수 있게 한다. 이를 위해서 BSC는 우선 비전을 세우고 그 비전을 달성하기 위한 전략목표, 성과지표를 차례로 제시하는 계단폭포(cascading) 방식을 사용하는 한편 팀 단위의 성과지표를 아래에서 위로 취합하는 상향식(bottom-up) 방식도 동시에 사용한다.

모든 선택된 목표는 전략을 나타내는 원인과 결과 사슬의 일부여야 한다. 측정 시스템은 다양한 시각에서 목표들 간의 관계를 명확히 함으로써 관리되고 결과에 대한 원인을 규명할 수 있도록 고안되어야 한다. 모든 선택된 목표와 측정지표는 궁극적으로 재무 결과에 긍정적인 영향을 줄 수 있어야 한다. 고객에게 최상의 서비스를 제공해 한 번 고객을 평생 고객으로 만들겠다는 비전을 가지고 각각의 목표를 세운 경우 그것은 궁극적으로는 기업이 경쟁력을 지니고 수익을 올리고자 노력과 투자를 하는 것이다. 따라서 고객, 비즈니스 프로세스, 학습과 성장 시각에서의 목표와 측정 지표들이 그 자체로 존재하는 것은 의미를 가질 수 없고 각각의 목표에 영향을 주어 궁극적으로 재무 결과에 관련되어야 한다. 이를 위해 결과를 가져옴에 있어서 원인이 되는 활동들이 회사의 측정 지표에 균형 있게 포함될 필요가 있다.

종합적이고 다차원적인 경영관리를 위해 회계의 재무적 관점을 비롯해 비재무적 관점인 고객의 관점, 내부 비즈니스의 관점, 학습과 성장의 관점 등 4관점으로 목표와 측정지표를 도출해 구성원들이 회사의 전략적인 목표와 부합하여 활동하는지 측정할 수 있는 정보를 제공하고, 각 지표를 관리한다.

재무적 관점은 기존의 전통적 성과측정 시스템에서 주장하던 요소들과 다를 것이 없다. 즉 기업자본(자기자본과 타인자본)의 사용에 대한 적정성, 안정성 등을 나타내준다. 이는 기업 재무상태의 건실성 여부를 나타냄과 동시에 다른 모든 기업경영의 결과를 반영하는 측면을 보여준다. 따라서 BSC에서는 회계 측면을 과소평가하는 것이 아니라 다른 세 측면의 결과로 해석한다. 기업에서는 재무적 측면에서의 장기 전략을 영업현금흐름의 극대화 또는 비용절감을 통한 이윤 극대화 등으로 세울 수 있고 이를 위한 구체적 측정치로는 잉여 주주 현금흐름, 생산 성장률(volume growth rate), 투자수익률(ROI) 등을 사용할 수 있다. 이는 기업이 속해있는 산업군이 무엇인지 또는 현재 성장기에 있는 산업인지에 따라 다르게 도출될 수 있다.

고객의 관점에서 본다. 고객은 기업의 입장에서 보면 수익의 원천이다. BSC에서는 세분화된 고객집단의 성향 또는 제품에 대한 만족정도를 반영하고 있다. 이렇게 파악된 정보는 내부 비즈니스 프로세스와 종업원의 학습 및 성장 측면의 결과로 반영된다고 본다. 이는 바로 고객의 취향을 중심으로 제품과 서비스를 생산 및 공급해야 한다는 측면을 강조하는 것이다. 따라서 기업은 목표고객층의 만족 극대화를 전략적 목표로 세울 수 있고, 그것의 구체적 측정수단으로서 고객의 만족정도, 고객 유지율, 대리점 매출 증가율 등을 사용할 수 있다. BSC는 고객관점에서 접근하기 때문에 고객관계관리(CRM)와의 연계도 가능하다. CRM은 고객접점에서의 정보를 통해 고객에 대한 지식을 습득하고 전략적으로 활용하게 한다는 점에서 BSC와 연계되어 사용될 수 있다.

내부 비즈니스 프로세스의 관점에서 살핀다. 성과를 최대한으로 달성하기 위해 어떠한 프로세스에서 탁월해야 하는지 규정하는 것이 이 관점의 목표이다. 이는 바로 가치사슬(value chain)을 의미하는 것으로 기업의 가치를 증대시킬 수 있는 핵심적 역량을 찾는 것이다. 내부 비즈니스 시각에서 고객에 초점을 둔 측정지표를 토대로 자사 제품 및 서비스가 고객들의 기대를 충족시키기 위해서는 내부적으로 무엇을 해야 하는지 파악한다. 또한 프로세스 면에서 경쟁사들보다 앞서기 위해 무엇을 준비해야 하는지 밝히고, 그것을 통해 효율적인 프로세스 과정을 만들어낸다. 이 관점에서는 주로 비즈니스 프로세스 리엔지니어링(BPR)에 중점을 둔다. 효율적인 비즈니스 프로세스 과정은 합리적 비용배분을 통한 제품 및 서비스의 생산이므로 생산

과정의 효율성에 중점을 둔 성과측정치를 도출하게 된다. 여기서는 신제품 출하율, 재고 수준, 제품의 질 척도 등이 측정치로 사용된다.

내부프로세스 관점에서 본다면 BSC는 업무관리시스템 혹은 통합혁신시스템과 연계될 수 있다. 우선 전체적으로는 기능연계모델을 통해 각 부서와 연계 및 체계화한 프레임워크를 개발한 다음, 개별 부처 내부적으로는 전체 업무프로세스를 효율적으로 관리하고 최적화하는 업무관리시스템을 만든다. 데이터베이스를 체계적으로 정리한 데이터 웨어하우스를 구축하여 데이터베이스 간에 인과관계를 파악하는 데이터 마이닝(data mining)기법을 활용하는 것도 가능하다.

학습과 성장의 관점은 재무적 관점과 고객의 관점, 내부 비즈니스 관점의 목표들이 달성될 수 있게 하는 원동력 역할을 한다. 성과를 거두는 기반을 마련하고 직원들을 교육시키거나 필요한 정보가 시기적절하게 제공될 수 있도록 시스템을 갖춘다. 학습과 성장을 가능하게 하는 것은 바로 구성원의 역량과 업무 환경이다. 기업 내에 이에 대한 자료가 있다면 분석을 통해 조직구성원의 역량을 가장 잘 발휘할 수 있는 요소들을 찾을 수 있다. 이때 이용되는 기법이 바로 마이닝(mining)이다. 이 부분이 바로 제품 및 서비스생산의 효율성과 연결된다. 기업은 이를 위해 직원 만족도, 전략이행정도 등을 측정지표로 사용할 수 있다. 학습관점에서 볼 때 유용한 것은 지식관리시스템(KMS)이다. 이것은 조직의 지식을 정의하고 구성원들 간에 공유함으로써 조직의 핵심역량을 발굴할 수 있게 한다. 지식관리시스템의 구성에 있어서 중요한 것은 노하우뿐만 아니라 누가 제일 전문가이며 누가 전임자인지 알 수 있는 know-who, 어디에 가면 해답을 찾을 수 있을 것인지 알 수 있는 know-where 등을 기술적으로 정의할 수 있는 도구를 만들어내는 일이다.

BSC를 실제 운영함에 있어서 직원들의 지속적인 학습과 커뮤니케이션이 중요하다. 지표개발과정에서 자신이 참여하고, 합의한 지표에 대해 관심이 높기 때문이다. 또한 새로운 성과관리기법에 대해 끊임없이 토론하게 함으로써 이해를 높인다. 이해정도에 따라 호응도도 비례하기 때문이다. 전략의 명확화와 성과관리에 대한 충분한 이해가 BSC의 성공을 좌우한다.

이해가 깊고 의지가 강한 부서를 선정하여 이 팀을 선도가 되게 하는 것도 중요하다. 전략을 모든 사람들의 일상 업무로 전환하여 팀 단위까지 BSC를 확대 개발하는 데 도움을 주고, 상·하위 조직 간 연계성을 강화하며, 지속적인 프로세스를 유지하게 하는 것이 이 팀의 목표가 된다.

BSC는 우선 성과관리의 도구이므로, BSC의 성공적 도입을 위해 인센티브 시스템의 설계가 필요하다. 성과의 지속적인 피드백이 가능해야만 장래의 비전에 가까이 다가설 수 있다. BSC를 성공적으로 도입한 기업들은 보상과의 연계에도 성공적이었다. 따라서 BSC 구축 때 성과시스템과 연계할 필요가 있다.

BSC는 핵심적인 지표들이나 핵심 성공 요인들을 정의하고 나열하는 것으로 끝나서는 안 된다. BSC의 다양한 측정지표는 일관성이 있으면서도 연관성을 유지하며 서로를 강화시켜 줘야 한다. 선행지표와 후행지표 그리고 피드백 고리들이 조직의 목표 아래 통합되어야만 한다. 그리고 그 연결에는 인과관계와 결과물 측정지표, 성과동인들이 혼합되어 있지만 기업의 전략과 성과를 논리적으로 말해줄 수 있어야 한다.

제6장

컴퓨터기반 경영과 전사적 관리

1. CIM과 SIS

CIM(Computer Integrated Management)은 컴퓨터에 의한 통합적 생산 방식으로, 컴퓨터를 이용해 기술개발·설계·생산·판매에 이르기까지 하나의 통합된 체제를 구축하는 것이다. 이것은 기업 전체의 활동을 백업하는 컴퓨터 정보시스템에 의한 통합화의 필요성에 따라 나온 것으로 제조·개발·판매로 연결되는 정보 흐름의 과정을 일련의 정보시스템으로 통합한 종합적인 생산관리방식이다.

고객이 새로운 상품을 요구하면 시장수요를 반영한 신제품은 신속하게 설계되고 제작도면, 제품의 규격 등이 컴퓨터를 통해 생산기술자에게 즉시 전달돼 생산준비가 이뤄진다. 또 납기·규격·수량 등 제조지시는 판매부문으로부터 네트워크를 통해 생산현장에 전달되어 자동적으로 알게 된다. 생산현황에 관한 정보는 생산현장에서뿐만 아니라 판매부문에서도 동시에 검토됨으로써 기업 전체가 하나로 통합된 생산, 판매시스템을 갖는 것이다. 결국 CIM은 새로운 생산시스템으로서 필요한 제품을 필요한 시기에 필요한 양만큼 생산 가능토록 한다.

CIM은 미국에서 가장 먼저 시작했다. 제조업에서 전략적 정보시스템(SIS)은 CIM과 동일한 개념으로 본다. CIM의 적용 범위는 최근 생산, 판매뿐만 아니라 기술, 생산의 일체화까지도 추구하고 있다. CIM은 동시별행설계의 개념을 바탕으로 프로세스를 정립, 상품의 개발 리드 타입을 단축하고 원류관리도 효율적으로 함으로써 품질개선에도 크게 기여하고 있다. 이 밖에 고객만족의 경영목표를 달성함은 물론 시장점유율 확대에도 도움을 주고 있다. CIM의 성패는 분

명한 목표의 설정 여부, 현장·현실·현물 등 삼현주의(三現主義)에
입각한 공감대 형성 여부에 달려 있다.

2. BPR, CALS

1990년대 초 마이클 해머에 의해 제시된 BPR(Business Process
Reengineering)은 기업경영 내용이나 경영 과정 전반을 분석하여 경
영 목표 달성에 가장 적합하도록 재설계하고, 그 설계에 따라 기업
형태, 사업 내용, 조직, 사업 분야 등을 재구성하는 것을 말한다. 어느
한 부분뿐만 아니라 기업 전체를 대상으로 한다는 점에서 기존의 업
무 개선과 다르다. 업무 재설계(BPR)를 가능하게 하고 BPR 이후의
새로운 경영 체제로의 순조로운 이행을 가능하게 하는 것은 1980년
대 후반에 개발된 그룹웨어, 컴퓨터 지원 공동 작업(CSCW), 전략 정
보 시스템(SIS)과 같은 새로운 경영 정보 시스템이다. BPR은 비용,
품질, 서비스, 속도와 같은 핵심적인 성과에서 극적인 향상을 이루기
위해 기업업무 프로세스를 기본적으로 다시 생각하고 근본적으로 재
설계하며, 기본, 활성화, 극적 요소, 프로세스 등 네 가지 관점에서
살펴본다.

CALS(Commerce At Light Speed)는 보잉사가 제시한 초고속경영
통합정보시스템이다. 제조업체와 협력업체 등 관련기업들이 공유하
며 경영에 활용하는 기업 간 정보시스템이다. 이것을 통해 종이 없
는 사무실을 구현할 수 있고, 시스템 획득 및 개발기간을 단축할 수
있으며, 정보화 경영혁신 및 비용이 절감되고, 종합적으로 품질을 향

상시킬 수 있다. 조달에서 설계, 개발, 생산, 운용, 유지 보수에 이르는 제품의 수명 주기를 통해서 기술 정보 등을 통합 데이터베이스로 일원적으로 관리하여 각 공정을 지원하는 시스템을 갖춘다.

1985년 미국 국방부에서 컴퓨터를 이용해 군수 물자와 기술의 흐름을 합리적으로 통제하여 군수품 납품 체계를 개선할 목적으로 시작했다. 이때의 CALS는 컴퓨터 지원 군수 지원 체계(computer-aided logistics support)라는 개념이었다. 그러나 1990년대 초에 CALS의 의미는 '지속적 획득 및 수명 주기 지원 체계(continuous acquisition and life cycle support)'로 바뀌었다. 이는 대형 군납업체뿐만 아니라 부품을 납품하는 하청업체까지 범위를 확대한 것이다. 이때부터 민간 기업에도 이러한 사고방식을 채택하려는 기운이 확산되기 시작했다. 이어서 정보 통신 기술의 급속한 발전에 힘입어 1995년을 전후하여 고속상거래(commerce at light speed)라는 개념으로 CALS의 방향을 재정립하게 되었다.

CALS는 이제 제품의 설계에서부터 제조, 유통, 유지 보수에 이르기까지 모든 데이터(서류, 도면, 거래 정보)를 표준화하여, 거래 관계에 있는 기업 간에 신속히 주고받는 것을 지향하고 있다. 이와 같이 컴퓨터에 의해 비즈니스 데이터를 공유하고 교환하기 위한 세계적인 표준과 표준적인 통합화 기술이 실현되어 전 세계 기업 간에 이용될 경우, 정보 통신에 의해 거래가 이루어지는 전자 교역이 실현될 전망이다. 이럴 경우 각 기업은 정보 자동화와 정보 통합화를 통해 원가 절감, 품질 향상, 재고 감소 등 효과를 누리게 되고, 거래 데이터 오류의 감소와 신속한 교환으로 교역이 고속화될 것이다. 미국에서는 이미 1990년부터 보잉(Boeing) 등 항공기 제작사, GM 등 자동차

제조업체, 미국 국립 항공 우주국(NASA) 등에서 적극적으로 CALS
를 도입하였고, 국내에서는 1992년부터 삼성항공, LG화학 등에서
CALS 표준에 의한 설계 관리 또는 문서 교환 관리 시스템 등을 도
입하여 사용하고 있으며, 정부에서도 CALS의 표준화와 보급을 적극
추진하고 있다.

3. SCM, CRM, ERP

SCM(Supply Chain Management)은 공급체인관리 또는 공급만관리
라 하며, 고객서비스 수준을 만족시키면서 시스템의 전반적인 비용
을 최소화할 수 있도록 제품이 정확한 수량, 정확한 장소, 정확한
시간에 생산과 유통이 가능하도록 공급자, 제조업자, 창고보관업자,
소매상들을 효율적으로 통합하는 시스템이다. 델이 이 방법을 사용
하는 대표적인 기업이다. SCM은 유통업체들과 제조업들의 혁신과
차별화에 상당히 기여했다.

SCM도 발전해 최근에는 오라클의 협업 SCM(Collaborative SCM)
이 관심을 끌고 있다. 이것은 제2차 이라크전을 통해서 얻어낸 것이
다. 가상화, 통합화, 동기화, 협업화, 전자화로 정리할 수 있는 SCM
의 변화에 부응해 오라클은 공급망 관리를 위한 새로운 협업 모델을
제시하였다. 오라클의 새로운 SCM 협업 모델은 제품개발, 고객만족,
계획 및 주문처리, 공급사 협업에 도움을 주고 있다.

CRM(Customer Relationship Management)은 고객관계 관리로서,
기업이 고객 관계를 관리해나가기 위해 필요한 방법론이나 소프트웨

어 등을 가리키는 용어이다. 현재의 고객과 잠재 고객에 대한 정보 자료를 정리, 분석해 마케팅 정보로 변환함으로써 고객의 구매 관련 행동을 지수화하고, 이를 바탕으로 마케팅 프로그램을 개발, 실현, 수정하는 고객중심의 경영기법이다.

CRM은 서비스 분야에서 데이터베이스 마케팅이라는 이름으로 발전하기 시작해 고객 분석 마케팅을 전개하고, 고객과의 관계를 계속 발전시키고 유지하여 고객의 충성도를 지속적으로 관리해나가는 마케팅 기법으로, 월마트 등에서 사용하고 있다.

ERP(Enterprise Resource Planning)은 전사적 자원관리 방법으로, 기업 활동을 위해 사용되는 기업 내의 모든 인적, 물적 자원을 효율적으로 관리하여 궁극적으로 기업의 경쟁력을 높여주는 역할을 하는 통합정보시스템이다. 제조업을 포함한 다양한 비즈니스 분야에서 생산, 구매, 재고, 주문, 공급자와의 거래, 고객서비스 제공 등, 주요 프로세스 관리를 돕는 여러 모듈로 구성된 통합 애플리케이션 소프트웨어 패키지를 뜻하는 산업 용어이며 재무 및 인적자원을 위한 모듈 또한 포함되어 있다. 일반적으로 ERP시스템은 관계형 데이터베이스를 기반으로 통합된 시스템의 형태이며, ERP시스템 구축은 비즈니스 프로세스 분석, 사용자 재훈련, 새로운 작업절차 등을 포함한다. P&G 등에서 활용하고 있다.

CALS, SCM, CRM, ERP 등은 컴퓨터를 활용하는 기법이라는 점에서 같다. 최근, ERP 아웃소싱을 제공하는 대표적인 ERP 패키지로는 SAP R/3, 오라클 Application, Peoplesoft, J. D. Edwards, BPCS 등이 있으며, 국내 패키지로는 삼성SDS의 Uni ERP, 영림원의 K시스템, 한국기업전산원의 탑 ERP 등이 있다.

4. 포스코의 포스피아 시스템

포스코는 글로벌 스탠더드에 부합하는 전사통합시스템인 포스피아 (POSPIA)를 구축하고 조직과 업무 프로세스를 고객중심으로 혁신적으로 변화시켜 디지털 포스코로 거듭났다. 포스코는 ERP, 맥시모, SCP 등 7개 패키지와 63개 모듈을 적용하는 세계 최대 규모의 프로젝트를 성공적으로 수행하였다. 이것은 포스코 PI(Process Innovation) 프로젝트 추진팀을 중심으로 이뤄졌다. 포스피아는 포스코와 유토피아를 합성어로, 전사적 자원관리(ERP)와 통합 판매, 생산계획 시스템(SCP)으로 구성되어 있다. 포스피아는 PI로 구축한 포스코의 고객지향적인 새로운 전사통합시스템의 명칭이자 포스코 PI의 새로운 명칭이다.

포스피아 시스템 구성

레벨	시스템	설명
전략 레벨	SEM	의사결정 지원
	ABM	
	BSC	
계획 레벨	DW	데이터웨어하우스
	SCP	생산, 출하, 수주 계획
실행 레벨	ERP	판매, 생산, 재무, 구매, 인사, 설비투자, 기술
	MAXIMO	설비

포스피아 시스템은 전략 레벨, 계획 레벨, 실행 레벨도 구성되며 각 레벨 사이 그리고 각 레벨에서는 EAI(Enterprise Application Integration)가 활용된다. 실행 레벨에서는 공급자, 고객, 조업현장이 EAI는 물론 인터넷을 활용한다. PI추진으로 인한 인위적 인력감축은 없었으며, 인력을 재배치하고 재활용하는 정책을 유지했다. 포스코에서 포스피아가 성공을 거둔 것은 혁신에 대한 경영자 및 구성원의 이해와 수용이 있었기 때문이다. 이 모두는 디지털 혁신으로 가능했으며, 시스템과 운영의 완벽한 조화를 통해 더욱 발전해나갈 것으로 기대되고 있다(포스코PI프로젝트팀, 2002).

5. 매스 컬래버레이션과 집단 소싱

인터넷의 세계적인 보급과 발전으로 익명의 다수가 자발적으로 협력하여 가치를 만들어내는 매스 컬래버레이션(mass collaboration, 집단협동)이 새로운 생산방식으로 떠오르고 있다. 기업 안에서의 협동이 사익을 추구한다면 집단협동은 공공의 이익을 만들어낸다.

2001년 개설된 온라인 백과사전 위키디피아(Wikipedia)는 2007년 말 현재 아무런 보상을 바라지 않고 스스로 등록한 저자 638만 8천여 명이 221만 개 이상의 항목을 집필했다. 아주 훌륭한 백과사전이 익명의 다수가 자발적으로 참여하는 협동, 즉 집단지성에 의해 만들어진 것이다. 위키디피아는 누구나 저자로 참여할 수 있는 온라인 사전이다. 2억 번에 달하는 수정과 편집을 거치면서 지금도 계속 진화하고 있다.

인터넷에서 벌어지고 있는 이 집단협동 현상은 21세기 인류의 새로운 문명을 열어갈 씨앗이 될 가능성이 높다. 하지만 위험성도 있다. 인터넷에서 일어나는 사회현상을 집중적으로 연구하는 토론토대학의 배리 웰만(B. Wellman) 교수는 집단지능이 집단광기로 변할 수 있음을 지적하였다. 매스 컬래버레이션은 집단지성을 낳기도 하지만 집단바보를 만들 수도 있다. 특정한 사람이나 조직을 해치기 위해 집단적으로 협동하는 경우도 있기 때문이다. 이들은 간혹 집단적 광기를 부리기도 한다.

인터넷은 유토피아도 디스토피아도 아닌 단지 가능성의 공간이다. 네트워크를 통해서 사람들은 현명한 집단(smart mobs)으로 변할 수 있는 가능성이 활짝 열렸다. 이것은 전에 볼 수 없었던 인류공동체의 가치를 만들어가고 있다. 집단협동에 참여하는 사람들 가운데는 다분히 이타적 동기를 가지고 참여하기도 해 사회를 긍정적으로 변화시키는 데 도움을 줄 수 있다.

기업들도 집단협동을 적극 활용하고 있다. 한 명의 천재 프로그래머에 의해 기본구조가 만들어져 공개된 리눅스는 수많은 익명의 프로그래머들의 집단적 노력으로 누구나 무료로 사용할 수 있는 훌륭한 컴퓨터 운영체제(OS)로 자리잡았다. 리눅스는 현재 1억 줄이 넘는 프로그램으로 이루어져 있다. 프로그램 한 줄을 개발하는 데 드는 비용이 통상 100달러라는 기준을 적용한다면 집단협동에 의해 현재 100억 달러 가치가 있는 운영체제를 만들어낸 것이다.

기업들도 집단협동을 통해 수익을 내기 시작했다. 회사의 연구개발 혹은 기술적인 문제를 자신들이 직접 풀기보다 외부사람들에게 기대는 방식이다.

캐나다 금광회사 골드코프(Goldcorp)는 최고수준의 지질학자를 고용해 금광을 찾았지만 실패하자 자신의 금광 후보지에 대한 모든 지질학적 정보를 인터넷에 공개한 뒤 현상금을 걸고 전 세계 사람들에게 도움을 청했다. 이 회사는 추천된 후보지 80%에서 총220톤의 금을 발견하는 데 성공했다.

미국 티셔츠 생산회사 트레드리스(Threadless)는 옷 디자인과 디자인에 대한 평가를 소비자에게 맡긴 후 좋은 평가를 받은 옷만 생산해 성공한 기업이 되었다. 생산을 위해 선택되면 소정의 금액을 소비자 디자이너에게 지급하고 생산하여 판다.

기업이 기업 밖 익명의 다수의 도움으로 가치를 생산하기 시작하자 집단 소싱(crowd-sourcing)이라는 개념도 등장했다. NASA는 화성의 지형에 이름을 붙이는 작업을 집단 소싱했고, 그 결과 화성의 분화구와 평야들은 전 세계 네티즌의 자발적인 참여로 돈 한 푼 들이지 않고 이름을 갖게 되었다.

시각장애인에게 책을 읽어주는 인터넷 사이트는 짬 생길 때마다 한 페이지 또는 반 페이지씩을 읽어주는 수많은 봉사자에 의해서 매일같이 오디오 북을 생산하고 있다.

집단협동은 세계적 차원의 네트워크 없이는 만들어낼 수 없었던 가치를 생산해내고 있다. 집단 지능을 활용하는 기업이 점차 늘어날 것이다. 그러나 이러한 새로운 생산방식이 어떤 문명을 만들어낼지 아무도 모른다(김용학, 2008).

제7장

지속가능한 사회형성과 지속가능 경영

1. 지속가능 경영

기업의 최고경영자들이 기업의 사회적 책임에 대한 의식이 높아지고, 빌 게이츠나 워런 버핏 같은 부호들이 자선과 복지 사업에 뛰어드는 것은 그들의 남다른 인류애 못지않게 기업과 자본주의의 지속가능성을 확보하기 위한 것으로 해석되고 있다.

워런 버핏, 자식에게 한 푼도 안 물려 준 소탈한 부자

8세부터 주식 관련 책을 읽기 시작했고, 11세 때 114달러로 첫 주식투자를 했다. 13세엔 신문배달을 해서 번 돈으로 이발소에 중고 핀볼 게임기를 설치해 1주일에 50달러씩 수입을 올렸고, 고등학교 땐 중고 롤스로이스를 350달러에 구입해 임대사업을 벌여 졸업할 무렵 6000달러로 불렸다.

주식투자만으로 440억 달러의 재산을 모아 빌 게이츠에 이어 세계 갑부 2위에 올라 있는 워런 버핏(76)의 어릴 적 모습이다. 주식중개인 아버지 밑에서 자란 버핏은 일찍부터 투자에 눈을 떴다. 대학을 가지 않고 계속 사업을 하고 싶어 했으나 아버지의 뜻에 따라 컬럼비아대 경영대학원까지 마쳤다. 대학원에서 내재가치가 높은 저평가주를 장기간 보유하는 '가치투자'의 대부 벤저민 그레이엄 교수의 가르침을 받아 그의 투자기술은 한 단계 업그레이드됐다. 버핏은 26세(1956년) 때부터 자신이 직접 투자펀드를 운용하기 시작했다. 10만 5000달러의 자본금으로 시작한 이 펀드는 이후 13년 동안 평균 29.5%의 수익률을 올렸다. 1960년대 초반엔 고객 연루 비리의혹으로 하룻밤 새 주가가 폭락한 아메리칸 익스프레스 카드에 총 자산의 40%인 1300만 달러를 투자해 2년 뒤 3배 이상의 수익률을 거뒀다. 그는 "자신이 아는 범위 내에서 투자해야 하고, 얼마나 많이 아느냐보다 얼마나 정확히 아느냐가 더 중요하다."라고 강조했다.

하지만 세계 갑부 2위답지 않게 그의 삶은 매우 소탈하다. 뉴욕에서 2000㎞나 떨어진 네브래스카주 고향 오마하에서 1958년 3만 1500달러를 주고 산 회색 벽돌집에 계속 살고 있다. 중고 자동차를 직접 몰고 다녔고,

동네 이발소에서 머리를 깎으며, 고급 레스토랑보다는 햄버거와 코카콜라를 즐긴다. 수천만 달러 연봉을 받는 CEO가 즐비한 가운데 수년째 그의 연봉은 10만 달러에 머물러 있다.

2006년 6월 그는 전 재산의 85%인 370억 달러를 기부하겠다는 깜짝 선언을 하면서 세상을 놀라게 하기도 했다. 그는 "많은 돈은 자식을 망친다."라는 신념 아래 3명의 자녀들에게 한 푼의 유산을 남기지 않았다(최형석, 2006).

최근 비즈니스 리더들 사이에 지속가능 경영(sustainable management)이라는 새로운 가치관이 형성되고 있다. 이것은 기업이 단순히 이윤창출만 목표로 삼는 것이 아니라 국가와 세계의 건전한 발전을 위한 사회적 책임과 환경보호를 장기적 과제로 삼는 것을 말한다.

글로벌 기업들은 이에 부응해 매년 재무제표만 발표하는 것이 아니라 환경이나 사회적 책임 분야에서 어떤 노력을 했는가를 기록한 '지속가능 경영보고서'를 내놓고 있다. 국제표준화기구(ISO)는 기업의 기술수준뿐 아니라 윤리경영 달성도를 인증하기 위해 'ISO 26000'을 마련하였다. 지속가능 경영을 향한 기업의 이러한 노력이 비용만 추가하는 부담스런 것이 아니라 경영실적에 실제적으로 도움을 주고 있다는 점이다. 투자은행 골드만삭스에 따르면 2000년 이후 이 은행이 선정한, 윤리적으로 모범이 되는 기업들의 주식 상승률이 세계 주가지수를 평균 25% 웃돈 것으로 나타났다. 선행의 경제학인 셈이다(이지훈, 2007).

피터 셍게는 지속가능한 성장을 위해서는 경영본연의 문제뿐 아니라 사회·환경이슈까지 고려해야 한다고 주장한다. 지금 기업들이 중시하는 정보나 지식은 장기적 관점에서는 중요한 문제가 아니다. 세계화로 경쟁이 가속화되고 새로운 경쟁자들이 출현하는 것도 부차적인 문제일 수 있다. 보다 근본적 문제는 모든 업종이 성장의 한계에 직면해있다는 점이다. 돌파구는 사회·환경이슈에서 찾아야 한다.

무엇보다 그는 기업을 거대권력으로 규정하고 기업 그 이상의 역할을 강조한다. 기업은 더 큰 책임감을 갖고 소비자와 사회를 생각하는 안목을 가져야 한다. 자원고갈·생태계 보호 등 지금까지 기업들과 동떨어진 것으로 생각했던 환경이슈가 앞으로는 기업경영에 엄청난 영향을 미친다. 자원고갈로 휘발유 값이 갤런당 100달러까지 치솟을 경우 경영의 패러다임 자체가 바뀐다. 원자재 조달부터 빌딩의 디자인까지 획기적인 변화가 요청된다. 방법은 장기적 시각을 가지고 미리 대비해야 한다. 상당수 기업이 사회·환경이슈에 투자하고 있다.

- 도요타의 친환경차인 프리우스는 처음에 돈을 잡아먹는 프로젝트였지만 지금은 이 때문에 가장 미래에 대한 대비가 잘 되어 있는 기업으로 평가받고 있다.
- BMW는 훗날 세계적인 쓰레기 대란에 대비해 재활용이 가능한 재질로 자동차를 만드는 프로젝트를 진행하고 있다.
- 코카콜라는 세계야생기금(World Wildlife Fund)과 공동으로 생태계 보호 캠페인을 벌이고 있다. 생태계 보호를 통해 청량음료 업계의 생존이 걸린 물 부족 문제 해결책을 도모하면서 기업이미지 개선까지 누리고 있다.
- 유니레버는 미래의 소비자들을 위해 지속가능한 어업 프로젝트를 진행하고 있다.
- GE와 BP는 원유가격 급등에 대비, 바이오디젤 등 대체에너지 매출비중을 80-90%로 끌어올리는 목표를 가지고 있다.

프로이트에 따르면 인간에게 삶의 본능인 에로스(eros)와 죽음의 본능인 타나토스(thanatos)가 있다. 프롬은 이를 바이오필리아(biophilia)와 네크로필리아(necrophilia)로 구분하였다. 에로스를 추구하면 인간의 자유의지, 생산성, 애타주의, 휴머니즘적 산업주의가 보인다. 그러나 타나토스를 추구하면 결정론, 억압, 이기주의, 관료적 산업주의 모습이 나타난다. 프롬은 우리의 생각을 보다 바이오필리아로 옮겨야 생산적일 수 있다고 말한다. 경영도 마찬가지다.

에로스와 타나토스

에로스	타나토스
삶의 본능: 사랑	죽음의 본능: 파괴
바이오필리아	네크로필리아
자유의지	결정론
이타주의	이기주의
생산성	억압
인간적 산업주의	관료적 산업주의

채플은 창조적 자아, 야망적 자아, 협력적 자아, 합리적 자아 그리고 이타적 자아 등 다섯 가지 형태의 창조적 경영자를 상정했다. 이 중에 우리가 윤리적인 측면에서 주목해야 할 것은 이타적 자아다. 이타적 자아는 이기심을 버리고, 다른 사람들이 나름대로 가치를 추구하는 더 큰 활동영역에서 자신이 어떻게 적응할 수 있는지 그 방법을 터득한다(Chappell, 1993).

이타적 경영자가 되기 위한 방법도 여러 가지지만 우선 환경에 대한 관심을 갖는 것도 중요하다. 온실효과의 주범인 이산화탄소 CO_2배출을 막기 위한 방법으로 탄소배출 거래제도(ETS)가 있다. 이 것은 에너지 소비량이 많은 업체들이 이산화탄소배출량을 줄이지 못 할 경우 조림사업체로부터 돈을 주고 권리를 사는 것을 말한다. 교 토의정서에 따르면 의무당사국들은 90년 배출량을 기준으로 2008년 에서 2012년까지 이산화탄소 배출량을 평균 5% 수준으로 줄여야 한 다. 따라서 해당국가의 에너지 과다소비업체들이 배출규제를 받게 돼 기업의 탄소관리(carbon management)가 절실하게 요구되고 있다. 석유화학 기업, 항공, 자동차 등 이산화탄소 배출량이 많은 기업들은 이산화탄소배출 자체를 줄이거나 혹은 배출량이 적은(예컨대 뉴질랜 드처럼 조림지역이 많은) 국가의 조림지 소유업체로부터 권리를 사 야 한다. 배출량이 많은 기업이 적은 기업으로부터 탄소배출권을 사 는 것이다.

초기에는 배출권을 사겠지만 배출권 가격이 오르면 시장에서 배출 권을 사는 것보다 탄소 저감 기술이나 에너지 효율 개선에 투자하는 것이 보다 경제적이기 때문에 기업들이 본격적으로 이산화탄소 감축 노력을 하게 된다. 특히 탄소배출량이 큰 전력회사들의 경우 배출 상한의 엄격한 적용으로 인해 큰 타격이 예상된다. 따라서 전력회사 들은 에너지 효율성 제고, 연료전환, 탄소 저감기술 도입, 청정개발 체제 및 공동이행제도에의 투자 확대, 배출권 거래, 거래가격 인상 등 대안을 모색할 수밖에 없게 된다. 아서디리틀(ADL)은 새로운 블 룸버그 지수인 탄소배출 우수기업지수(Carbon Winners Equity Index) 를 포함시켰다. 이 지수에 포함된 산업군은 전력, 오일 및 가스, 철 강 및 기타 금속으로, 이 산업 군이 전체 온실가스 배출량의 50%를 차지하고 있다. 이산화탄소를 줄임에 있어 이러한 제도들이 어느 정도 기여는 하겠지만 근본적인 환경대책이 될 수 없다. 모든 기업과 경영자가 환경에 대한 책임의식을 가지고 친환경경영을 할 때 가능하다.

지구온난화·물 부족 등 인류를 위협하는 문제들이 역설적으로 기업의 새로운 성장 동력을 제공해줄 것이다. 대체에너지 산업이 대표적이고, 자동차기업의 경우 환경과 에너지 문제를 동시에 해결할 수 있는 미래형 자동차 개발 사업이 지속적 성장의 발판이 될 것이다. 변화된 환경 속에서 경영자는 사회·환경 이슈들에 대해 보다 예리한 시각을 가지고 미래에 대처하는 CLO(Chief Learning Officer)가 되어야 한다.

2. 사회적 기업

사회공헌을 비즈니스로 하는 '사회적 기업(social venture, social enterprise)'이 확산되고 있다. 이기적 인간 본성과 자유 시장을 강조한 고전적 자본주의, 정부 개입을 인정하고 복지를 중시하는 수정자본주의에 이어 자선과 영리의 경계가 무너진 제3의 자본주의의 등장이다. 일반 기업의 목적이 이익 자체의 극대화라면, 사회적 기업들은 사회공헌을 통해 이익을 창출한다. 또 지원이 일회성인 자선사업과 달리, 사회적 기업은 적절한 이익을 냄으로써 지속가능한 사회공헌이 가능하게 하고 있다. 새로 탄생한 제3의 자본주의는 이타적 동기를 추진 동력으로 한다.

우리나라에서도 '사회적 기업육성법'이 마련되어 있다. 이 법에 따르면 사회적 기업은 취약계층에게 일자리나 사회서비스를 제공하여 지역주민의 삶의 질을 높이는 등 사회적 목적을 추구하며, 재화·서비스의 생산·판매 등 영업활동을 수행하는 기업으로서 노동부장관의 인증을 받은 자를 말한다. 해당기업은 노동부에 신청하여 인증을 받아야 한다.

사회적 목적의 실현을 목표로 한 이 기업의 유형은 크게 다음과 같다.

- 일자리 제공형: 취약계층에게 일자리를 제공하는 것이 조직의 주된 목적이다. 우리나라의 경우 취약계층 고용비율이 30% 이상이 되어야 한다.
- 사회서비스 제공형: 취약계층에게 사회서비스를 제공하는 것이 주된 목적이다. 우리나라의 경우 수혜자 중 서비스를 받는 취약계층의 비율이 30% 이상 되어야 한다.
- 혼합형: 일자리 제공과 사회서비스 제공이 혼합된 경우다. 우리나라의 경우 취약계층의 고용비율과 사회서비스를 제공받는 취약계층의 비율이 각각 20% 이상 되어야 한다.
- 기타: 사회적 목적의 실현 여부를 판단하기 위해 정부가 제시한 고용비율과 사회 서비스 제공비율 등으로 판단하기 어려운 경우이다.

사회적 기업의 원조는 방글라데시의 빈민운동가 무하마드 유누스(67)가 31년 전 세운 '그라민 뱅크'이다. 유누스는 이 활동으로 인해 노벨평화상을 받았다. 제2의 유누스도 세계 곳곳에 등장하고 있다. 안드레아와 배리 콜먼 부부가 설립한 '의약품 수송 회사(Riders for Health)'는 응급약을 아프리카 오지 마을에 배달하는 사업을 통해 사람들 목숨을 구해낸다. 매출은 370만 파운드(2005년), 지난 15년간 목숨을 구해낸 사람은 1080만 명이 넘는다. 아프리카에 약을 기부하는 곳은 많지만, 정작 이것을 오지까지 수송하려는 사람은 없어 자선의 틈새를 발견해 실질적 도움을 주는 것이 이 기업이 하는 일이다.

1998년, 미식약국(FDA)에서 일하던 빅토리아 헤일 박사는 풍토병 치료약이 없어 죽어가는 빈민들을 보고 이들을 위한 제약회사 '원월드 헬스'를 차렸다. 덕분에 2006년 말부터는 풍토병인 리슈만 편모충증 치료제가 단돈 10달러에 판매되고 있다. 수익성이 낮아 아무도 손대지 않던 풍토병 치료약이 사회기업의 힘으로 개발·공급되고 있는 것이다.

재클린 노보그라츠(Novogratz)가 운영하는 '땅콩버터'도 사회적 기업이다. 1986년 아프리카 르완다에 자원봉사를 간 그는 배고픈 미혼모들을 위해 무엇을 할 수 있을지 고민하다 마을에서 생산되는 땅콩으로 버터를 함께 만들어 팔았다. 의외로 히트를 치자 이들은 아예 공장을 세웠고, 채용인원도 계속 늘어 결국 마을 미혼모들이 모두 땅콩버터로 생계를 꾸릴 수 있게 됐다. 이 작은 공장은 20여 년이 지난 지금, 110억 원(1200만 달러) 상당을 굴리는 기업(펀드)으로 변신해있다. 아프리카·남아시아에서 살충 모기장을 팔거나, 집 짓고 생수 만드는 사업 등도 겸한다. 가난한 사람들에게 일자리를 주고, 그들이 구입할 수 있는 저렴한 물건을 생산하는 것이 적선하는 것보다 훨씬 빨리 가난을 탈출하게 하기 때문이다.

존 우드(J. Wood)는 '룸 투 리드(Room to Read)'라는 사회적 기업을 운영하고 있다. 이 회사(단체)는 빈민층에게 서재·도서관을 만들어주는 사업을 한다. 우드는 마이크로소프트(MS)의 임원으로 일하다 2001년 네팔에서 어린이들이 너덜너덜해진 책 복사본을 돌려보는 것을 보고 업종을 바꿨다. 그의 경영철학은 '테레사 수녀의 따뜻한 마음과 제너럴 일렉트릭(GE)의 치열한 경영전략으로'이다. 운영하는 기업은 달라졌지만 경영전략은 똑같다. 최소의 비용으로 최대의 효과를 올리는 것이다. 그는 사회기업도 일반 기업처럼 수익을 내야 지속가능하고, 고객을 잃으면 청산되어야 한다고 주장한다. '룸 투 리드'의 성장세는 스타벅스보다 더 빨라 최근 6년 새 스타벅스가 500개의 새로운 점포를 열 동안 '룸 투 리드'는 1000개의 도서관을 지었다. 일반 기업이 투자 대비 수익률(ROI)을 따지듯, 사회적 기업의 목표는 '투자 대비 사회수익률(SROI·social return on investment)'의 극대화다. 창출된 일자리, 도움을 준 사람 수, 재투자된 수익 등 수치가 투자에 비해 얼마나 좋았는지를 따지는 것이다.

멕시코의 영화사 시네팝(www.cinepop.com.mx)은 기업협찬을 받으면 빈민에게 공짜 영화를 보여주고 생활자금 지원도 연결해준다. 그래서 이 회사는 '착한 영화사'로 꼽힌다. 기업경영과 자선사업을 접목한 이 비즈니스 모델은 기존의 퍼주기식 자선사업에서 벗어나 돈을 벌면서 자선사업도 하는 것이다.

아랍권의 사회적 기업인 인자즈(Injaz)는 창업지원 업체이다. 교육부 등 각국 정부기관과 세이브 더 칠드런 등 국제단체의 협력, 주요 기업체의 교육자금 후원을 통해 각 학교 학생들에게 창업지원과 기업가 정신 교육을 하는 비즈니스 모델을 가지고 있다. 이 기업은 테러가 끊이지 않는 이슬람 세계의 젊은이들에게 기업가 정신을 키워주고 있다. 젊은이들의 생각을 바꿔 세상을 변화시키자는 것이다. 현재 아랍 12개국에서 매년 10만 명을 교육하는데 연간 100만 명까지 교육인원을 늘릴 계획이다. 여성 차별을 극복하기 위해 여성 기업가도 대거 배출했다. 파급효과에 놀란 아랍정부와 기업들이 인자즈의 후원자로 나섰고 미 국제개발청(USAID)도 동참했다. 사회적 기업가는 경제를 살리고 젊은이들의 모델이 된다.

이처럼 사회적 기업 활동을 하는 젊은 층이 세계 곳곳에서 활약하고 있다. 이들은 자선사업에 들어간 돈이 효과적으로 쓰이는 것을 투명하게 보여주고 정부나 기업에 손을 벌리지 않아도 지속가능한 사업을 꾸려갈 수 있어야 한다는 생각을 가지고 있다(정재홍, 2008).

사회적 기업은 가난하고 어려운 이웃을 도움으로써 세상을 바꾸려는 기업들이다. 하버드·예일·스탠퍼드대학과 일본 게이오 대학은 몇 년 전부터 비즈니스스쿨 과정에 사회기업가 양성 강좌를 개설했다. 전통적인 기업가뿐 아니라 사회적 기업가도 경영의 주류로 받아들이기 시작한 것이다(신지은, 2007). 21세기에는 상호 의존과 공생이 강조된다. 그래서 인간상도 상호 의존하는 인간으로서의 호모 레시프로쿠스(Homo Reciprocus)와 공생하는 인간으로서의 호모 심비우스(Homo Symbious)가 제시되고 있다. 이제 기업도 이 문제에 대해 관심을 가져야 한다.

3. 리더십 2.0과 혁신적 사회공헌 모델

다보스 포럼에서 제시된 리더십 2.0 개념은 기업이 앞으로 사회공헌을 할 때 어떤 식으로 하면 좋은가를 제시하고 있다. 이른바 '두 명을 위한 식탁'론은 대표적인 사례다. 기존기업들이 사회에 공헌하기 위해 관련 비용을 따로 편성해왔다면 두 명을 위한 식탁은 기업의 이윤 중 일부를 사회에 환원한다는 기존 사회공헌의 틀을 과감히 깨뜨리는 것이다. 즉 구내식당 식단을 짤 때 한 명당 먹게 되는 메뉴에서 5−10㎉씩을 절감한다고 가정하자. 이렇게 되면 1인당 식단 구성 비용 중 평균 2퍼센트를 아낄 수 있다. 선진국 사람들은 한 끼에 그만큼 덜 먹게 되더라도 생명에 지장이 없다. 하지만 지구 반대편엔 하루에 5~10㎉를 먹지 못해 죽는 사람들이 분명 존재한다. 식단 구성비용 중 5~10㎉를 절감, 아낀 비용만큼을 어디선가 굶주리고 있는 누군가에게 기부한다면 직원들이 매일 매일의 점심시간을 뿌듯하게 느끼게 될 것이다.

이는 사회 공헌 활동을 위해 따로 비용을 들이지 않으면서도 남을 도울 수 있는 시스템이다. 재료 구입비용 중 절감된 부분이 자연스레 기부금으로 전환되는 것이다. 독특한 기법으로 홍보 효과도 덤으로 누릴 수 있는 상생 모델이다. 이 모델은 혁신적으로 문제 해결에 접근하는 전형적인 사례로 평가받고 있다.

4. M&A보다 자생적 성장으로

필립 코틀러는 기업의 지속가능 성장을 위해서는 속성 성장전략인 M&A보다 자생적 성장(organic growth)에 주력할 것을 강조한다. M&A는 성공만 만들어내는 것이 아니라 많은 실패도 만들어낸다. 크라이슬러를 인수했다가 결국 매각해버린 벤츠를 보아서도 잘 알 수 있다. 기업이 오직 M&A에만 의존할 경우 궁극적으로 이 회사는 복합기업체(conglomerate)가 될 것이다. 하지만 역사적으로 복합기업체는 대부분 실패했다.

지속가능한 성장을 위한 더 나은 경로는 자생적 성장이다. 자생적 성장의 성공 여부는 새로운 아이디어를 꾸준히 창출하는 데 있다. 삼성전자의 VIP(Value Innovation Program)센터가 그 보기이다. 다양한 부서 출신의 팀원들이 함께 모여 전략적인 프로젝트를 토의하는데, 이 센터는 2003년에만 80개의 프로젝트를 수행했다.

자생적 성장을 위해서는 창의적이고 개방적인 조직문화가 중요하다. 지속가능한 성장을 유지해온 기업들은 무엇보다 블루오션을 창출할 수 있는 새로운 아이디어를 끊임없이 탐색한다. 애플은 아이팟(iPod)을 히트시킨 지 몇 년 안 되어 아이폰(iPhone)을 출시했고, 또 몇 달 안 돼 아이폰에서 전화기능을 빼고 무선인터넷과 MP3기능을 갖춘 아이팟터치(iPodtouch)라는 저렴한 제품을 내놓았다.

지속 성장을 하는 기업은 비판으로부터 끊임없이 배운다. 똑똑한 기업들은 고객뿐 아니라 혹평에도 귀를 기울인다. 맥도널드는 몇 년 전 건강식품이 아니라 아이들을 비만으로 내몬다는 비판에 시달리며

매출이 급격하게 떨어졌다. 맥도날드는 이 비판을 겸허하게 수용하
고 기름에 튀긴 제품에 대한 대안으로 프리미엄 샐러드와 구운 치
킨, 어린이를 위한 특별 건강식품을 내놓아 비판을 불식시켰다. 맥도
널드는 그 후 두 자릿수의 성장률을 기록하였다.

제8장

낭비제거와 개선중심의 경영관리

1. 과학적 관리, JIT

경영은 낭비 제거에서 출발되었다 해도 과언이 아니다. 낭비문제
에 관심을 가진 인물로 과학적 관리의 아버지 테일러(F. W. Taylor)
를 들 수 있다. 그의 경영철학은 부여된 능력을 최선으로 발휘하는
일류인간(first class man)과 종업원을 일류인간으로 만드는 정신혁명
(mental revolution)으로 구현되었다. 그는 시간연구와 동작연구, 능률
급제, 능률에 입각한 공장관리 등을 통해 공장의 과학화를 꾀했다.
이로 인해 경영은 획기적인 변화를 가져오게 되었다. 그의 경영철학
은 다음과 같다.

- 훌륭한 경영관리의 목적은 높은 임금을 지불하고, 단위생산 원
  가를 낮추는 데 있다.
- 이 목적을 달성하기 위해서는 과학적인 조사와 실험을 여러 문
  제에 적용해야 한다.
- 재료와 작업조건이 과학적으로 선택되고, 종업원을 과학적으로
  배치해야 한다.
- 종업원은 기술을 증진시키기 위해 과학적으로 치밀하게 훈련을
  받아야 한다.
- 노사 사이에 밀접하고 우호적인 협력관계가 유지되어야 한다.

포드(H. Ford)는 컨베이어 벨트로 연결된 완전한 조립라인을 완성
하여 자동차 대량생산의 문을 열었다. 포드 시스템의 근간은 3S로
제품과 작업의 단순화, 기계와 공구의 전문화, 부품과 작업의 표준화
를 바탕으로 한다. 작업자는 더 이상 이동할 필요가 없어졌고, 허리

를 굽혀 일할 필요도 없어졌다. 이러한 새로운 생산방식으로 1910년에 1만 9천 대 생산하던 것을 1913년에는 24만 8천 대로 끌어올렸다.

과학적 관리나 포드의 생산관리가 경영관리의 합리화에 기여했지만 인간적인 점에서 문제가 없었던 것은 아니다. 이 문제점에 기여한 연구로 웨스턴 일렉트릭사의 호손공장을 대상으로 한 메요(E. Mayo)의 실험을 들 수 있다. 그는 작업능률과 종업원의 심리적 관계를 규명함으로써 작업장에서의 인간관계 중요성을 강조했다. 과학적 관리가 기능적인 면에 주력했다면 그의 인간관계론은 기술시스템이 가진 모순을 완화하고 해결하는 데 도움을 주었다. 메요의 연구 결과는 행동과학, 집단상담, 감수성훈련, 집단역학, 역할연기 등 여러 부문에 영향을 주었다.

도요타는 JIT(Just In Time), 곧 적시생산시스템으로 필요한 때 필요한 부품만 확보하는 방식으로 재고관리를 획기적으로 변화시켰다. 각 공정별로 생산부문의 작업량을 조정함으로써 중간 재고를 최소한으로 줄이는 관리체계를 형성한 것이다. 이것은 필요한 때 필요한 만큼의 부품만 확보한다는 일본의 대표적인 경영방식으로 자리잡았다.

1937년 도요타 자동차주식회사를 설립한 도요타 기이치로는 2차대전 중에 극심한 물자의 부족 속에 자동차를 생산하게 되었으며 이 과정에서 하나의 조그마한 물품이라도 낭비하지 않고 아껴 써야 한다는 것을 체험하였다. 전쟁이 끝난 후에는 15개월에 걸친 극심한 노사분규 때문에 도산 직전의 위험을 겪게 되었다. 이러한 전쟁 중과 전후의 도요타자동차 공장의 운영에서 얻은 것은 어떠한 경우에도 낭비를 해서는 안 되며 기업에 이익이 있어야 기업도 성장하고 종업원에게 임금을 줄 수 있다는 뼈아픈 교훈이다. JIT시스템은 도요타자동차 공장에서 개발한 생산시스템으로 도요타의 경영철락이다. JIT시스템은 자동방적기를 발명한 도요타 사키치와 도요타자동차회사의 창업주인 도요타 기이치로 그리고 간판방식을 개발한 도요타자동차 주식회사의 부사장 다이이치 오노의 경영철학에 근원을 두고 있다.

JIT는 입하된 재료를 재고로 남겨두지 않고 그대로 사용하는 상품관리 방식이다. 재고를 0으로 해 재고비용을 최대한 줄이기 위한 방식으로 재료가 제조라인에 투입될 때에 맞춰서 납품업자로부터 재료가 반입되는 이상적인 상태에 접근하려는 것이다. 이 방식은 일본 도요타 자동차의 대표적인 생산방식으로 제조공정의 시간을 단축하기 위해 필요한 재료를 필요한 때에 필요한 양만큼 만들거나 운반한다.

JIT는 1970년대부터 일본기업들이 적용하고 있었으며, 낭비요소가 최소화된 효율적인 생산의 운영 및 통제시스템을 지칭하는 용어로서 1980년대 이후 미국을 비롯한 서양국가에서 활발하게 연구되고 도입되었다. 최근에는 많은 경영혁신기법들이 등장함으로 JIT의 개념이 다소 퇴색하고 있지만 JIT의 기본원리들은 타당성을 인정받고 있다.

JIT의 기본 개념은 인간생활 또는 사회생활에서 낭비를 없앤다는 철학에 근거를 두고 있다. 시간의 낭비, 노력의 낭비, 물자의 낭비는 제품을 생산하는 공장에서 비용을 절감하기 위해서는 가장 우선적으로 추방해야 할 일이라는 것이다. 이러한 낭비를 어떻게 추방할 수 있을까를 고심한 끝에 항상 필요한 일을 필요한 장소에서 필요한 시간에, 필요한 만큼만 한다면 불필요한 낭비를 제거할 수 있다는 것이다. 이와 같이 JIT란 공장에서 꼭 필요한 물품을, 꼭 필요한 양만큼, 필요한 장소에서 필요한 시간에 생산하는 것이다.

JIT에서는 생산현장에서 없애야 할 낭비의 형태를 구분하고, 낭비의 원인과 상태를 철저히 분석하고 있으며 모든 종업원들에게 철저한 교육을 통해 이들을 제거함으로써 지속적인 개선을 목표로 하고 있다. 그러나 이 방식은 지진 등 비상사태에 대해서는 전혀 대비책이 없다는 점이 1995년 고베 대지진으로 증명됨으로써 이것에도 한계가 있음을 보여주었다.

2. 다운사이징

다운사이징(downsizing)은 IBM 왓슨연구소 직원인 헨리 다운사이징의 아이디어에서 나온 것이다. 그는 메인프레임보다 더 작고 값싸며 빠른 컴퓨터 개발을 주장했다. 다운사이징은 기본적으로 기업 등에서 사용하는 컴퓨터 시스템을 소형의 것으로 대체하는 것이다. 개인용 컴퓨터(PC)나 워크스테이션 등 소형 컴퓨터의 성능이 현저하게 향상되어 메인 프레임 컴퓨터보다 가격 대 성능비가 우수하고, 구내 정보 통신망(LAN) 환경이나 분산 데이터베이스, 트랜잭션 처리 시스템 등 분산 처리에 적합한 환경이 정비되어 있어서 다운사이징을 가능하게 하고 필요하게 했다. 이전에는 메인 프레임 컴퓨터로 하던 처리를 LAN상에서 PC나 워크스테이션으로 처리하고 있다. 초기 도입 비용의 절감, 개량·확장의 유연성 등 이점이 있으나 운영과 관리가 어렵다. 이것이 바로 컴퓨터의 다운사이징이다. 이것이 조직의 효율성, 생산성 그리고 경쟁력을 개선하기 위해 조직인력의 규모, 비용구조 등에 변화를 주기 위한 조치와 연결되었다.

다운사이징은 은행 또는 회사 등과 같은 대기업에서 대형 컴퓨터로 수행했던 작업을 PC 또는 중소형 서버 등 소규모 컴퓨터 여러 대를 근거리통신망과 같은 네트워크로 연결하여 사용함으로써 작업을 수행할 수 있게 환경을 변경하는 작업이다. 이를 통하여 메인프레임과 같은 고가의 장비를 구입하지 않아도 되고, 장비 유지보수료나 전산기계실 운영비용 등이 절감될 뿐 아니라, 업무의 크기나 환경 변화에 정보시스템이 유연하게 대처할 수 있다는 장점을 내세워, 우리나라에서는 90년 초반에 유행처럼 번졌다.

그러나 일부 은행의 다운사이징이 결국 실패로 평가되면서, IBM을 비롯한 대형 메인프레임 제조업체를 중심으로, 다운사이징은 환상일 뿐이며 기업에 중요한 업무는 중앙의 대형 컴퓨터를 중심으로 이루어져야 한다는 주장을 펼치기 시작했는데, 이미 사이즈가 작아진(다운사이징을 한) 정보시스템을 다시 키운다는 의미로 업사이징(up sizing)이라는 분위기가 조성되기 시작하였다. 한편, 지나친 다운사이징도, 또 지나치게 업사이징에 의존하는 것도 모두 문제가 있으며, 무릇 모든 업무는 그 중요성이나 크기에 맞도록 최적의 정보시스템을 설계하고 도입, 운영해야 한다는 개념이 바로 라이트사이징(rightsizing)이다.

3. TOC, RIAL

제약조건이론(TOC: Theory of Constraint)은 골드렛에 의해 제시된 것으로, 시스템의 목표를 달성하는 데 제약이 되는 요인을 찾아 집중적으로 개선하는 것을 말한다. 단기적으로는 가시적인 경영개선의 성과를 얻는 데 도움이 되고, 장기적으로는 지속적인 경영개선을 촉구하며 시스템의 전체적 최적화를 이루는 데 도움을 준다.

조직을 이루는 부문 간에 종속성이 존재하며 따라서 조직의 성과가 조직을 이루는 가장 약한 부문인 제약자원에 의해서 결정된다. 조직을 체인에 비유한다면, 조직은 체인으로 엮은 그물과 같은 형태이다. 체인 전체의 강도는 가장 약한 고리의 강도와 같다. 시스템(조직)에는 제약조건이 최소한 하나 있고, 그 제약조건이 시스템의 스루풋(throughput: 현금 창출률＝매출액－순수변동비)을 결정한다. 수주에서부터 최종적으로 기업에 돈이 들어오기까지의 원자재 구매, 생산, 납품, 대금청구, 수금 등 개개의 활동이 체인을 구성하는 각 고리에 해당한다. 기업의 스루풋도 능력이 가장 낮은 활동에 의해 제약받고 있다. 스루풋을 증가시키려면 가장 약한 고리를 찾아내어 그 고리를 강하게 하여야 한다. 약한 고리 외에는 아무리 강하게 만들어도 체인 전체의 강도에는 영향을 미치지 않는다.

생산시스템의 코스트는 체인의 무게라고 할 수 있다. 단계별 활동에는 여러 가지 경비가 소요되고 전체 코스트는 개별 활동의 합계이다. 어느 고리든 중량을 줄이기만 하면 전체 무게가 줄어든다. 개별적인 경비절감 활동의 결과는 전체 원가절감에 직접적으로 기여한다. 원가절감은 개별최적화가 전체 최적화에 연결되지만 스루풋 증대에는 개별최적화가 전체 최적화로 반드시 연결되지는 않는다. 부분최적화(local optimum)는 개별 기능이 최선의 능력을 발휘하면, 시스템 전체적으로 최선의 능력이 발휘된다는 사고방식이다. 대표적인 예가 표준원가로 공정마다 작업표준대로 생산하면 최저의 원가가 된다는 논리로서(부분최적의 합＝전체최적)이다.

그러나 TOC는 부분최적의 합이 전체최적이 될 수 없으며, 그보다 작다는 사고방식을 가지고 있다. 제약조건의 능력이 시스템 전체의 능력을 결정하므로, 그 능력을 최대한 활용하도록 하는 것이 전체최적화이다. 최저의 원가를 실현하려는 효율성(efficiency)과 이용도(utilization)를 극대화하는 작업효율을 향상시키고 개별 작업의 능률 극대화 추구(모든 설비에서의 setup시간 절약 노력, 설비 가동률에서는 개별 자원의 가동률 극대화 추구)를 위하여 큰 배치 크기로 가공하려고 노력한다. 경제적 주문량(구매 또는 가공 배치 크기)을 최저 비용과의 관계에서 결정하며 결과는 재공품 등 재고의 증가, 리드타임의 증가로 나타난다.

RIAL(Redesign and Improvement through Analysis of Line System)은 마쓰시다에서 개발된 것으로, 기존의 생산구조를 원점에서 다시 재구축하는 방법이다. 낭비 없는 공정 구축, 고객이 원하는 상품개발에 목표를 두고 있다. 기존의 시스템에 대해 의구심을 갖고 모든 것을 원점에서 다시 재구축하는 기법이다.

마쓰시타 전기의 생산기술본부장인 우에다 가즈노리가 개발한 이 RIAL은 기본적으로 낭비 없는 공정성 구축, 고객이 원하는 상품개발에 목표를 두고 있다. 특히 기존 시스템의 대체가 아니라 완전한 변화를 추구한다는 점에서 '상품개발의 리엔지니어링'이라고도 불린다. RIAL은 기존의 시스템에 대해 일단 의구심을 갖고 모든 것을 원점에서 다시 시작한다. 여기서 중요한 점은 일부 부서나 시스템 설계자의 의견만을 중시하지 않고 전 직원의 중지를 모은다는 점이다. 제조현장을 비롯해, 설계현장과 영업현장 모두를 참여시킨다. 각 부문의 노하우와 창의력들을 결집하기 위해서다. RIAL은 특히 고객의 욕구를 상품설계 단계부터 반영하여 궁극적으로 팔리는 상품을 만드는 데 목표를 두고 있다. 따라서 일단 고객의 욕구를 파악한 설계자의 의도에 초점을 맞추고 그것에 어긋나는 부품이라든가 공정 그리고 부수된 시스템을 철저하고 조직적으로 배제한다.

제9장

불량제로 목표와 합리적 경영관리

1. ZD, QC, TQC

1960년대는 생산관리에 있어서 혁신운동이 일어났다. 마틴사는 무결점운동 ZD, 일본의 QC, GE의 TQC(Total Quality Control), TQM, IBM의 MRP 등이 그것이다.

결점운동인 ZD(Zero Defects)는 업무의 결함을 제로로 하기 위해 종업원에게 동기를 부여하고 업무의욕을 지속시키는 방법이다. 신뢰도 향상과 비용절감을 목적으로 하여 전 종업원 하나하나의 전체적, 조직적 동기 부여를 위한 운동으로 마틴사는 미사일 개발을 위해 이 방법을 사용했다. 미사일의 납기단축을 위해 처음부터 완전한 제품을 만들자는 운동을 벌인 것이 계기가 돼 급속히 보급됐다. 최대 특색은 이름 그대로 결점을 제로로 하자는 데 있다. QC기법을 제조면에만 한정하지 않고 일반관리 사무에까지 확대 적용해 전사적으로 결점이 없는 일을 하자는 것이다.

미국에서는 각 개인이 주체가 돼 ZD운동을 하고 있으나 일본에서는 소집단활동에 의한 ZD가 보급되고 있다. 즉 일본 산업계에서는 QC서클활동과 ZD그룹 활동 또는 이 둘을 일체화한 자주관리활동이 점차 성행, ZD운동을 낳은 미국을 비롯한 세계 각국의 주목을 받고 있다.

QC는 품질관리 활동을 현장단계에서 실행하는 종업원 소집단이다. QC기법에 의해 제품의 품질향상뿐만 아니라 일상적인 모든 작업을 개선해 생산성 향상에 기여한다. 1960년대 기간산업에서 발달해 제2차 석유위기 후에는 제3차 산업에도 급속히 보급되었다. 이시가와는 데밍이 제시한 품질관리 분임조(QC) 활동을 일본에 확산시키는 데 기여했다. 분임조는 직장 내 품질관리 활동을 자주적으로 하는 작은 그룹이다. 그는 전사적 품질관리 활동의 일환으로 자기개발, 상호개발, QC기법을 활용하여 종업원 모두가 경영개선을 위해 지속적으로 참가하고 실천한다.

QC는 소비자가 진실로 원하고 있는 품질의 제품을 가장 경제적·합리적으로 만들어내기 위한 수단으로 발전했다. 일본의 경우 미국에서 도입한 QC를 최고경영진에서부터 현장근로자까지 포함한 전원참가의 품질관리로 발전시켜 일본 공업제품의 품질을 높이는 원동력이 되었다. SQC는 과학적으로 품질을 관리하는 방법으로서 일정한 원자재로 만들어지는 제품의 품질이 변동되는 원인을 통계분석해서 평균치 또는 경향을 찾아내고 각 제품의 품질에 나타나는 변동원인의 조사필요성 여부를 검증, 미비점을 보완하고 품질을 개선한다.

GE사의 파이겐바움은 통계적 품질관리인 TQC(Total Quality Control)를 제시했다. 품질은 검사에서 만들어지지 않는다. 품질은 설계에서 의도한 대로 공정에서 만들어내는 것이다. 품질관리는 모두의 일이며 누구의 일도 아니다. 모든 종업원이 검사요원이 되어야 한다.

TQC는 회사의 모든 사람이 QC를 이해하고 조직적으로 제품의 질을 높이려고 노력하는 것이다. 예를 들어 원료에서 상품까지의 유통 하나만 보아도 그것에는 설계, 제조, 판매, 고객의 루트가 있다. 그러나 이들의 각 단계가 개별적으로 행동하면 전체의 의사통일이 취해지지 않고 고객의 의향을 무시한 상품이 생산되거나 판매된다. TQC는 설계, 제조, 판매 등 각 부문은 물론 총무나 인사 등 직접 제품에 관계하지 않는 부문까지 포함해서 제품을 잘 만들어보려는 전사적 운동이다.

2. TQM, MRP, TPM

TQM(Total Quality Management)은 전사적 품질경영 또는 종합적 품질경영으로, 제품이나 서비스의 품질뿐만 아니라 경영과 업무, 조직구성원의 자질까지도 품질개념에 넣어 관리해야 한다고 주장한다. TQM은 1960년대 이후 크게 발전한 TQC에서 발전한 개념이다. 그러나 TQC에서는 통계학적인 것이 주장방법론을 차지했다면 TQM은 통계학적인 것은 물론 조직적이며 관리론적인 방법론에 많은 비중을 두고 있다. 특히 품질을 개선시키기 위해서는 노동의 질적인 측면도 고려해야 한다는 일본식 품질관리 원리에 영향을 받으면서 발전했다. TQM은 경영·기술 차원에서 실천되던 고객지향 품질관리 활동을 품질관리 책임자뿐 아니라 마케팅, 엔지니어링, 생산, 노사관계 등 기업의 모든 분야에 확대하여, 생산 부문의 품질관리만으로는 기업이 성공할 수 없고 기업의 조직 및 구성원 모두가 품질관리의 실천자가 되어야 한다는 것을 전제한다. TQM은 기본적인 정신이나 사고방식을 소홀히 한 채 단순히 지엽적인 제도나 기법에만 매달려서는 품질경영의 진정한 효과를 얻기 어렵고, 오로지 품질 위주의 기업문화를 창조하여 조직구성원의 의식을 개혁해야만 궁극적으로 기업의 국제경쟁력을 높일 수 있다고 강조한다. 1992년부터 정부가 신산업정책의 일환으로 TQM을 강조해왔다.

IBM사는 자재 소요량 계획인 MRP(Material Requirement Planning)를 했다. 이 계획은 값싸고 좋은 물건을 대량생산하는 것에서 벗어나 필요한 것을 필요한 때 생산하도록 한 것이다. 컴퓨터를 이용해 이를 실행해나간다. MRP는 1960년대 Orlicky 교수에 의해 로직이 고안되었는데, 제품을 구성하는 자재의 수급계획과 생산계획을 통합시키는 개념에 바탕을 두고 있다. MRP에는 MRPⅠ와 MRPⅡ가 있다. MRPⅠ은 자재소요량 계획, 곧 제품을 구성하는 모든 요소, 즉 원자재·반조립품·완제품 등에 대한 자재수급계획과 생산관리를 통합시킨 최초의 체계적인 제조정보 관리기술을 말하며, MRPⅡ(Manufacturing Resource Planning)는 MRP의 문제를 개선시키고 스케쥴링 알고리즘과 시뮬레이션 등 생산 활동을 분석하는 도구가 추가되면서 더욱 지능적인 생산관리 도구로 발전했다. MRP의 단점으로는 컴퓨터가 꼭 필요하고, 조립제품에만 적용이 가능하며, 대일정 생산계획·재고 기록 등이 필요하다는 점을 들 수 있다. MRP는 계획생산이며 확정적이기 때문에 여러 가지 불확실성이 존재하는 시스템을 보정할 필요가 있다.

일본전장사는 TPM(Total Productive Maintenance), 곧 전사적 생산보전(全社的 生産保全) 방법을 개발했다. 이것은 미국 파이겐바움으로부터 불기 시작한 TQC에 일본의 직장소집단 활동을 결합해 전원이 참가하는 생산보전활동이다. 최고 설비효율을 목표로 설비의 전 생애를 대상으로 총합 시스템을 확립하고, 설비의 계획·사용·보전 등 여러 부문에 걸쳐 최고 경영자에서부터 작업자까지 전원이 참가하는 동기부여 관리, 즉 소집단활동에 의해 생산보전을 추진한다.

3. 6시그마

현재 기업에서는 6시그마에 대한 열풍이 강하다. 6시그마는 모토로라의 마이클 해리(M. Harry)가 품질개선을 위한 정책으로 제시된 것으로 통계적 수학기법과 품질 개선 노력이 만나서 이루어진 개념이다. 6시그마는 3.4ppm, 곧 제품 백만 개 중 3.4개의 결함만을 허용하는 생산방식이다. 이것은 일본의 성장이 미국을 위협하자 품질의 중요성에서 해답을 찾은 것이다. 현재 6시그마는 제품의 생산과 제조뿐 아니라 인사·재무·전략·관리·물류 등 모든 프로세스에서 결함을 제거하고 목표로부터의 이탈을 최소화하여 조직의 이익창출은 물론 고객만족을 최대화하고자 하는 전략이다.

시그마(sigma: σ)란 원래 통계에서 모집단의 표준편차를 나타내는 데 쓰이는 그리스문자이다. 이것은 개별 측정값들이 평균에서 흩어져 있는 정도(산포)를 나타내는 값으로 프로세스에서 변동(variation)이나 불일치(inconsistency)의 정도를 나타내는 측정지표이다.

3시그마와 6시그마의 차이

3시그마	6시그마
66.807ppm	3.4ppm
책 한 페이지마다 1.5단어의 오자	작은 도서관 모든 책에서 한 단어의 오자
1억 달러의 자산규모에 6,700,000달러 부채	1억 달러의 자산규모에 340달러의 부채
1년의 시간에서 24일	1년의 시간에서 1.8분의 시간

6시그마 경영은 경영에서 발생하는 결함을 통계적으로 측정 분석하고 그 원인을 제거함으로써 6시그마 수준의 품질을 확보하려는 전사 차원의 경영혁신 활동이다. 프로세스에서 고객의 만족도를 해치는 행동, 결함(불량률), 낭비를 객관적인 데이터와 분석을 활용하여 제거하고 예방함으로써 기업의 경영성과를 향상시킨다. 6시그마는 단순히 품질 개선 운동에서 벗어나 경영 전반에서 낭비를 줄이는 전략으로 구체화되었다.

6시그마는 기존의 혁신활동과 밀접하게 연관되어 있다. 6시그마는 기법으로는 1950~1960년대의 통계적 품질관리(SQC)에, 사상으로는 1960~1970년대의 린(Lean), 팀 활동으로는 1970~1980년대의 TQC-TQM, 프로세스 관점으로는 1980년대 BPR, 고객관점으로는 1980~1990년대 고객만족경영 그리고 지식기반으로는 1990~2000년대의 지식경영을 기반으로 하고 있다.

6시그마는 다음과 같은 세 가지 측면에서 이해할 수 있다.

1) 측정기준으로서의 6시그마

3.4DPMO(Defects Per Million Opportunities). 제품 1백만 개당 3.4개의 결함만이 발생하는 수준이다.

2) 방법론으로서의 6시그마

DMAIC와 DFSS 방법론은 잘 설계된 6시그마 문제해결 로드맵이자 도구이다.

DMAIC는 Define, Measure, Analyze, Improve, Control 단계의 줄임말로 6시그마 문제해결 과정에 사용되는 로드맵이다. 문제해결의 합리적인 접근방식으로 구성된 이것은 기존 프로세스의 개선에 주로 사용된다.

- Define(문제정의): 문제점에 대한 고객의 요구사항을 파악하고 과제의 목적을 정한다.
- Measure(현 수준 파악): 측정지표(Y)의 현 수준을 파악하고 잠재(X) 인자 발굴.
- Analyze(근본원인파악): 근본원인 파악하고 잠재인자의 분석을 통해서 핵심요인 및 영향 정도를 확인.
- Improve(개선안 도출): 개선방안을 도출하고 최적안을 평가, 선정, 실행.
- Control(개선안 모니터링): 개선결과의 점검, 계획을 수립하고 실행.

DMAIC가 기존 프로세스의 개선에 사용되는 반면 DFSS(Design For Six Sigma)는 새로운 제품이나 서비스의 초기설계, 재설계 단계에 사용한다. DMAIC만을 사용하여 개선할 수 있는 제품이나 서비스의 품질수준은 4.5시그마(제품 천 개당 1개의 결함) 정도가 한계라고 알려져 있으며 6시그마 수준의 달성을 위해서는 프로세스를 근본적으로 고치는 DFSS를 적용해야 한다. DFSS 과정은 다음과 같다.

- Define(문제정의): 고객의 요구사항을 파악하고 과제의 목표를 정함.
- Measure(현 수준 파악): 현 수준을 파악하고 목표수준 설정.
- Analyze(개념설계): 개념 설계안을 확정하고 주요 요소를 도출.

- Design(상세설계): 디자인 요소를 확인하고 상세설계 실시.
- Optimize(최적화): 디자인을 최적화하고 상세설계안 확정.
- Verify(검증): 디자인 결과를 설계안과 대비하여 검증.

3) 경영철학으로서의 6시그마

변동을 줄이면서 고객중심의(customer-focused) 시각을 갖고, 객관적 자료에 근거해 의사결정(data-driven decisions)을 내린다.

6시그마의 학습정도 및 수행능력에 대한 수준은 6시그마 벨트로 구분한다. 마이클 해리가 컨설팅을 하던 중 사용했다고 하는 벨트는 태권도나 공수도의 띠를 말하는 것으로 동양무술의 힘, 결단력에서 착안한 용어다. 이는 동양무술과 6시그마에 정신적 훈련과 체계적이고 집중적인 훈련이라는 공통점이 있기 때문이다.

6시그마 벨트

구분	위상(요건)	세부역할
챔피언 (Champion)	최고책임자 (사업부장)	• 6시그마 경영의 비전과 전략 수립 • 프로젝트 추진상의 장애물 제거 및 지원 • 프로젝트 성과에 대한 평가
마스터 블랙벨트 (MBB)	전문추진 지도자 (BB중 선발)	• 챔피언을 보좌 • 해당부문 BB에 대한 자문과 지도 • 문제해결 과정에서 생기는 각종 애로처리

구분	위상(요건)	세부역할
블랙벨트 (BB)	전문추진 책임자 (BB자격 획득, 리더십 보유)	• 프로젝트 수행담당(풀타임) • 교육 및 문제해결을 위한 컨설팅 • 그린벨트 양성 교육담당
그린벨트 (GB)	현업담당자 (기본교육 이수자)	• 통계적 기법을 사용하여 기본 문제를 해결 • 개선 프로젝트와 고유 업무를 병행
팀원	현업 담당자	• 프로젝트 수행에 참여

모토롤라의 6시그마 추진 성과(1987 - 1995)

100만 개 중 제품 불량	6,000개 → 25개
제품의 수명	3년 → 22년
매출액	4.6배 증가
이익률	9.2배 증가
생산성	204% 증가
주식가격	5.5배 증가
제조비용	90억 달러 절감

GE의 6시그마 추진 성공사례

사업 명	6시그마 추진성과
의료기기	CT 스캐너의 수명을 10배 향상
연마제	산업용 다이아몬드의 투자수익률 4배 증대
전동차량	정비공장의 처리시간을 62% 단축
플라스틱	3억 파운드의 생산능력 확대
캐피털	문의 전화 불통건수 7만 건 → 3천 건

6시그마는 모토로라에서 시작했고, GE가 사용해 크게 효과를 거두었다. 모토로라는 1987년에서 91년까지 4년 동안 22억 달러를 절감했고, 2006년까지는 연평균 4억 8천만 달러의 비용절감효과를 보았다. GE는 6시그마로 가장 큰 성과를 보았다. 웰치는 기업 13개 부문에 6시그마를 적용했다. 그 결과 95년 한 해에만 38억 달러의 경이적인 비용절감효과를 달성했다. 웰치는 자신의 저서「승리의 조건」에서도 6시그마를 한 장으로 다룰 만큼 GE의 6시그마는 절대적인 위치를 차지하고 있다.

이 밖에 스위스의 중장비 발전설비업체 아세아 브라운 보베리, 텍사스 인스트루먼트, 소니, 다임러 크라이슬러, IBM, 지멘스, 월마트 등에서 6시그마로 효과를 보았다. 우리나라에서는 삼성, LG, 현대, 포스코 등에서 6시그마를 활용했다.

포스코는 2002년 GE식 6시그마를 도입했다. GE식이란 엘리트 직원을 중심으로 전략과제를 추진하는 톱다운 방식이다. 일반작업자에게는 표준대로 일을 수행하기 바랄 뿐 개선 역할을 기대하지 않는 미국적 풍토에서 개발된 것이어서 노사가 일체되어 현장에서 한 가족처럼 일하는 기업문화에는 부합되지 않아 도요타의 TPS(Toyota Production System)를 결합시켰다. TPS는 바텀업 방식으로 현장주의를 강조하고 있다. 포스코는 GE식 6시그마의 장점과 도요타 TPS의 장점을 우리 문화에 맞게 접목해 포스코형 6시그마를 개발했다. 포스코형 6시그마(PSSM)는 선순환의 혁신학습활동으로 전 직원이 지혜를 발휘해 매일 개선하고 매일 실천하는 기업문화를 만드는 것이다. 새로운 방법론을 가르치는 것이 아니라 끊임없는 개선과 실천을 중시하는 마인드 셋을 위주로 한다.

포스코는 2006년부터 QSS(Quick Six Sigma)를 실시하고 있다. 이 것은 현장 직원들이 직접 피부로 느끼는 문제점에 대해 간단히 개선 안을 찾고 성공을 체험하는 것이다. 통계학 지식이 덜한 일선 노동 자들에게 다가갈 수 있는 6시그마로 전원이 참여해 현장에서 낭비요 소를 줄이기 위한 지속적이고 즉각적인 개선 마인드를 강조한다.

포스코는 6시그마 도입으로 2004년 4억 5천만 달러의 비용절감효 과를 거두었다. 지난 4년간 1만 4300여 건의 개선 프로젝트를 수행 해 1조 4300여억 원의 재무성과를 거뒀고, 연간 1조 원 안팎의 원가 를 절감해가고 있다.

월마트는 낭비의 제거라는 6시그마의 개념을 포장에 도입했다. 포 장이 기업 낭비의 큰 부분으로 자리잡고 있다는 것을 인식한 것은 그리 오래되지 않는다. 최근 월마트는 포장의 거품을 빼기 위한 운 동을 해 비용의 절감은 물론 기업의 이익 창출에도 도움을 얻을 것 으로 결론을 내렸다. 월마트는 상품포장 거품빼기에 나서 6만여 납 품업체에 상품 포장재를 5% 줄이도록 요청했다. 월마트는 포장용기 를 줄이면 비용도 줄일 뿐 아니라 수백만 톤의 매립 쓰레기와 수십 만 톤의 이산화탄소 배출량을 줄일 수 있을 것으로 보고 있다. 월마 트는 납품되는 상품이 효율적으로 포장을 줄였는지 여부 등을 조사 해 구매결정에 반영하고, 포장용기 점수카드를 도입해 소비자들이 평가하도록 할 계획이다.

4. 또라이 제로조직

불량품 제거는 생산에만 적용되지 않는다. 사람에게도 적용될 수 있다. 써튼(R. Sutton) 교수는 '또라이 제로(asshole zero)' 조직을 강조한다. 그가 말하는 또라이는 나쁜 리더십을 발하는 사람이다. 좋은 리더가 혼자서 기업을 구할 수 있는 것은 아니지만 나쁜 리더는 많은 사람과 유능한 인재를 기업에서 쫓아낸다는 점에서 문제가 있다. 좋은 인재가 많이 남아 있지 않으면 성공하는 데 어려움을 겪을 수밖에 없기 때문이다. 나쁜 리더는 이런 식으로 기업에 많은 해악을 끼친다. 그래서 또라이다.

어느 조직이든 무서워서가 아니라 더러워서 피하는 상사, 동료, 부하가 있게 마련이다. 이런 꺼림칙한 동거는 지긋지긋한 스트레스로 다가오지만 사람들은 어찌할 수 없는 사회생활의 일부려니 하고 포기해버린다. 하지만 직장의 골칫덩이 또라이는 사무실의 성가신 존재를 넘어 기업의 성공을 가로막고 조직의 건강을 해치며 비싼 대가를 치르게 하는 중대한 위협이다.

조직 내 또라이들은 병적으로 무례하게 남의 일에 참견하고 말을 교묘하게 되받아치며 빈정대는 농담과 괴롭힘을 즐겨한다. 또한 강자에게 약하고 약자에게는 강한 특성을 보인다.

써튼은 또라이 직원이 어떤 행동을 일삼는 사람인지 정의하고, 조직 내에서 또라이 직원을 파악하는 방법을 제시한다. 또한 또라이 여부를 스스로 가늠할 수 있는 자가 테스트를 제공하고, 각 개인에게 잠재된 골칫덩이 요소의 발현을 억제시킬 수 있는 방안을 소개한다. 또한 오늘날 기업에서 대책 없이 떠안고 있는 막대한 또라이 총 비용을 계산하는 방법을 제시하면서 또라이 문제의 잠재적 위험성에 대한 기업 리더들의 주의를 촉구하고 있다.

써튼은 또라이 직원의 비열하고 천한 행동을 제거하고 생산적인 일터를 만드는 방법으로 또라이 금지규칙을 시행하도록 한다. 이것은 채용과정에서부터 또라이를 제외시키고 업무능력이 뛰어나도 다른 사람을 계속 무시하면 무능한 사람으로 간주하고, 직원들의 사소한 행동에 초점을 맞춰 관리하고, 건강한 대결관계를 만드는 기업문화를 만드는 것을 의미한다.

- 구글은 또라이처럼 행동해서는 유능하다고 평가받지 못하는 문화를 만들었다.
- 사우스웨스트항공은 직원을 함부로 대하는 기장을 해고했다.
- 세너의 CEO 닐 패터슨은 직원에 대한 공격적인 이메일로 회사 주가를 곤두박질치게 했다.

써튼은 또라이가 되지 않기 위한 방법으로 꼴통과는 어울리지 말고, 동료를 라이벌이나 적으로 보지 말며, 다른 사람이 보는 시각으로 자기 자신을 보고, 자신이 좀 이상하다면 스스로를 또라이라 인정하고 이것으로부터 벗어나기 위해 노력할 것을 제안했다(Sutton, 2007).

5. 파킨슨법칙과 기업병의 치료

조직운영은 대부분 합리적으로 이뤄진다 생각한다. 하지만 비합리적인 면이 많다. 이러한 현상을 파킨슨법칙(Parkinson's law)은 잘 보여준다. 이것을 극복하는 과제도 경영의 중요한 몫이다.

제2차세계대전의 상흔이 아물어갈 무렵인 1955년, 영국의 역사학자이자 사회생태학자인 시릴 노스코트 파킨슨(C. Northcote Parkinson)은 「이코노미스트」지에 고발성 기고문을 보냈다. 제2차세계대전 동안 영국 해군의 사무원으로 근무한 경험을 바탕으로 1955년 관료제의 본질을 꿰뚫어본 이른바 '파킨슨의 법칙'이었다. 그는 세계 최강이라고 자부하던 영국 해군에 퍼져 있던 불합리한 현상을 이해할 수 없었다.

1914년 영국 해군의 수는 15만 명, 군함 수리창의 관리와 사무원은 3,200명, 여기에 근로자가 5만 7,000명 있었다. 그런데 14년 후인 1928년에는 전쟁이 없어 해군이 10만 명으로 줄고 군함 수도 줄었지만, 수리창 관리와 사무원은 오히려 4,600명으로 늘었다. 또한 해군 본부의 관리자 수는 2,000명에서 3,600명으로 늘었다. 해군의 수는 30% 정도 줄었지만, 수리창의 관리와 사무원 수는 40%, 본부 관리자 수는 무려 80%나 늘어났다. 이해할 수 없는 현상이 일어난 것이다. '해가 지지 않는다.'라는 대영제국의 식민지를 관리하는 식민성에서도 똑같은 일이 생겼다. 당시 전 세계 영국 식민지가 독립되는 시기인데도 식민성 관리 숫자가 1661명으로 한창 식민지를 거느리던 1935년의 372명보다 무려 5배나 늘어난 것이다.

그 이유는 해야 할 업무는 줄어들었는데도, 관리들은 자리 수를 늘리기 위해 이것저것 하지 않아도 될 일을 만들어 사람 수를 늘렸기 때문이다. 업무량 감소와 관리자 수는 아무런 관계가 없다. 공무원의 수는 업무의 양에 상관없이 증가한다거나 출세를 위해서는 부하의 수가 많아야 되기 때문에 자꾸 늘린다는 것이다. 그는 자신의 이론을 통계적으로 분석한 뒤 공무원 조직은 업무의 증감에 상관없이 매년 평균 6% 정도 증가한다고 주장했다. 파킨슨의 결론은 간단했다. 공무원 조직은 업무량에 관계없이 스스로 증대하는 본성이 있다는 것이다.

그는 이어 출간한 책에서 10여 가지를 더 추가해 유명한 파킨슨 법칙을 내놓았다. 그 가운데 "공무원들은 서로의 이익을 위해 일부러 일을 만들어낸다.", "공무원들은 세금이 걷힐 수 있는 한 계속해서 자리를 늘리려 한다."라는 것이 있다. 나아가 '사소한 것에 대한 관심'의 법칙도 있다. 이 법칙은 어느 위원회에서 하나의 안건을 심의하는 데 걸리는 시간은 예산액의 크기에 반비례한다는 것이다. 어느 위원회의 회의 내용을 보면, 1000만 파운드에 이르는 원자로의 설계에 관한 안건 처리는 고작 2분 30초밖에 안 걸렸는데, 이는 위원회의 위원들이 대부분 전문적인 지식이 부족해서 발언을 자제했기 때문이다. 그러나 다음 안건으로 어떤 위원회의 회의 때 제공하는 간식비 50파운드에 관한 논의는 1시간이 넘게 걸렸다. 이는 위원들 모두가 간식으로 쓰일 커피에 대해 너무 잘 알고 있었기 때문에 모두 한 마디씩 했기 때문이다.

파킨슨은 이와 같이 사회 곳곳에 비합리적인 의사결정이 많기 때문에, 그 과정에 있는 허점들을 잘 알 수 있으면 비교적 유용한 의사결정을 얻어낼 수 있다고 지적했다. 그는 공무원 사회를 예로 들어 이 법칙을 제시했다. 하지만 이것이 어찌 공무원 조직에 한정된 일인가. 효율과 생산성을 중시해야 하는 모든 기업이 눈여겨봐야 할 법칙이다. 파킨슨은 이 시대의 여러 경영자로 하여금 비대하고, 비합리적인 의사결정을 하는 조직의 문제점을 드러내고 앞으로 이러한 비합리적인 요소를 제거함은 물론, 능력이 있는 인물로 하여금 조직을 이끌고, 중요한 결정은 전문가들이 모여 신중하게 한다면 그 조직은 발전할 수 있을 것이라 말하고 있다.

지금 파킨슨법칙은 유효할까? 문제는 50여 년 전에 나온 이 법칙이 아직도 살아 있다는 것이다. 파킨슨법칙은 공기업뿐 아니라 일반 대기업에서 병적으로 작용하고 있다는 점에서 문제가 되고 있다. 우리나라도 예외가 아니다. 2007년 한국을 보자. 재정경제부는 최근 국고국에 국가채무관리과와 출자관리과를 신설하는 방안을 국무회의에서 통과시키는 등 최근 3개월 사이 총 5개의 과를 새로 만들거나 만들 계획을 내놓았다. 기획예산처는 기존에 2급 국장이 맡던 공공혁신본부장을 1급으로 승진시켰고, 밑에 2개국 4개과를 신설하는 방안을 결정했다. 2006년 말부터 시작된 관료들의 자리 늘리기 열풍에는 공정거래위원회, 보건복지부, 외교통상부, 금융감독위원회, 산업자원부 등 정부의 웬만한 중앙 부처가 모두 발 벗고 나섰다. 핑계는 다들 있다. '성공적인 FTA를 위해서', '다가오는 고령사회를 대비하기 위해서', '공공기관을 잘 관리·감독하기 위해서' 등 다양하다(박용근, 2007). 혁신을 내세우는 정부에서 아직도 파킨슨법칙은 살아 있다.

제10장

인사관리의 변화와 인적자원전략

1. 한국 인사관리의 변화

우리나라에 근대기업 형태가 시작된 시기는 단정하기 어렵다. 하지만 대략 1876년 강화도조약까지 거슬러 올라가기도 하는데 이것은 우리 기업의 역사가 외세에 의한 개국과 서구열강의 경제적 침투와 맞물려 있음을 보여준다. 1945년 해방을 맞기까지 우리 기업은 자생적 성장이기보다 외세의 영향을 크게 받았다. 그러므로 한국의 근대기업을 논할 경우 해방 이후를 생각하는 것은 자연스러운 일이다.

해방 이후 한국기업의 인사관리는 어떠했을까? 한국기업의 인사관리는 1945년에서 1970년 사이의 생성기, 1970년대에서 1980년대 사이의 합리화기, 1980년대에서 1990년대까지의 인간화기 그리고 1990년대 이후의 혁신기를 거치며 발전해왔다고 말할 수 있다.

연대별 한국기업 인사관리의 특징

	년대	상황	인사관리특징
생성기	1945년~1970년대	산업화 초기	가부장적 인사관리
합리화기	1970년대~1980년대	산업화 고도화	인사관리의 합리화, 체계화
인간화기	1980년대~1990년대	민주화	근로생활의 질 향상
혁신기	1990년대~현재	무한국제경쟁	능력 및 성과중심의 인사관리

생성기는 인사관리가 시작되기는 했지만 오랫동안 미성숙, 미분화에 머물렀던 시기이다. 이렇게 된 데는 한국전쟁과 정치적 혼란이라는 요소도 작용했지만 노동시장에서 수요보다 공급이 넘쳤기 때문이다. 산업화 초기 단계로 숙련되지 못한 농촌의 인력이 도시로 밀려

들면서 임금은 생계비 수준에서 결정될 정도여서 기업들은 인사관리의 필요성을 크게 느끼지 못했다. 가부장제도 아래 최소한의 인력관리로도 충분했고, 연공서열의 유교적 문화도 작용해 자연 연공주의 인사관리가 관행처럼 자리잡았다.

합리화기는 한국경제가 산업의 고도화를 이룬 시기의 인사관리다. 경공업 위주에서 중화학공업 위주로 산업체질이 바뀌었고, 무역 규모도 획기적으로 늘어난데다 해외건설 붐이 일어 노동시장은 과거와는 달리 수요가 공급을 초과하는 현상을 보였다. 루이스(A. W. Lewis)의 전환점[2]을 통과한 것이다. 기업은 인력확보의 어려움을 겪으며 인사관리의 중요성을 깨닫게 되었다. 인사관리 전담부서를 서둘러 마련하고, 우수한 인력을 확보하고 직원의 능력을 개발하는 등 인사관리가 보다 합리화, 체계화되기 시작했다. MBO, QC 등 서구적 관리 기법도 적극적으로 도입되었다.

인간화기는 1987년 6·29선언 이후 한동안 지속된 민주화물결과 직간접으로 연관되어 있다. 이 선언은 정치적으로는 군사 통치에 대해 종지부를 찍는 것이지만 인사관리 측면에서 볼 때 그동안 억압된 근로자들의 욕구를 분출하도록 했다는 점에서 획기적이다. 이 선언

---

2) 후진국 경제를 농촌의 농업 부문과 도시의 산업 부문으로 된 이중 구조를 하고 있다고 본 루이스(Arthur W. Lewis)는 농촌의 노동력이 저임금 상태를 유지하면서 도시 산업 부문으로 이전되기 때문에 도시에는 자본 축적이 이루어지게 된다고 보았다. 자본 축적을 이룬 도시 산업 부문은 더 많은 노동력을 원하며 경제가 발전한다. 하지만 더 이상 일정한 저임금으로는 도시가 농촌의 노동력을 흡수할 수 없는 상황에까지 이른다. 이때를 루이스는 경제가 전환점에 이르렀다고 하는데 이 전환점에 이르면 임금은 서서히 오르기 시작한다.

이 있은 뒤 상당기간 노조가 활성화되었고, 기업은 극심한 노사분규로 몸살을 앓았다. 하지만 근로자의 삶의 질(QWL)을 생각하는 것이 얼마나 중요한가를 배우는 계기가 되었다. 근로자의 임금수준도 높아지고 복리후생도 크게 개선되었다. 그동안 외면되었던 인간화에 큰 진전이 있게 된 것이다.

혁신기에는 기업환경이 국제적 영향을 받으면서 인사관리도 국제적 수준으로 도약하는 시대를 맞게 되었다. 1997년의 IMF 경제위기는 한국기업을 도약하게 하는 계기를 마련해주었다. 이 위기로 한국경제가 얼마나 취약한가를 알게 되었고, 국제적 무한경쟁시대에 한국기업은 변화와 혁신의 강도를 높이지 않으면 살아남을 수 없음을 알게 되었다. IMF사태는 인사관리에 대변혁을 가져다주었다. 그동안 철옹성과 같았던 연공주의 인사시스템을 깨뜨리고 능력과 성과중심의 시스템으로 변환함에 있어서 물꼬를 터주었기 때문이다. 연봉제, e-HR, 성과와 역량중심의 신인사제도도 적극적으로 도입되었다. 이것은 닫힌 기업문화를 열린 문화로 전환하는 혁명적인 흐름이다. 이러한 흐름은 우리 기업이 세계적 일류기업을 지향하는 한 지속될 것이다.

생성기의 인사관리는 사실 인사관리라기보다 노무관리 수준에 머물렀다. 종업원은 대부분 단순직종에 종사하면서 저임금과 장시간 노동에 시달려야 했다. 종업원을 위한 보호대책마저 미흡해 결국 생산을 위한 기계적, 도구적 존재로밖에 인식되지 못했다. 사용자는 자본이 부족해 비용을 줄이기 위한 정책을 유지해야 했다. 전제적, 가부장적 인사관리가 가능한 것도 이 시기였다. 이 시기에 근로자는 노조를 결성하여 자신의 목소리를 높일 수밖에 없었다. 하지만 여러

제한 조치로 노조 결성마저 어려웠다. 이럴수록 종업원은 사용자에 종속될 수밖에 없었다. 대학에서는 서구식 인사관리를 가르쳐 돌파구를 마련하고자 했지만 실용과는 멀었다. 일부기업에서 직무분석과 함께 직무급 임금체계를 도입하고자 했지만 대부분 실효를 거두지 못했다.

합리화기도 정치적으로는 군사정부의 통제 아래 있었고, '선 성장 후 분배' 기조를 유지했기 때문에 근로자의 삶의 질(QWL)이나 인간화보다 능률과 생산성이 더 강조되었다. 누적된 불만으로 노사분규가 잦아진 것도 이러한 흐름과 무관하지 않다. 이런 상황에서 기업은 합리적 인사관리를 통해 문제를 해결해나가고자 했고, 협력적 노사관계를 이루고자 노력했다.

인간화기는 종업원의 인간적 처우와 인간성 존중이 이뤄진 시기다. 이것은 노사화합의 결실이기도 하고, 산업이 발전한 탓이기도 하다. 그러나 잦은 노사분규와 높아진 임금은 경쟁력을 약화시키는 결과를 초래했다. 기업은 기업의 경쟁력을 높이기 위해 리엔지니어링, 벤치마킹, 임파워먼트, 총체적 품질경영 등 여러 경영혁신운동을 전개했다. 나아가 인적자원이 경쟁력임을 인식한 기업들은 자율경영, 질경영 등 신경영 개념을 인사관리에 적극적으로 반영했다.

혁신기의 인사관리는 국제경쟁을 하는 기업으로서 지속경영(sustainable management)이 가능하도록 만드는 일이 중요해졌다. 인사관리도 전략경영시대에 맞게 조정되어야 하고, 우수한 인사관리를 통해 지속적으로 경쟁우위를 확보할 필요성도 높아졌다. 인사관리의 글로벌 스탠더드가 빠르게 진행되면서 ERP, BSC 등 여러 경영기법을 활용한 인사관리의 세계화 및 체계화의 요구도 높아지고 있다. 이 시기에 중요한 것은 사람을 기반으로 한 지식경쟁사회에서 기업이 얼마나 창의적인 지식근로자를 확보하고 활용하는가 하는 것이다.

연대별 인사관리 운영의 문제점

	인사관리 운용의 문제	해결책의 모색
생성기	종업원의 도구화	노조결성, 서구화된 인사관리의 도입
합리화기	빈번한 노사분규	합리적 인사관리, 협력적 노사관계의 추구
인간화기	고임금, 경쟁력 약화	경영혁신운동의 전개
혁신기	인사관리의 글로벌 스탠더드 지속경영	인적자원의 전략적 자산화, 신인사제도, 지속적 글로벌 경쟁우위의 확보

지금까지 연대별 인사관리 운용에 있어서 여러 문제점을 생각해보았지만 생성기나 합리화기에 있었던 인사관리 문제가 혁신기에 전혀 없는 것이 아니다. 혁신기에도 노조문제는 아직 존재하고 있다. 따라서 혁신기의 인사담당자가 유념해야 할 문제는 한두 가지가 아니다. 혁신기에 중요한 것은 경영자나 종업원 모두 혁신과 변화마인드를 가져야 한다는 것이다. 경영자는 혁신마인드가 높은데 종업원들이 과거 연공주의에 안주하려 한다면 변화는 어렵다. 반대의 경우도 마찬가지다.

최근 한국기업이 처한 인사관리 이슈는 다양하지만 무한경쟁시대의 인사관리, 비정규직 근로자 문제, 여성인력의 활용문제, 성과지향의 보상 문제 그리고 윤리적 인사관리 등으로 나누어볼 수 있다.

한국기업의 인사관리 이슈와 과제

인사관리 이슈	과 제
무한경쟁시대의 인사관리	질적 경영체제로의 전환
	핵심인재 육성 및 성과중심의 보상
	기업의 국제적 신뢰성 향상
비정규직 근로자 문제	인간중심의 인사관리 지향
	비정규직에 대한 의존도 낮추기
여성인력의 활용	여성의 직업능력개발과 향상
	가정과 직장생활의 균형화
성과지향의 보상 문제	공정하고 과학적인 평가 및 보상 시스템의 개발
	성과주의 문제점 극복
윤리적 인사관리	조직정의의 실현과 기업의 사회적 책임 강화

　무한경쟁시대의 인사관리는 질적 경영체제로의 전환이라는 점에서 중요하다. 핵심인재를 육성하고, 소수정예의 인력을 배치하며, 성과중심의 보상체계를 도입하는 일은 필수다. 이를 위해 인사고과제도를 개혁하고, 조직구조를 보다 유연하게 만들며, 근로자의 삶의 질을 지속적으로 향상시킴으로써 국제적으로 기업의 신뢰성을 높일 필요가 있다.

　비정규직 근로자 활용제도는 단기적 비용절감과 고용의 유연성을 높인다는 점에서는 유용하지만 정규직에 비해 임금과 복리후생 등 여러 근로조건이 크게 불리해 근로의욕과 사기, 조직에의 헌신과 노력의 의지를 약화시키는 약점을 가지고 있다. 따라서 인적자원에서 경쟁우위를 찾아야 하는 기업의 경우 비정규직에 대한 의존도를 낮추는 것이 바람직하다.

여성인력에 관한 문제도 한국기업이 보다 적극적으로 접근할 필요가 있다. 과거 여성은 기계적 업무나 보조 업무에 한정되어 있었지만 지금은 다르다. 특히 여성들의 학력수준이 높아지면서 전문직으로의 진출이 빨라지고 있다. 앞으로 여성 임직원 비율도 늘어날 것으로 전망되고 있다. 정부는 1987년 남녀고용평등법을 제정해 고용기회와 대우에서의 남녀평등뿐 아니라 여성의 직업능력 개발과 고용촉진, 모성의 보호와 직장 및 가정생활의 양립지원을 촉구하고 있다. 앞으로 기업은 가정과 직장생활의 조화와 균형을 높이기 위한 다양한 복리후생프로그램을 마련할 필요가 있다.

현재 우리 기업은 성과와 능력에 바탕을 둔 보상체계를 선호하고 있다. 이것은 세계적인 추세이기도 하다. 기술급(skill-based pay)이나 지식급(knowledge-based pay)에 대한 관심이 높아지는 것도 성과지향을 반영한 것이다. 구성원들로 하여금 다양한 업무를 배우도록 장려하는 것이나 공정하고 과학적인 평가시스템과 보상시스템을 확립하는 것은 마땅한 일이다. 그러나 성과지향이 만병통치약은 아니다. 성과주의는 지나치게 개인별로 차등을 두게 해 개인적 이기주의를 조장하고, 금전적 보상에 치중하게 하며, 단기적 성과를 중시하고, 과정을 무시한 결과 지상주의라는 비판을 받고 있다. 사내 조직별 특수성을 무시한 채 동일한 기준을 적용하려는 우를 범하고 있다는 지적도 있다. 성과주의는 인간주의적 견지에서 볼 때 다수보다는 소수를 위한다는 문제를 안고 있다. 그렇다고 성과급을 무시할 수는 없다. 경영자는 직무수행과정에서 야기될 수 있는 불평등한 대우를 줄이고 공정성을 높이는 조직정의(organizational justice) 실현에 관심을 가지면서 약자도 함께 설 수 있는 조직문화를 만들어야 한다.

윤리적 인사관리의 실현도 이 시대가 풀어가야 할 과제다. 조직 내부에서는 정의를 실현하고, 조직 외부에서는 사회적 책임을 다하는 기업이 되어야 조직도 안정되고 기업의 이미지도 좋아진다.

불확실성이 높고 혼돈스런 상황에서 앞으로 인사관리는 어떻게 달라질까 전망하는 일은 매우 어렵다. 예언을 하는 것과 다름이 없기 때문이다. 그러나 현재 진행되는 여러 흐름으로 볼 때 몇 가지 전망은 가능하다.

그 첫째는 취업인구의 고령화 정도가 높아진다는 것이다. 현재 사오정에 이어 이태백까지 나오는 상황이지만 드러커는 출산율의 저조로 앞으론 결국 나이든 세대가 오래 직장생활을 하게 될 것이라 예고했다. 통계에 따르면 한국은 세계에서 가장 빠르게 고령화되어가는 사회이다. 2026년 고령인구 비중이 20%를 넘고, 2050년에는 35%에 육박한다. 인구고령화는 생산 활동을 수행하는 노동력의 수적인 감소뿐 아니라 생산성에서의 질 저하 등 기업에 심각한 위협을 가하게 된다. 정부는 노동력의 지속적인 공급을 위해 출산을 장려하고, 질적으로 뛰어난 외국인 근로자에 대해 영주권을 부여하는 등 적극적인 대책이 요구된다. 기업 차원에서도 인력부족에 대한 시급한 대비가 필요하다. 노동생산성을 높이기 위해 평생교육과 평생훈련을 장려하고, 평생학습사회를 이루도록 하는 것이 중요하다.

둘째는 디지털 시대에 환경변화를 주도하고 창조적으로 적응할 수 있는 인적자원을 지속적으로 개발하고 관리할 필요성이 점점 높아진다는 것이다. 이를 위해 기업은 지식기반 사회에 적합한 전사적 지식경영시스템과 이에 상응한 인사관리시스템을 구축하고 있다. 지식의 창출과 활용, 지적 기여에 대한 공정한 보상, 구성원들의 활발한 지적 교류와 학습조직의 활성화 작업은 필수다. 학습을 위한 멘토링제도도 활용한다.

이러한 시스템 구축 작업 못지않게 중요한 것이 후속작업이다. 지식의 빠른 증가로 인해 전문가라 할지라도 3~4년마다 재교육이 필요하다. 지식사회는 평생교육사회라 말하듯 교육이 중심적 위치를 점한다. 다양한 지식근로자와 함께 일하는 풍토를 조성하여 시너지효과를 높인다. 지식근로자를 육성하고 확보하는 것 못지않게 그들의 경력관리에도 관심을 갖는다. 나아가 지식근로자의 영향력이 커짐에 따라 그들의 책임과 윤리, 도덕성이 강조될 필요가 있다.

셋째, 고용형태가 다양화된다는 점이다. 정규직 이외에 임시직, 파트타임, 계약직, 파견근로, 재택근로 등 다양한 유형이 존재하게 된다. 직무만 공유(job sharing)되는 것이 아니라 사람도 공유(man sharing)된다. 문제는 보상이 그에 따라 차별적일 수밖에 없어 그 적정선을 찾는 것이 문제다. 근로자들이 생산성에 부합하는 임금을 받도록 보상체계가 개선된다면 부작용도 줄고, 노동시장의 유연성도 확보할수 있다.

넷째, 노조역할이 변한다는 것이다. 지금까지는 근로조건의 유지, 개선, 지위향상을 도모하기 위해 근로자가 단결하여 사용자와 대립하는 모습을 보여왔다. 하지만 앞으로 근로자는 지식근로자로서 지식파트너가 되고, 책임과 권한을 공유하는 경영참여가 확대됨으로써 그 역할도 대립에서 협력으로 변하지 않으면 안 된다. 나아가 집단주의가 아니라 개별주의에 입각해 다양하고 선택적인 복지후생제도가 확산된다.

끝으로, 인사부서도 달라진다. 기업의 국제적 교류가 넓어짐에 따라 인사의 글로벌 스탠더드화도 빨라진다. 인사기능도 과거 인사부서(staff) 중심에서 현장관리자(line) 중심으로 그 무게가 실리게 된다. 단순, 반복적인 업무의 경우 현장 관리자에게 인사기능이 대폭 이양되고, 특이한 경우 아웃소싱을 하는 사례가 많아진다.

지금까지 해방 후 한국기업의 인사관리 흐름과 운영상의 문제점을 연대별로 살펴보고, 최근의 인사관리 이슈와 앞으로 변화를 전망하였다. 각 기업은 나름대로 그 역사에 한 축으로 기여해왔고, 앞으로도 그 역할을 할 것이다. 앞으로 한국 인사관리의 역사가 어떻게 쓰일 것인가 하는 것은 각 기업의 창의적 노력과 성과에 달려 있다. 이 시점에 경영자가 해야 할 것은 뒤로 물러나 퇴행하는 사고(backward thinking)가 아니라 힘 있게 앞서 나가는 사고(forward thinking)이다. 역사는 역사가가 만드는 것이 아니라 그 역사에 참여하는 사람이 쓰기 때문이다. 인사담당자도 과거와 현재의 업적에 만족할 것이 아니라 시대를 앞서 가는 사고와 함께 경영자가 바른 경영을 할 수 있도록 도와주어야 한다. 인사관리가 잘못되면 기업은 결코 앞설 수 없다.

2. 평생 학습과 평생 고용능력의 향상

21세기의 변화에 대한 예측은 이미 많이 내려져 있다. 그것은 불확실, 혼돈으로 집약된다. 21세기는 우리의 기대와 소망과는 달리 매우 혼돈스럽다. 지금의 상황으로 보아도 국제정치나 국제경제가 어떻게 흘러갈지 알 수가 없다.

그런 가운데도 포춘지는 21세기 경제 뉴트렌드로 7가지를 꼽았다. 정부역할 대폭 축소, 전자상거래 활성화, 생명공학의 융성, 인터넷 접속속도 가속화, 레저오락 디지털전자상품 세련화, 소득증가에 따른 여행수요 증가, 패션·가구·제약분야 등 유망전통산업의 재부상이 그것이다. 이런 예측이 다 적중되는 것은 아니지만 이러한 변화들이 우리 기업과 가정에 영향을 줄 것은 확실하다. 부분적으로는 몇몇 징후들이 이미 나타나고 있다.

21세기에 직장생활은 어떻게 변화될 것인가? 삶의 상당기간을 직장에서 보내야 하는 직장인이나 이들을 관리하고 보살펴주어야 할 기업으로서는 당연한 관심이 아닐 수 없다. 피터스(S. Peters)는 21세기 직장에는 팀의 활성화, 텔레커뮤팅, 아웃소싱, 비정규직, 평생임용 능력, 직원의 자기계발 기회의 확대 등 여섯 가지에서 큰 변화가 있을 것으로 예측하고 있다.

팀 구조로의 전환은 이미 세계적 현상이다. 팀조직은 아날로그 조직에서 디지털 조직으로 패러다임을 바꾸는 혁명적인 것이다. 사실 갑작스런 혁명적 조치가 싫고 또는 그 조치를 조금 미루기 위해 점진적인 적용을 시도해왔지만 이제 우리 기업도 많이 팀 체질로 바꾸어졌다. 팀은 역동성에 바탕을 두고 있기 때문에 기업가나 구성원 모두 마치 100미터 달리기 선상에 있는 선수처럼 늘 깨어 있지 않으면 안 된다. 그래서 팀은 긴장의 연속이다.

텔레커뮤팅(telecommuting)은 컴퓨터와 커뮤니케이션의 발달이 가져온 산물이다. e비즈니스, e오피스, e지식경영 등 모든 것이 인터넷으로 연결되어 있다. 근무지의 지정학적 위치가 별로 의미가 없어지고, 어디서든 업무를 효과적으로 처리할 수 있으면 되는 스피드경영 시대가 열리고 있다. 정부나 기업의 본사가 작아지는 것도 이런 추세와 맥락을 같이한다.

아웃소싱(outsourcing)은 국제적인 현상으로 자리잡아가고 있다. 한국이 보다 앞서가기 위해서는 정부든 기업이든 능력 있는 외국인을 많이 활용해야 한다는 인식이 높아지고 있다. 아웃소싱의 대상은 인물보다 전문성이기 때문에 자기 분야에서 전문능력을 키우는 것이 무엇보다 바람직하다.

비정규직(interim workers)의 증가는 기본적으로 기업이 비용을 절감하기 위한 목적이 크다. 드러커는 앞으로 기업이 성공적으로 존속하기 위해서는 비용을 최대한 절감하는 보수적인 정책을 사용해야 한다고 주장한다. 성공적인 기업가들은 거의 예외 없이 비용을 절감하기 위해 피나는 노력을 해왔다. 기업이 비정규직의 수를 늘리는 것은 비용절감 때문이다. 우리나라에서도 최근 정규직의 수보다 비정규직의 수가 많아져 사회문제가 되기도 했다. 비정규직 근로자들의 아픔이 크지만 주류에 합류하기 위한 노력을 배가하지 않으면 살아남을 수 없는 것이 현실이다. 전문능력을 갖추지 않으면 조건적 근로자(contingency worker)밖에 될 수 없다.

평생 고용능력(lifelong employability)을 갖추는 것은 모든 근로자의 필수요건이 되고 있다. 평생 고용능력이란 자기 자신의 직장생활에서 평생 보람 있는 직무(rewarding jobs)를 수행하며 생산성을 높일 수 있는 능력을 말한다. 시대는 변하고 있어서 어릴 때 그리고 청년기에 학교에서 배우고 훈련받은 것만으로는 직장생활 하기에 적당하지 않다. 대학 졸업장만 가지면 되는 철 밥통 시대는 아니라는 말이다. 이것은 세상이 변한 데 기인한다. 사회구조의 계속적인 변화는 사람들로 하여금 최신 기술을 힘써 배우고, 나름대로의 직무역량을 키워나가지 않으면 적응하기조차 어렵다. 그래서 지금 맥켄지(P. McKenzie)나 울즈버그(G. Wurzbug)와 같은 인적자원 전문가들은 평생학습(lifelong learning)과 평생 고용능력을 키우지 않으면 안 된다고 주장한다.

이러한 추세에 맞춰 대학의 경우 평생교육기관이 확장되고, 디지털 매체를 통한 e교육이 확산되고 있다. 교육은 대학에만 한정되는 것이 아니다. 기업도 평생 학습기관으로서 역할을 충분히 할 수 있다. 기업이 대내외적으로 교육프로그램을 제공하고, 새로운 커리큘럼을 꾸준히 개발해나가면 다른 기업뿐 아니라 대학에서도 그 프로그램을 질 좋은 교육의 도구로 활용할 수 있다. 모토롤라나 GE의 교육프로그램이 대학에서 각광을 받고 있는 것도 이 때문이다. 기업이 만든 ERP시스템을 대학이나 다른 여러 기업에서 적극 수용하는 것도 마찬가지다. 직장인은 물론 예비 직장인들 모두 평생 학습한다는 각오 아래 언제 어디서든 직무수행이 가능한 능력, 전문가로서의 핵심능력(core competence)을 갖추지 않으면 안 된다. 창의적 마인드를 키우는 것은 말할 필요도 없다.

직원의 자기계발(self-improvement) 기회의 확대는 사용자의 의무이다. 근로자는 평생 고용능력을 키울 뿐 아니라 직무와 관련된 부문이든 다른 부문이든 자기의 역량을 최대한 발휘할 수 있도록 자기계발에 힘써야 하며, 사용자는 자기계발의 필요성을 인정하고 적극적으로 그리고 조직적으로 배려해야 한다. 그 배려의 효과는 빠르지

는 않다 하더라도 결국 업무에 나타나기 마련이다. 따라서 계발기회
의 확대는 조직의 투자임이 분명하다. 설혹 직원이 구조조정의 대상
이라 할지라도 사람을 내보는 것으로 모든 것이 해결된 것으로 생각
하지 말고 인간적으로 배려하고 계발기회를 주는 것이 경영자로서
바람직한 태도이다.

3. 일과 생활의 균형

삼성경제연구소는 기업이 보다 적극적으로 직원들이 일과 생활 사
이에서 균형을 잡도록 도와야 한다고 주장했다. 이 연구소는 「일과
생활의 균형」에 관한 보고서에서 한국종합사회조사(KGSS)를 실시한
결과 가족과 시간을 더 많이 보내고 싶고, 여가활동에 더 많은 시간
을 쓰고 싶다는 욕구 모두 60%에 육박했다. 이 같은 결과는 일과
생활의 균형(WLB: Work Life Balance)에 대한 우리 사회의 욕구가
높아지고 있음을 반영한 것이다.

선진국에서는 이미 1970년대부터 근무형태 다양화, 보육 및 노인
부양지원, 학자금 지원, 보험제도 정비 등 다양한 프로그램이 도입되
었다. 미국에서는 기업이 주도적으로 인재확보 차원에서 WLB프로그
램을 제공하고 있고, 유럽의 경우 국가가 복지 차원에서 육아 인프
라 구축을 중심으로 프로그램을 운영하고 있다.

WLB프로그램은 국가 차원에서 고령화, 저출산 대책이 될 수 있
고 기업으로서는 인재확보와 생산성 제고의 효과를 기대할 수 있다.

기업이 성공적으로 이 프로그램을 도입하려면 문화 법 규정에 대한 정확한 인식, 기업성과와의 연결고리 규명, 회사 여건과 형편에 맞는 제도 설계, 내부 구성원의 요구 파악, 실질적 혜택 여부 상시 점검 등 여러 요소를 갖춰야 한다(삼성경제연구소, 2006).

제11장

경영의 인간화와 인간중심전략

1. 위대한 기업의 특징

기업의 역사에서 성공하는 기업의 특색을 꼽으라면 경영의 기본원칙을 준수하는 것과 인간을 존중하고 배려하는 것이다. 인간을 존중하고 배려하는 것이 기업경영의 중심이 된다는 말이다. 좋은 기업을 넘어 위대한 기업이 되기 위한 최우선 조건으로 대부분 전략이나 기술 그리고 경영자의 비전을 꼽지만 짐 콜린스는 사람을 꼽고 있다.

펌프 등 산업용 기기를 제조하는 브라질의 셈코는 비즈니스 계획이나 기업전략도 없고, 근로자들을 감독하고 모니터하는 일도 거의 없다. 그러나 연간 성장률 40%의 속도로 끊임없이 사업을 확장하며 발전을 거듭하고 있다. 독특한 경영 스타일과 경이적인 성장으로 주목받고 있는 이 회사의 최고경영자 리카르도 세믈러는 회사가 설정한 목표를 달성하는 것보다 우선 직원들 개인이 선택해서 도전할 수 있는 일, 만족감을 얻을 수 있는 일을 찾으라고 권고한다. 셈코에서는 스스로를 탐색할 수 있는 여유를 주어 자신의 재능과 관심사를 발견하게 하고 자신의 꿈을 기업의 목표와 결합시키며 자연스럽게 일과 삶의 조화를 이룰 수 있다는 것이다(세믈러, 2006).

인간적인 배려에 도요타를 빼놓을 수 없다. "첫째가 고객, 둘째가 딜러, 셋째가 생산자"라는 도요타의 판매 철학에서 나타나듯 도요타는 늘 사람을 중심에 놓고 모든 것을 진행한다. 노사화합을 바탕으로 한 생산방식, 가이젠을 통한 비용절감, 오너와 경영진의 조화, 고객에 대한 태도 등에서 인간에 대한 배려가 담겨있다(김태진 외, 2006).

통상적으로 인력이 부족한 첨단 기술 업계에서 높은 이직률은 어쩔 수 없는 것으로 여겨져 왔다. 하지만 비상장 소프트웨어 업체로는 세계 최대 규모를 자랑하는 SAS 인스티튜트(SAS Institute)는 스톡옵션 등 인재들을 붙잡아두기 위해 타 기업들이 사용하는 처방을 따르지 않는데도 이직률이 4%대를 넘지 않는다. 창사 이후 20년 동안, SAS의 이직률이 5%를 넘은 일은 단 한 번도 없다.

경쟁사에 스카우트 유혹을 받는 직원도 잡을 수 있는 비결은 바로 직원들을 누구보다 느긋하게 만든 데 있었다. 자유 계약과 스톡옵션이 보편화돼 있는 IT 업계에서 SAS는 돈보다는 회사와 직원 사이의 관계를 중요시했다. 직원들의 기대 수준보다 더 높은 대우를 해주는 차별화된 인력 관리가 바로 SAS의 힘이다.

현재 노스캐롤라이나 리서치 트라이앵글의 캐리(Cary)에 위치한 SAS 본사, 24만 평이 넘는 대지에 18개의 건물이 들어서 있다. 호수·정원·숲 등 훌륭한 조경을 갖춰 대학 캠퍼스 분위기가 흐른다. 본사 곳곳엔 조각 공원과 피크닉 장소가 조성돼 있고, 산책로까지 꾸며져 있다. 구내 병원엔 간호사 6명, 의사 2명, 물리치료사 1명, 마사지 치료사 1명, 정신치료전문 간호사 1명이 배치돼 있다. 사전에 예약을 하면, 5분 만에 진료를 받을 수 있다. 사내에 마련된 몬테소리 유아원은 교사 1인당 학생 수가 3명이다. 고급 레스토랑 못지않은 구내식당엔 언제나 우아한 피아노 소리가 흐른다.

SAS의 공식적인 근무 시간은 일주일에 35시간, 직원들은 근무 시간이 끝나는 오후 5시가 되면 일제히 퇴근한다. 모두 근무 시간을 철저히 지키기 때문에 오후 7시가 되면 회사엔 개미 한 마리보이지 않을 정도다. SAS는 좋은 기업의 중요한 특성 가운데 한 가지를 갖추고 있다. 그것은 바로 충분히 다른 직장을 구할 수 있는 사람들도 계속 남아 있게 하는 근무 환경이다.

「좋은 기업을 넘어 위대한 기업으로」를 쓴 짐 콜린스는 "정말 좋은 회사는 먼저 좋은 인재를 제 위치에 배치하는 데 집중해야 한다는 사실을 배웠다."라고 말한다. 인재를 배려하고자 한다면 적재를 적소에 배치해야 한다.

2. 페퍼의 인간중심전략

페퍼는 기업이 성공하려면 일할 맛, 살맛나는 직장을 만들어야 한다고 말한다. 그는 성공한 기업들에 공통적으로 적용되는 성공 열쇠는 인간중심전략(human-centered strategy)이라고 정의한다. 그는 기계처럼 인간을 다루는 신자유주의적 경영방식을 비판하고 해고(lay off)와 비용절감이 경영자의 능력으로 평가되는 경영관행에 제동을 걸었다. "하위 10% 직원을 내보내라, 항상 점검하고 체크하라. 세계는 인재전쟁, 엄청난 돈을 들여서라도 최고의 인재를 데려오라, 매섭고 강인하며 카리스마 넘치는 지도자가 승리한다."라고 말하는 신자유주의 시대의 경영자 웰치에 대해 강하게 도전하는 것도 같은 맥락에 있다.

1990년대 많은 기업들은 다른 기업과 차별되는 경쟁우위를 확보하기 위해 막대한 자원을 R&D(연구개발)에 투입하고 신제품 개발에 치중했다. 최저의 비용으로 최고의 성과를 올리기 위한 노력도 했다. 이때 직원들에게 투입되는 자원은 투자라는 관점보다 비용이란 시각이 강했다. 이때 페퍼는 기업이 진정으로 중시해야 할 것은 조직 내의 사람이며 사람을 통한 경쟁우위만이 존속가능한 경쟁우위라 주장했다. 사람이 경쟁력이라는 것이다.

많은 기업들이 기술개발을 하지만 기술개발은 다른 것에서 나오는 것이 아니라 사람들의 마인드 셋(mind set)에서 나온다. 글로벌기업들이 역외생산(offshore)과 연구개발(R&D) 입지를 선정할 때 세금이나 리베이트, 금융지원 등을 보고 입지를 선정하는 것이 아니라 사람(people)을 보고 결정한다. 실리콘밸리의 성공스토리는 낮은 노동비용과 생활비 등에 기인한 게 아니라 가장 좋은 교육기관들을 갖고 있고, 전 세계의 우수한 인재를 이민자로 받아들일 수 있었기 때문이다. 1972년부터 1992년까지 투자수익률이 가장 높은 기업 다섯 곳을 뽑는다면 가장 정확한 기준은 기술·특허 수·기업의 전략적 포지션이 아니라 조직 내 직원의 잠재력을 극대화하여 이를 경쟁우위로 삼았던 기업이다(Pfeffer, 1994). 기술이나 전략 등 경쟁우위는 산업구조나 기술 등 경영여건이 바뀔 경우 중요성이 감소하지만 사람을 통한 경쟁우위는 환경변화에 관계없이 오랫동안 지속된다. 새로운 성장엔진은 언제나 사람에게서 나오기 때문이다.

페퍼가 보는 좋은 기업은 사람을 중시하고 직원들의 마음을 얻은 기업이다. 그는 「휴먼 이퀘이션(Human Equation)」, 「왜 지식경영에 실패하는가?(The Knowing-Doing Gap)」, 「숨겨진 힘 — 사람(Hidden Value)」 등 책을 통해 그 사례들을 파고든다. 그는 이 책들을 통해 발상의 전환을 통해 사람의 가치를 알고 사람을 제대로 관리하는 기업이 좋은 기업이라 주장한다. 좋은 기업이 되기 위해선 인재들이 의욕에 불타도록 하는 경영정책을 실천에 옮겨야 한다. SAS 인스티튜트의 굿나이트 회장, 인텔의 앤디 그로브 회장 등 월드클래스 조직을 이끌고 있는 수많은 CEO들은 페퍼의 경영철학에 영향을 받아 인재경영에 관심을 두었다.

인간중심 전략을 위해서는 직원들을 훈련시키는 데 투자하고, 훈련에서 배운 기술(skill)을 사용할 수 있도록 해야 한다. 훈련에는 이론훈련(class training)과 현장훈련(on the job training) 모두 필요하다. 피아노를 가르치는 가장 좋은 방법은 피아노를 주고, 연주하게 하는 것처럼 사람들에게 필요한 기술을 훈련시키는 가장 좋은 방법은 일을 주는 것이다. 그래서 그런 기술을 발전시키고 자신감을 갖도록 하는 것이다. 이것은 이미 많은 기업에서 하고 있는 것으로 보일 수도 있다. 하지만 실제로 기업에서 일어나고 있는 일을 관찰해보면 다르다. 경기가 안 좋을 때 맨 처음 하는 일이 훈련비용을 줄이는 것이다. 또 많은 기업들이 직원들에게 "이렇게 하라." 지시하는 바람에 직원들이 훈련을 통해 배운 것을 써먹을 기회를 박탈하고 있다. 이렇게 간단하지만 많은 기업들이 따라 하지 못하는 것은 CEO의 자아 때문이다. "CEO가 그렇게 하라고 했다.", "CEO의 결정은 거기에 참여한 수백 명의 사람보다 뛰어나다."라는 등 CEO 자신뿐 아니라 조직의 위에서 아래까지 CEO에 대한 강한 자아의 문제가 내재되어 있다. 이런 문제가 없는 기업이 성공할 수 있다.

3. 경성조직과 연성조직

조직에는 크게 비인간적 조직과 인간적 조직으로 나눌 수 있다. 비인간적 조직을 경성조직(HO, Hard Organization)이라 한다면 비인간적 조직을 연성조직(SO, Soft Organization)이라 부른다. 경성조직은 조직의 고위층의 권력에 의한 관료제적, 비인간적 조직이며, 연성조직은 그 반대로 인간적 조직이다.

관료제 조직은 경성조직의 대표이다. 조직의 공식성과 성과를 너무 강조하다 보면 인간성을 잃어버릴 수 있다. 애드호크라시도 여기에 속하지만 관료제에서 한 단계 발전했다는 점에서 연성조직으로의 가능성을 갖고 있다. 경성조직은 구성원으로 하여금 소외를 일으킨다는 점에서 문제가 있다.

민주조직은 연성조직의 성격을 띤다. 센게에 따르면 학습조직은 조직의 구조조정과 다운사이징으로 인해 많은 인력이 직장으로부터 밀려나는 현상을 극복하기 위해 제시된 것이다. 이런 점에서 학습조직은 조직구성원들이 감원대상이 아니라 교육대상임이며, 감원보다 그들의 잠재능력을 더 활용해야 한다는 점에서 연성조직에 속한다.

그러나 조직을 운영하다 보면 경성조직과 연성조직의 원리가 따로 놓일 수 없는 때가 있다. 조직이 능력과 연대를 함께 강조하는 것이 그 보기다. 이것은 사실상 HO원리와 SO원리가 대립하기 때문이다. 하지만 조직은 두 가지 모두가 필요하다. 이렇다 보면 이것의 조화가 필요함을 느끼게 된다. HO-SO 병용론이 대두되는 것은 이 때문이다. HO-SO의 이분법적 통합 논의도 이에 해당한다(오열근, 2005).

4. 카리스마에서 인간중심의 리더십으로

드러커는 카리스마를 리더십으로 보지 않는다. 오히려 그토록 강한 카리스마를 가진 히틀러나 스탈린, 모택동이 역사적으로 남긴 것은 무엇인가 묻는다. 결국 카리스마는 리더십의 장애요인이라는 결론이다.

페퍼도 카리스마에 대해 부정적이다. 그는 소프트웨어업체인 SAS의 짐 굿나이트, 사우스웨스트 항공의 허브 켈러허 등 인간중시 경영에 성공한 여러 CEO들을 소개하고 있다. 이 CEO들은 잭 웰치와 같은 리더, 그의 표현대로 '과장된 카리스마 타입의 리더'와 다르다. 앤디 그로브의 친구이자 스탠퍼드대 교수인 로버트 버겔만도 "인텔의 신사업을 방해한 것은 창업자 앤디 그로브"라며 앤디 그로브의 카리스마 리더십의 폐해를 지적했다. 앤디 그로브는 '편집광만이 살아남는다.'라고 주장했는데 편집광 스타일의 리더십 스타일을 갖고 있는 사람은 끊임없이 잠재적 위험을 걱정하기 때문에 잠재적 기회를 포착하지 못한다는 것이다.

페퍼에 따르면 카리스마를 갖춘 리더가 될 필요가 없다. 쿠라나(Rakesh Khurana)의 「기업 구세주를 찾아서(Searching for a Corporate Savior)」나 짐 콜린스의 「좋은 기업을 넘어 위대한 기업으로」에서 잘 나타나 있듯 좋은 리더는 나대거나(high profile), 카리스마를 가질 필요가 없다. 좋은 리더들은 몇 가지 특징을 갖고 있다.

그 첫째는 진실을 말한다는 것이다. 모두 진실을 말하는 것처럼 보이지만 그렇지 않다. 대부분의 CEO는 속인다(spin). "요즘 어떠냐?"

라고 물으면 "매우 잘하고 있다."라거나 "우리는 감원을 하지 않을 거다."라는 식으로 말한다. 갤럽조사에 따르면 영미에서 직원들의 50~60%, 어떤 경우에는 3분의 2가 고위경영진을 신뢰하느냐는 질문에 '아니오.'라고 대답했다. "그들이 거짓말하는지 어떻게 아느냐?"라고 물으면 경영진은 직원과 고객, 투자자들을 늘 속인다고 답한다. 그러나 좋은 리더들은 진실을 말한다. CEO들이 정직하기 어려울 수 있다. 때에 따라서 거짓을 말해야 하는 압력을 받을 수 있다. 그러나 CEO들은 그런 압력을 극복해야 한다. 그래야 세계적인 경쟁력을 가질 수 있다. 정직하지 못하다면 성공적인 CEO가 될 수 없다. 현대는 진실을 말하는 CEO가 드물다는 점에서 리더십의 위기다.

두 번째 특징은 자기가 모를 때 꾸미지(make it up) 않는다는 사실이다. 그걸 인정하고, 모르면 일어나서 당당하게 "모른다." 혹은 "확실하지 않다."라고 말한다. 리더들은 진실을 말하고, 모르면 모른다고 하며 도움을 구해야 한다. 그리고 아래 직원들을 포함시켜 결정을 내린다. 이것은 중간관리자든 추종자든 마찬가지다.

세 번째 특징은 사람중심(people-centered)의 핵심 가치체계를 갖고 있다. 만약 핵심가치를 위반하거나 고객과 동료직원에 대해 적절치 못한 태도를 보인다면 해고되어야 한다. 하지만 조직 내 사람들의 재능과 지식과 아이디어를 사용하는 데는 매우 개방적이어야 한다.

이 같은 특징은 카리스마를 내세우는 리더십에서는 찾아보기 어려운 것들이다. 따라서 그는 카리스마에서 인간중심의 리더십을 내세운다. 그렇다고 그가 리더의 역량을 무시한 것은 아니다. 지금까지 CEO의 리더십은 조직의 성과에 긍정적 영향을 미친다는 연구결과가 주류였다. 그만큼 CEO에 우호적이었다. 하지만 페퍼는 그동안 리더십의 개념이 일관성 없이 부정확하게 사용되고 있다며 기존 연구에 대한 각성을 촉구했다. 특히 조직이 리더를 선발하는 데 리더십 역량과는 전혀 무관한 기준을 사용한다고 지적했다(Pfeffer, 1977). 인간중심의 리더십을 하되 역량이 존중되고 발휘되는 리더십이어야 한다.

버겔만은 카리스마 리더십의 대안으로 중간관리자의 역할을 강조한다. 대기업에서 신성장 동력을 창출하는 역할은 중간관리자들이 해줘야 하는데 이를 위해서는 교조화되기 쉬운 과거의 성공방식을 새로운 환경에 맞게 변형시켜야 하고, 조직 내 의사소통을 활성화한다. 아래 직원들이 언제라도 고위 간부에게 직언할 수 있도록 언로를 열어주어야 한다. 그는 인텔의 건설적 대결(constructive confrontation)을 보기로 든다. 이것은 직원들 간에 문제가 있을 경우 감추기보다 밖으로 표출시켜, 개인적으로 감정이 상하지 않게 하면서 토론과정을 통해 문제를 해결하는 방법이다. 건설적 대결은 경영진들이 상황을 객관적으로 볼 수 있게 한다는 점에서 유익하다.

5. 꼴찌에게도 기회를

글로벌 기업들은 잠재력이 있는 직원을 핵심인재로 키우고, 능력이 떨어지는 직원은 성과를 올릴 수 있도록 능력에 따라 육성하는 새로운 평가시스템을 도입하고 있다. 내부 인력을 핵심인재로 키우고, 꼴찌에게도 기회를 주는 인간중심적 전략이다.

독일계 다국적 전자전기 업체인 지멘스는 직원들을 성과에 따라 'A, B, C, D'의 4등급으로 일정 비율씩 배분하는 평가시스템을 바꿨다. 대신 직원들의 성과와 역량을 평가한 뒤 사업부서장과 간부, 인사 담당자가 토론을 거쳐 '챔피언', '키 플레이어', '퀘스천마크' 등 3개 그룹으로 나누고 체계적인 교육 프로그램을 병행하는 새로운 방식을 도입했다. 그룹별로 정해진 인원 배분 비율도 없앴다. 자신이 어떤 그룹에 속하는지도 개별적으로 알려주고 필요한 교육 프로그램도 지원한다. 역량이 뛰어난 인재는 핵심인재로 키우고, 부족한 직원은 역량을 끌어올려 성과를 높이자는 취지다.

하위 10%의 직원을 매년 털어내는 인사시스템으로 유명한 GE도 제프 이멜트 회장이 취임한 뒤 인사평가시스템을 대대적으로 손질했다. GE의 고위 임원 600명과 빠르게 성장하고 있는 글로벌기업의 리더십을 분석하고 다섯 가지 '성장 리더의 특성'(외부세계에 집중, 명확한 사고, 상상력, 포용력, 전문성)을 정의한 뒤에 이를 평가에 반영하고 있다. 하위 10%라고 하더라도 개선 계획서를 받고 재기의 기회를 준다. 창의적인 일을 하려면 리스크를 감수할 수 있는 용기가 필요하다는 취지다(박용, 2007).

제12장

경영의 정신과 원칙 바로 실현하기

1. 경영의 정신

경영은 기법만으로 성공을 거둘 수 없다. 경영자의 철학과 기업의 정신이 사회를 바로 세우는 데 도움을 줄 때 더욱 힘을 발휘할 수 있다.

태조 5년 삼봉 정도전은 「시경」과 「서경」에서 좋은 뜻을 따 도성 8대문의 이름을 지었다. 특히 4대문은 인의예지(仁義禮智)를 오행(五行)에 배정시켜 그 이름을 결정하였다. 인(仁)은 동방이므로 동대문에 배속되고, 의(義)는 서방이므로 서대문에 배속되고, 예(禮)는 남방이므로 남대문에 배속되고, 지(智)는 북방이므로 북대문에 배속된다. 이렇게 해서 동대문의 이름이 흥인지문(興仁之門)이 되고, 서대문은 돈의문(敦義門), 남대문은 숭례문(崇禮門), 북대문은 소지문(炤智門)이 되었다. 그리고 오행 중 중앙에 해당하는 신(信)은 종로 중앙의 보신각(普信閣)의 이름으로 들어갔다. 조선을 인의예지신의 유교 정신 아래 세우고 싶어 한 것이다.

이러한 정신은 한 국가를 경영하는 데만 필요한 것이 아니다. 기업을 경영함에 있어서도 이 같은 정신이 필요하다. 물론 강조되는 정신은 기업마다 다를 수 있다. 정신이 빠진 기법만으로는 기업을 바로 세울 수 없다.

대다수 기업들은 좋은(good) 기업을 넘어 위대한(great) 기업으로 발전하고자 한다. 이를 위해서라면 더욱 정신이 중요하다. 짐 콜린스 (J. Collins)는 1400개 기업의 데이터를 분석해 「좋은 기업을 넘어 위대한 기업으로(Good to Great)」를 내놓았다. '좋은' 기업과 '위대한'

기업의 차이점을 분석한 것이다. 위대한 기업이 되려면 다음 다섯 가지를 중시해야 한다(Collins, 2001).

- 사람을 소중히 여긴다.
- 현실을 직시한다.
- 간단하고 효율적인 목표를 세운다.
- 기술을 가속 페달로 삼는다.
- 규율의 문화를 정착시켜야 한다.

그는 또 위대한 회사를 만드는 최고의 5단계 리더십(leadership)은 야망을 조직에 주입하면서도 겸손하고 조용한 타입이라고 강조한다.

2. 조직과 가치 실현

골렘비우스키는 조직의 바람직한 상태를 규정해주는 것은 가치라 판단하고 그 가치를 추구했다. 그는 그가 체험한 종교적 전통을 바탕으로 그 가치를 도출했다(Golembiewski, 1967). 그리고 그 가치를 직무와 연결시켰다. 그는 종교의 윤리를 직무와 관련된 가치로 제시했는데 그것은 다음과 같다.

- 직무는 사람들에게 심리적으로 할 만하다고 생각되어야 한다.
- 사람들은 직무를 통해 자기의 자질을 개발할 수 있어야 한다.
- 직무를 수행함에 있어서 사람들이 스스로 결정할 수 있는 여지가 상당히 있어야 한다.

- 사람들이 직무를 수행함에 있어서 직무와 관련된 환경을 상당한 정도로 통제할 수 있어야 한다.
- 조직과 개인 모두 외부의 도덕적 기준에 따라야 한다. 조직이 조직 내의 어떤 행동에 대해 유일한 그리고 최종적인 판단자가 되어서는 안 된다.

그는 이 가치들 가운데 다섯 번째를 가장 중요하게 생각했다. 그에 따르면 그가 제시한 이러한 가치들이 전통적인 조직이론에서 잘 실현되지 않는다. 전통적인 이론에 바탕을 둔 처방의 경우 직무는 지나치게 세분되고 반복적이어서 할 만한 가치를 못 느끼고, 권한은 상층부에 집중되어 있어 조직 성원이 스스로 결정할 수 있는 자율성이 없으며, 상관은 적은 수의 부하를 통솔할 뿐 아니라 부하들의 성과를 엄밀히 판단하고 통제한다. 그러므로 전통적인 조직이론의 직무와 인간주의적인 가치는 조화를 이루지 못한다. 이런 의미에서 볼 때 그는 맥그리거(D. McGregor)나 아지리스(C. Argyris)로 대표되는 표준적인 인간관계를 지지하고 있다.

표준적인 인간관계론자들과 골렘비우스키는 앞에서 언급한 네 번째 가치까지 유사한 관점을 가지고 있다. 그러나 다섯 번째 가치에서 차이가 난다. 그 이유는 경제생활에서 종국적 판단은 개인도 조직도 아닌 외부의 도덕윤리여야 한다고 생각했기 때문이다. 골렘비우스키는 미국의 사회 종교적 윤리를 가치판단의 기준으로 삼았다. 그가 외부의 도덕윤리를 기준으로 삼은 것은 조직과 개인이 대립될 때 전통적인 경우 대부분 조직이 그리고 인간관계론에서는 개인이 최종적인 판단자가 되는 경우가 많기 때문이다. 그에 따르면 그 어느 쪽도 판단자가 되어서는 안 된다.

3. 경영의 원칙 준수와 기업성장

톰 피터스에 따르면 초우량 기업은, 평범한 기업에서도 하고 있는 활동을 전혀 다른 방식으로 행하고 있다. 즉 가장 기본적인 경영의 원칙들을 그들 나름의 방법대로 지속한다는 것이다. 그 원칙은 나무만 보지 않고 숲을 볼 줄 아는 것에서부터 다양한 원칙을 포괄하고 있다. 나아가 원칙만 너무 강조하다 보면 인간적인 배려가 부족할 수 있다.

전체적 맥락을 볼 줄 아는 경영자에 관해 생각해보자. 경영자는 늘 완만한 등산을 하지 않는다. 때로는 험한 산을 오르기도 한다. 경영자가 산을 오를 때 산의 전체적 모습을 보지 못한다면 과연 대원을 잘 이끌 수 있을까? 「세계는 평평하다」는 책을 쓴 토머스 프리드먼(T. Friedman)은 "전략적 선택을 할 때는 전체적 맥락을 확실히 이해하는 것이 중요하다."라고 말한다. 21세기라는 독특한 산을 오르는 오늘의 경영자는 계곡이 어디에 있고, 어떤 모습을 하고 있으며, 정상은 어떤 방향으로 나있고, 그곳에 어떤 장애가 있는가를 알아야 한다. 인류 역사상 독특한 21세기의 맥락을 잘 잡는 경영자가 이 시대를 이끌 수 있다(프리드먼, 2006).

경영의 원칙을 준수하는 기업은 성장한다. 세계 가전시장의 거인 일렉트로룩스, 통신장비시장의 선두주자 에릭슨, 초일류기업의 대명사 ABB, 대형트럭의 롤스로이스로 불리는 스카니아, 세계 경제를 주도하는 이들 기업을 이끌고 있는 곳은 바로 유럽 최대의 산업왕국 발렌베리(Wallenbery) 가이다. 발렌베리 가문이 150년 동안 5세대에 걸쳐 소위 세습경영을 펼치고 있음에도 불구하고 국민적 지지와 사회적인 존경을 불러일으키게 만든 것은 세 가지 경영원칙, 즉 발렌베리 가문의 승계전략, 기업경영의 원칙, 사회적 책임이다. 발렌베리 집안은 이 원칙을 통해 14개 핵심 자회사들을 세계적인 기업으로 키워냈다(장승규, 2006).

2005년 해리스 인터랙티브 기업명성지수에서 인터넷 검색엔진인 구글은 쟁쟁한 기업들을 물리치고 3위를 차지하는 파란을 일으켰다. 1위인 존슨 앤드 존슨과 2위를 차지한 코카콜라가 각각 100년이 넘는 기업 역사를 가지고 있는 점을 감안하면 1998년에 설립된 구글의 약진은 이례적이다. 닷컴 기업들의 몰락기에도 살아남은 것은 물론, 야후나 마이크로소프트보다 더 빠른 성장을 이룩했다. 구글의 성공 요인은 고객 집중, 본질에 대한 충실, 시스템을 통한 성장, 안주하지 않는 자세에 있다(바텔, 2006).

스프링 제조회사인 삼원공정은 일본이 추진했던 5S운동을 기업에 도입하여 기본에 충실한 기업을 만들었다. 5S는 다음과 같다. 이것은 경영의 기본원칙을 준수하는 것이 얼마나 중요한가를 가르쳐준다.

- Seiri(정리): 필요한 것과 불필요한 것을 구분하고, 불필요한 것을 없앤다.
- Seiton(정돈): 필요한 것을 쓰기 편하게 정돈한다.
- Seiso(청소): 직장 내 더러운 것을 없앤다.
- Seiketsu(청결): 정리, 정돈, 청소 등 3S 상태를 지속적으로 유지

한다. 이것까지 합하여 4S라 한다.

- Setsuke(마음가짐): 4S를 체질화한다.

4. 깨진 유리창 법칙

경영은 작은 것에서부터 실천하는 것이 중요하다. 이것 하나 정도는 적당히 넘어가도 되겠지 하는 생각을 바꿔라. 그것이 당신의 성공과 실패를 가를 수 있다. 래빈의 깨진 유리창 법칙은 이것을 가르쳐준다.

깨진 유리창 법칙이란 "하나를 보면 열을 안다."라는 속담처럼 "하나가 깨지면 모든 것이 깨질 수 있다."라는 생각에 바탕을 두고 있다. 지금까지 기업과 조직은 전략이나 비전 같은 큰 것에만 치중한 나머지 기업을 좀먹는 사소하고 치명적인 것들에 눈을 돌리지 못했다. 많은 노력과 시간을 투자한 전략과 비전일지라도 기본원칙과 수칙을 제대로 돌보지 못하면 위험한 결과를 낳을 수 있다.

값비싼 홍보마케팅 비용이나 대대적인 조직개편이 있어야 성공하는 것은 아니다. 기업의 미래를 뒤바꾸는 것은 고객이 겪은 한 번의 불쾌한 경험, 한 명의 불친절한 직원, 정리가 되지 않은 매장, 무성의한 전화 대응 등 의외로 사소한 것에서 시작된다. 순간적인 느낌은 사소하지만 강력하다. 제품이나 서비스를 이용할 때 낡은 인테리어, 지저분한 화장실, 무례한 행동 등은 고객에게 하나를 보고 열을 짐작하게 하는 일이다.

래빈은 깨진 유리창에는 어떤 것이 있으며, 어떻게 그리고 왜 발생하는가 그리고 앞으로 이 깨진 유리창을 예방하고 수리하기 위해 어떻게 해야 할지를 보여준다. 구성원 중 한 명이 회의시간을 지키지 않거나 지각이 잦고 동료들에게 업무상 기본적 예의를 잘 지키지 않는 경우 관리자는 당장 신속하고 분명하게 바로잡아야 한다. 사소해 보이는 이러한 문제를 계속 방치한다면 결국 조직의 분위기와 질서가 무너지기 때문이다.

인간관계에 있어서도 무시해도 좋을 만큼 사소한 일은 없다. 래빈은 100-1=99가 아니라 0이라 한다. 고객은 사소한 실수에 등을 돌리고 다시 오지 않기 때문이다. 하지만 개선점을 찾아 실행한다면 100+1=200도 가능하다. 눈에 잘 보이지 않는 깨진 유리창을 얼마나 빨리 정확하게 수리하는가가 경쟁력의 관건이다. 누구나 깨진 유리창을 신속하게 해결하는 능력을 키워야 경쟁력 있는 인재가 될 수 있다.

지금 기업체는 깨진 유리창 없애기 열풍이다. 아침은 깨진 유리창 점검으로 시작된다. 다 잘 해도 1%의 사소한 불만이 있다면 고객은 냉정하게 떠나버린다. 소리 소문 없이 기업을 흔드는 깨진 유리창, 누가 빨리 제대로 수리하느냐에 기업의 미래가 달려 있다(래빈, 2006).

5. 조직신뢰와 신뢰경영

윌리엄 헤이그 영국 보수 당수는 상식혁명(common sense revolution)을 제창한다. 그가 말하는 상식혁명은 크게 다섯 가지로 요약된다.

- 자치단체에 더 많은 힘을 실어주자.
- 보다 안전한 사회를 만들자.
- 영국의 잠재력을 일깨우자.
- 영국의 순수성과 독립성을 보호하자.
- 정치의 신뢰를 회복하자.

그는 정치에 대한 신뢰를 회복하도록 바라고 있다. 정치인들이 진실로 국민들의 마음을 얻으려면 관심을 가진 이슈에 팔을 걷어붙이고 달려들어야 한다.

신뢰는 정치에 한정된 것이 아니다. 경영자는 신뢰로 경영을 해야 한다. 신뢰는 모든 영역에서 요구된다. 조직도 신뢰가 있어야 성장한다. 기업이 조직원으로부터 신뢰를 얻는 길은 무엇일까? 열린 경영을 하는 것이다. 열린 경영의 대표적 보기는 PSS 월드 메디컬(World Medical)이다. 이 회사는 의사·영상진단기관·장기적인 의료 서비스 제공 단체와 병원 등에 의료 기기 및 제품을 공급하는 전문 유통업체다. 패트릭 켈리(P. Kelly) 사장이 PSS를 좋은 기업으로 키울 수 있었던 열쇠는 열린 경영이다. PSS는 재무 관련 정보를 모든 직원들에게 공개하고, 투명한 회계경영을 실천하고 있다. 또한 직원들은 언제든지 자신의 의견을 밝히고 궁금한 사항을 문의할 수 있는 열린 의사소통의 문화를 갖고 있다. 켈리 사장을 비롯한 임원들은 각 영업 지점에서 열리는 회의에 참석할 때 2달러짜리 지폐 뭉치를 들고 가 질문하는 사람에게 나눠준다. 이때 직원들은 어떠한 질문이든 자유롭게 할 수 있으며, 임원들은 반드시 답을 해준다. 조직신뢰는 구성원을 향한 경영자의 열린 마음에서 시작된다. 기업은 계속기업이

되려면 고객으로부터도 지속적으로 신뢰를 얻어야 한다. IBM 최초
의 외부 영입 CEO 루이스 거스너는 기술만이 전부가 아니며 고객
의 신뢰가 가장 큰 재산이라 주장했다.

제13장

비전경영과 목표기반 경영

1. 비전경영

어느 시대든 비전경영(visionary management)이 요구되어왔지만 현대 기업은 죽은 비전이 아니라 살아 있는 비전으로 경영해야 한다는 요구가 커지고 있다. 비전은 경영이념에 근거해 회사가 지향해야 하는 방향성과 도달할 수 있는 최대한의 목표를 규정한 것이다. 대부분의 기업은 5~10년마다 비전을 설정하지만, 단지 액자 속에만 존재하고 구성원들의 실제 의사결정에서는 고려되지 않는 죽은 비전으로 전락해버린 경우가 많다. 중요한 것은 죽은 비전을 살아 있는 비전으로 재창조하지 않으면 안 된다. 살아 있는 비전이 되려면 명확히 기업의 미래 방향을 제시해야 하고, 향후 상당기간 지속될 외부환경의 메가트렌드와 고객 니즈의 변화에 부합해야 한다. 시대상황이 변하면 비전도 재설정해 살아 있는 비전 그리고 살아 있는 비전기업이 되도록 해야 한다. 90년대 경영위기에 빠진 태평양은 미와 건강 브랜드로 비전을 재설정하여 매년 이익률 20%를 내는 초우량 기업으로 변신했다. 삼성도 신경영에 맞춰 질 위주로 재편해 21세기 초일류기업으로 부상하는 데 성공했다. 살아 있는 비전기업이 장기 성과에 미치는 영향이 커지면서 비전경영은 기업의 키워드가 되었다.

송재용에 따르면 죽은 비전이 아니라 살아 있는 비전을 만들기 위해 다음에 유의해야 한다(송재용, 2007c).

첫째, 기업의 장단기 전략 수립에서 나침반 역할을 수행할 수 있는 좋은 비전이어야 한다. "이 전략이 비전에 부합하는가?" 물어라. 기업이 프리미엄 브랜드 육성을 통한 글로벌 일류 기업 달성이라는 비전을 가진 기업이 초저가 제품을 프리미엄 제품과 동일한 브랜드를 붙여 마구 밀어낸다면 비전과 부합하지 않다.

둘째, 구성원들의 위기의식을 기반으로 공감대를 형성해 동기부여를 할 수 있어야 살아 있는 비전이다. 비전 설정과 실행이 구성원의 공감대를 형성하려는 노력 없이 최고경영층이나 컨설팅 회사의 일방적 주도로 이뤄진다면 죽은 비전이 될 가능성이 높다. 구성원들의 의견 반영과 동참을 통해서 조직의 비전이 개인의 비전과 조화를 이룰 때 살아 있는 비전이 될 수 있다.

셋째, 미래에 대한 꿈을 담고 있고 혁신을 통해서만 달성할 수 있을 정도로 도전적인 비전이어야 하지만, 회사의 역량 등 현실적 조건을 무시해서는 안 된다. 비현실적 비전은 구성원들의 도전의욕 자체를 불러일으키지 못해 죽은 비전이 될 공산이 크다.

넷째, 비전달성은 전략뿐 아니라 사람과 경영시스템의 변화를 수반해야 하는 장기적이고도 어려운 과정이므로 최고경영층의 리더십과 구성원의 믿음을 기반으로 일관성 있게 그리고 지속적으로 추진되어야 한다.

기업의 비전은 대부분 기업의 신념으로 나타난다. 중요한 것은 그 신념이 지속적으로 유지되는가 하는 것이다. 기업이 성장 정체를 맞는 것도 일관성 때문이기도 하다. 따라서 성장 정체 현상을 막기 위해서는 무엇보다 기업이 갖고 있는 기본 신념과 가정을 지속적으로 재점검할 필요가 있다. 이를 위해 여러 부서원들이 참여하는 '기업 신념 확인팀(core-belief identification squad)'을 구성하는 것이 바람직하다. 이 팀은 자신이 속한 산업은 무엇이고 진짜 고객은 누구인지 점검하며, 고객이 지적하더라도 절대 들으려 하지 않는 사항이 무엇인지 파악하고, 산업 내 '규칙'을 깨고 성공한 기업과 이들이 극복했던 전통적 관례가 무엇인지 알아봐야 한다.

2. 목표기반 경험조직이론

골렘비우스키(R. T. Golembiewski)는 조직 내에서 인간의 가치와 책임을 증대시키기 위해 각 변수와 변수 간의 상관관계를 경험적으로 탐구하고 이를 토대로 해서 바람직한 변수관계를 유지하기 위해 가치지향의 목표를 가지고 처방을 내리고자 한 조직이론가이다. 그는 미국의 종교사회적 윤리를 반영하여 기독교적인 가치관을 조직이 수용해야 할 중요한 가치로 보았으며, 이 가치를 직무 속에 실현할 수 있도록 여러 이론을 제시했다.

골렘비우스키의 조직이론은 한마디로 목표에 기반을 둔 경험적 조직이론(goal-based empirical theories of organization)이다. '목표에 기반을 둔'이란 가치지향을 말하며, '경험적'이란 그의 연구가 경험지향임을 뜻한다. 그러므로 그의 연구는 객관적 실증성에 바탕을 둔 경험적 연구와 주관적 가치를 중시하는 통합이론임을 알 수 있다.

그는 조직 안에서 변수와 변수가 어떻게 관련되어 있는가 하는 변수 간의 인과관계를 경험적으로 파악하고자 했고, 변수 간의 관계에 있어서 어떤 관계가 가장 바람직한 것인가를 따져 그것을 조직의 목표로 삼는 가치지향 연구를 했다. 그는 변수 간의 관계가 항상 직선적인 것이 아니라 비선형적일 수 있음을 인지했고, 어떤 변수에 변화를 주어야 조직에 도움이 될 수 있는가도 생각했다. 그는 경험지향적 연구와 가치지향적 연구가 서로 배타적인 것이 아니라 상호 보완적임을 강조하고 양자를 통합하고자 했다.

그의 목표에 기반을 둔 경험적 조직이론은 변수 간의 관계를 파악하고 이에 따른 처방 또는 목표행동을 제시하려는 데 목적을 둔 것이지 두 이론체계를 통합하여 하나의 종합적인 패러다임을 구성하려 한 것은 아니다. 그는 목표달성을 위해 여러 각도에서 종합적인 해결방안을 모색할 필요성을 강조하였다. 그러나 하나의 종합적인 이론을 만들려 하지는 않았다. 그는 하나의 거창한 종합적 패러다임을 만들기보다 그 상황에 맞는 소패러다임(mini paradigms)을 개발할 것을 주장하면서 그 방법의 하나로 조직개발을 제시하였다.

그는 직무와 관련된 가치실현에 있어서 전통적인 관료제적 조직구조보다 직무충실(job enrichment)·목표지향적 구조(purpose-oriented structure)를 대안으로 제시했다. 관료제적 구조는 인간의 자율성을 저해하는 압력구조(push structure)를 이루고 있지만 직무충실·목표지향 구조는 인간의 자율성을 촉진하는 견인구조(pull structure)를 이루고 있기 때문이다(Golembiewski, 1979:61-69;1985:179-185).

관료제적 구조와 직무충실 · 목표지향적 구조의 차이

관료제적 구조	직무충실·목표지향적 구조
• 권위주의적 관리	• 민주적 관리
• 집권화	• 분권화
• 합리적·기술적 지향	• 합리적, 기술적 및 사회심리적 지향
• 일의 각 부분에 관심	• 일의 전체적 흐름에 관심
• 일과 그 결과에 대한 근로자의 분리	• 일과 그 결과에 대한 근로자의 개입 및 심리적 연결강조
• 인간에 대한 부정적 태도	• 인간에 대한 긍정적 태도
• 압력이론(push theory)	• 견인이론(pull theory)

그는 단순히 관료제적 구조에서 직무충실·목표지향적 구조에로의 전환이라는 처방을 내리는 데 그치지 않고 조직 안에서 직무와 관련된 가치를 증대시키기 위한 여러 방법을 개발하고 제시하였다. 그가 쓴 「조직쇄신」, 「반응적 조직을 향하여」, 「계획적 변화에의 접근」 등은 이것을 보여주고 있다(Golembiewski, 1972/74). 그는 이 책들을 통하여 조직개발 방법을 다양하게 수집하고 정리하여 조직의 문제들을 해결하고 개인의 자율성을 증대시키는 데 활용하도록 하였다.

나아가 그는 이러한 조직개발기법들이 직무와 관련된 가치에 어떻게 영향을 주는가에 관심을 두었다. 그는 조직의 욕구와 개인의 욕구가 동시에 충족된다는 것은 결코 쉬운 일이 아님을 알았다. 조직과 개인 사이에 갈등이 발생할 때 대부분 그 해소방안은 조직을 변화시키기보다 사람을 변화시키는 데 초점을 맞추고 있다. 이것은 개인의 욕구가 조직의 욕구와 충돌되지 않을 때만 가능하다. 다시 말해서 이것은 조직성원의 행동에 대해서 조직이 최종적인 판단자가 되기 쉽다는 것을 보여준다. 이에 대해 그는 조직이 결코 인간행동에 대해 최종 판단자가 되어서는 안 된다고 주장한다.

또한 그는 조직 내 직무와 관련된 가치를 실현하기 위해 분권화를 강조하면서도 지나친 분권화는 혼란만 가져와 오히려 집권화를 유발하게 된다고 경고하였다. 그에 따르면 이것은 의도된 뜻이 반대로 나타나는 아이러니다(Golembiewski, 1990).

그는 조직 내 인간의 자율성을 증대시키기 위한 조직개발의 방법들이 얼마만큼 성공적인가에 관심을 가지고 이에 관해 조사하고 연구했다. 그는 270여 개의 사례들을 분석한 결과 약 80%에서 의도된 결과를 얻었으며, 기업부문이 공공부문보다 약간 성공률이 더 높은 것으로 나타났다.

그런데 문제는 이렇듯 높은 성공률이 서구와 다른 문화권에서도 나타난 것이었다. 이러한 결과는 조직개발이 서구문화에만 적용될 수 있다는 일반적인 생각을 뒤엎는 것이었다. 상이한 문화에도 조직개발의 적용이 가능한 이유는 조직개발 기법이 적용되는 개별 조직의 문화가 나라 전체의 문화와 똑같지 않고, 어느 문화에도 어울리는 기법을 찾을 수 있을 만큼 조직개발 기법이 다양하며, 대상조직의 문화 자체를 바꾸기 위해 전혀 어울리지 않는 기법을 사용할 수도 있기 때문이다.

그러나 어떤 학자들은 이런 이유라기보다 성공 여부를 평가하는 도구가 주관적이기 때문이라 비판했다. 그는 이 문제를 두고 조사한 결과 조직개발의 적용은 주관적 척도에 의해 평가를 하든지 객관적 척도에 의해 평가를 하든지 모두 높은 성공률을 보이는 것으로 나타났다. 또한 어떤 학자는 엉성한 조사 설계 때문에 제3의 다른 변수가 조직의 변화를 초래했다는 주장을 했다. 그래서 그는 조사 설계의 엄격성이 성공률에 어떻게 영향을 미치는가를 조사했다. 그 결과 조사 설계 수준과 성공률과는 부의 관계가 아니라는 것도 밝혀냈다.

그는 조직개발의 성공률을 조사는 과정에서 변화의 삼위일체 모형(trinitarian model of change)에 관심을 갖게 되었다. 변화가 알파변화(alpha change), 베타변화(beta change), 감마변화(gamma change) 등 세 차원으로 이루어져 있음에도 불구하고 하나의 차원에서만 조직개발 효과를 평가하므로 조직개발이 성공적임에도 그렇지 않은 것으로 평가되는 경우가 많음을 알게 되었다.

이러한 경우는 특히 주관적 평가를 하는 때에 더욱 두드러지게 나타난다. 알파변화란 질적 상태의 변화가 아닌 양적인 정도의 변화를 가리키는 것으로, 이 변화는 상대적으로 안정된 간격에서 측정하게 된다. 감마변화는 이와는 달리 양적인 정도와 질적인 상태의 변화를 동시에 포괄하고 있다. 베타변화는 이 두 변화의 중간에 위치한 것으로 어떤 일정한 상태 속에서 조건이 변화하는 것을 말한다. 조직개발은 새로운 사회질서 또는 문화를 추구하는 성격을 가지고 있어 감마변화가 조직개발이 의도한 변화이기도 하다.

조직개발이 성공적이면 수준의 차이가 나타나 그 변화를 느낄 수 있다. 그러나 조직개발의 결과 조직성원들의 수준이 높아진 경우(감마변화) 조직개발이 성공적임에도 불구하고 변화를 별로 느끼지 못해 성공적이지 못한 것으로 평가하기도 한다. 감마변화는 조직 내 구성원의 태도가 완전히 바뀐 상태를 의미하므로 그 상태에서는 일반적인 방법으로는 성공 여부가 잘 측정되지 않는다. 이렇게 되면 한 현상을 두고 어떤 사람은 조직개발의 감마효과가 있다고 말하지만 어떤 사람은 아무 효과가 없다고 할 만큼 다양하게 된다. 골렘비우스키는 이 모형을 통해 해석이 다양한 이유와 그 문제점을 밝혀주었다.

그는 변화의 방향과 정도를 표시해줄 뿐 아니라 변화의 질적 상태도 동시에 측정할 수 있는 도구를 모색하고 이것을 심리적 탈진의 단계모형(phase model of burnout)을 통해 구체화했다. 이 모형에서 그는 탈진을 8단계로 나누었다. 제8단계에 이를수록 탈진의 정도가 크다. 한 단계에서 다른 단계로의 진행은 감마변화를 의미한다. 탈진이 어느 정도 진행된 사람과 그렇지 않은 사람은 세상을 보는 눈이 다르다. 이 모형은 양적 변화와 질적 변화를 보다 동시에 측정할 수 있도록 함으로써 누가 얼마나 스트레스나 심리적 탈진 상태에 있는가를 밝혀주었다. 이 모형이 비록 완전한 것은 아니지만 그는 스트레스 관리에도 의미 있는 기여를 했다.

골렘비우스키는 집권주의자, 알파·베타·감마의 사나이, 탈진모형 제창자 등 여러 별명을 가지고 있다. 이것은 그에 대한 평가가 얼마나 다양한가를 보여준다. 그는 조직 내에서 인간의 가치와 책임을 높이기 위해 각 변수 간의 관계를 실증적으로 밝히고, 삶의 목표를 보다 가치 있게 하는 변수를 찾고자 한 조직이론가였다.

3. 전략적 사고와 목표실현

그리스인들은 노골적이고 야만적인 전쟁의 신 아레스를 경멸하고 전략적 전쟁의 신 아테나를 숭배했다. 그녀는 항상 최상의 사고력과 교묘함으로 싸웠기 때문이다. 예나 지금이나 사람들은 전쟁을 싫어한다. 그러나 싫다고 해도 전쟁이 없어지는 것은 아니다. 삶은 이미 전쟁터가 된 지 오래다. 옛날에는 군사들이 싸웠지만 지금은 기업들이 국제적 전사가 되어 싸운다. 이제 경영자는 아테나의 지성을 가지고 국가를 지킬 의무를 가지고 있다. 경영에서 전략이 필요하고, 조직에서도 전략이 필요한 것은 이 때문이다.

최근 경영자에 대한 조언이 늘어가고 있다. 그 가운데 하나가 "높이 올라 전장을 살펴보라."라는 말이다. 말이 전략이지 전략적으로 생각하는 것은 어렵고도 부자연스럽다. 스스로 전략적이라 착각하기 쉽지만 당신은 단지 전술적으로 움직이고 있을 가능성이 높다. 오직 전략만이 제공할 수 있는 힘을 가지려면 장기적인 목적에 집중하며 전쟁 전반에 대한 계획을 정교하게 짜고 인생의 숱한 전투들로 인해 습관화된 반작용 모드에서 벗어나야 한다(Greene, 2006). 전략은 전략이어야 한다는 것이다. 전술을 전략으로 착각해서는 안 된다.

전술적으로 보면 적과의 동침은 이뤄질 수 없다. 그러나 전략가의 생각은 다르다. 플랫폼 상품의 경우 독불장군 식으로 나가서는 안 된다. 세계표준으로 만들려면 적과의 동침도 불사해야 한다. 아테나의 전략적 사고는 그 당시뿐 아니라 지금도 요구되고 있다.

플랫폼 리더십은 적과의 동침

최근 GE의 잭 웰치(Jack Welch) 전 회장이 한국 기업의 창조성 부족에 대해서 언급하면서 애플(Apple)사가 MP3 플레이어를 최초로 개발했다고 부정확하게 얘기해 논란이 된 바 있다. 하지만 MP3 플레이어는 엄연히 한국이 종주국이고, 한때 한국 기업 레인콤의 '아이리버(iriver)'가 세계 시장을 선도했다. 하지만 지금은 안타깝게도 후발주자였던 애플의 '아이팟(iPod)'에게 시장 주도권을 내주었다. 시장을 선점했고 제품의 기능성 측면에서 애플의 아이팟에 뒤질 바가 없었던 레인콤, 삼성전자와 같은 한국 기업들이 왜 애플에 뒤지게 되었을까?

1980년대 초반 VCR이 보급될 당시 소니의 베타맥스(Betamax) 방식 VCR이 JVC와 마쓰시타가 주도했던 VHS 방식 VCR과 자웅을 겨루었다. 기술적인 측면에서는 베타맥스 방식이 우월하였던 측면도 있었다. 그럼에도 불구하고 왜 베타맥스 방식은 VHS 방식에 참담히 패배하고, 시장에서 자취를 감추게 되었는가?

이러한 의문에 대한 답을 찾기 위해서는 먼저 이 제품들의 특징을 이해할 필요가 있다. MP3 플레이어, VCR, 게임 콘솔, 인터넷 포털 등은 그 자체로서는 아무런 가치가 없으며 콘텐트와 같은 보완재가 있어야 가치가 창출되는 소위 플랫폼(platform) 상품이다. 플랫폼 상품의 경우 이를 수용하는 소비자가 많으면 많을수록 산업 생태계(eco system)에서 협력자들이 보완재를 더 많이 개발, 가치가 상승하는 특징을 지니고 있다. 이러한 현상을 경제학에서는 보완재에 의한 간접적인 네트워크 효과라고 한다.

VCR 전쟁의 예를 보자. VHS VCR 진영은 경쟁자의 참여를 유도했고, 협력자와 적극적인 관계를 형성했다. 이 방식에 맞는 영화 비디오 등이 더욱 많이 출시됐다. 결국 VHS VCR 보유로 인해 고객 가치가 상승했고, 이에 따라 더 많은 고객이 확보되는 선순환의 메커니즘이 창출됐다. 반면 베타맥스 VCR은 소니가 독불장군식 행태를 보였다. 시간이 갈수록 이 방식을 채택한 비디오 타이틀의 수가 줄어들었고, 고객이 이탈하는 악순환에 빠져 들었다.

한국이 종주국이었던 MP3 플레이어 시장에서도 비슷한 양상이 전개됐다. 아이리버 등 한국 제품이 혁신적인 성능과 디자인으로 MP3 플레이어의 초기 시장에서 큰 인기를 끌었다. 하지만 후발주자였던 애플은 소비자들이 곡당 99센트라는 저렴한 가격으로 합법적으로 음원을 소유하게 한 '아이튠스(iTunes)' 서비스를 출시해 이를 아이팟과 결합시켜서 차별화를 시도했다. 아이튠스를 통해서 산업 생태계의 협력자인 음원 제공자들의 지적재산권을 보호해주었다. 자기 몫을 지나치게 챙기기보다는 협력자들에게 수익의 상당 부분을 배분하는 상생의 비즈니스 모델을 제시했다. 결국 다양한 음원을 소비자들에게 제공함으로써 시장의 판도를 뒤집을 수 있었다. 즉 보완자와의 협력을 통한 플랫폼 리더십(platform leadership)의 확보와 이를 통한 네트워크 효과의 창출이 애플의 성공요인이었다.

이러한 사례들로부터 우리는 어떠한 교훈을 얻을 수 있을까? 최근 한국의 정보통신 업체들은 속속 세계 최초의 기술이나 상품, 서비스를 출시하면서 글로벌 시장에서의 표준 장악 및 주도권 확보를 도모하고 있다. MP3 플레이어 이외에 DMB, 휴대인터넷(Wibro) 서비스도 이러한 범주에 들어간다. 하지만 한국 기업들은 아직 이러한 플랫폼 상품을 어떻게 표준으로 만들고 세계시장을 주도할 수 있는지에 대한 전략적 사고와 플랫폼 리더십에 대한 이해가 부족한 듯하다. 기능성만을 강조하면서 세계 최초, 최고의 기능이나 서비스를 만들어 낸다고 플랫폼 리더십을 창출할 수 있는 것은 아니다.

애플의 사례에서 잘 나타나듯이 플랫폼 리더십을 창출하기 위해서는 무엇보다도 산업 생태계를 정확히 이해해야 한다. 이를 바탕으로 필요하다면 자신의 이익을 희생하더라도 산업 생태계 내의 협력자들에게 보다 많은 이익을 배분하고 이들을 지원해 상생의 기반을 만들어야 한다.

또한 대규모 시장을 성공적으로 형성시키기 위해서는 경쟁자와의 적극적인 협력도 필요할 수 있다. 표준 장악과 플랫폼 리더십을 추구하는 기업이라면 단기성과주의나 자기 이익 챙기기에 집착하여 독불장군식 행태를 보여서는 곤란하다. 협력자들과의 상생을 포기하고 건강한 산업 생태계 형성을 저해하는 우를 범해서는 안 될 것이다.

휴대인터넷 등 한국이 세계 최초로 개발해낸 플랫폼 상품을 세계 표준으로 만들어 광범위한 시장을 구축한다면 이른바 '샌드위치 코리아'를 극복하는 신성장 동력을 확보할 수 있을 것이다. 국내외 협력자들과의 상생을 바탕으로 적극적으로 범세계적인 플랫폼 리더십을 추구하는 전략적 사고가 절실히 요청된다(송재용, 2007b).

4. 이미지니어링 전략과 두바이 리더십

이미지니어링(imagineering) 전략은 상상력과 엔지니어링을 합한 조어로 상상력을 현실로 만들어내는 전략적 사고다. 두바이는 이 전략의 대표적 보기에 해당한다. 두바이는 '비전이 있는 자만이 물 위에 글을 쓸 수 있다.'라는 상상력으로 바다를 메워서 야자수 모양의, 또 300개의 군도로 세계지도 모양의 독특한 디자인의 주거단지를 만들고, 사막의 스키장과 촛불 모양의 특이한 디자인의 복합 빌딩군 등 끝없는 상상력으로 21세기형 주거, 여가 및 관광, 비즈니스, 금융 허브도시로 변신하고 있다.

두바이 리더십

중동의 떠오르는 신도시 '두바이' 그저 석유를 팔아서 부자가 된 것만은 아니다. 아랍에미리트(UAE) 7개 부족 중 하나인 두바이 항. 인구 3천여 명에 불과한 이 작은 어촌 마을에서 새 부족장이 선출된 것은 1958년이었다. 그 추장 '셰이크 라시드'는 취임하자마자 이듬해부터 두바이를 중동 최고의 허브 항으로 만들 야심찬 프로젝트를 구상했다.

하지만 대부분 주민들은 반대했다. 고작 진주 잡이를 주로 하는 어촌에서 중동의 허브항구는 참으로 비현실적인 공약으로 들렸다. 그러나 라시드 추장은 '꿈꾸는 자만이 꿈을 이룰 수 있다.'라고 생각했다. 굳은 신념으로 건설에 착수한 지 5년 만에 소위 '두바이산 석유'로 불리는 엄청난 매장량의 원유가 발견되었고, 마침내 착공 13년 만에 그의 이름을 딴 중동최대의 '라시드항구'가 건설되었다.

그는 석유 이외 아무 자원도 없는 두바이의 미래를 위해서 산업, 금융, 관광에 오일달러를 집중 투자하여 불모의 사막도시 전체를 리모델링해버렸다. 1990년 32년간 두바이를 이끌었던 지도자 라시드가 사망하자 그의 셋째아들인 셰이크 모하메드가 뒤를 이었다. 그로부터 벌써 16년째, 전 세계 크레인 중 20%가 두바이에서 사용 중이란 소문이 퍼질 정도로 두바이시내는 아직도 '공사 중'이다.

'부루즈 알 아랍'이란 7성급 세계 최고급 호텔이 거기 있다. 그 호텔로비의 기둥은 황금으로 칠해졌고 복층구조 객실은 차라리 황궁의 침실이다. 전 세계 최고의 부호들이 오로지 돈을 쓰기 위해 전세비행기를 타고 두바이로 몰려간다. 그들이 돈을 쓰고 가도록 유인하기 위해 건설한 두바이다. 섭씨 40도가 넘는 사막도시의 돔 스키장에서 언제든지 스키를 즐길 수 있다. 지상 160층, 높이 700미터가 넘는 세계최고층의 빌딩이 준공을 눈앞에 두고 있다. 마지막 높이는 비밀에 붙여 있다. 2010년까지 계속되는 인공 섬 공사가 끝나면 70km에 불과한 해안선이 무려 1500km까지 늘어난다고 한다. 이 거대한 국토개조 현장을 본 사람들은 벌써부터 세계 8대 불가사의로 부르고 있다. 작은 어촌의 위대한 지도자 한 사람의 꿈이 바로 이런 기적을 만들어냈다.

존 코터(John P. Kotter)에 따르면 기업의 성패는 수많은 요소들에 의해 결정되지만, 이 요소들 중 대부분은 리더십의 영향을 받는다. 진주 조개잡이로 가난하게 살아왔던 과거의 두바이가 지금 세계의 주목을 받고 있는 것은 꿈을 실현시키는 리더십의 결과이다. 60년대 석유를 발견했지만 지도자는 매장량에 의존하지 않았다. 머지않아 바닥날 것을 예견하고 석유로 얻은 자본을 미래에 투자했다. 그리고 나라의 미래를 창의적 아이디어 위에 세워 놓고 지금 두바이를 세계로부터 주목받는 진주로 만들어가고 있다. 리더십은 동일한 자원을 갖고도 판이한 결과를 가져올 수 있는 힘을 갖고 있다.

바람직한 리더십

바람직한 리더십	성 격
개인 리더십	올바른 일을 할 수 있는 능력
자아성찰 리더십	결단하고 실행하는 능력
대인 리더십	책임감을 통해 신뢰를 줄 수 있는 능력
코칭 리더십	구성원의 잠재력을 이끌어내는 능력
기업가 리더십	도전정신과 창조력을 발휘하는 능력
변혁적 리더십	비전을 공유할 수 있는 능력
섬김의 리더십	겸손과 희생으로 섬기는 능력

출처: 이면희(2007).

잘못된 리더십은 매우 비참한 결과를 낳을 수 있다. 무능·경직·무절제·무감각·부패·편협·사악에 물든 리더, 절박한 위기의 상황이 오는 데도 태평스럽기만 한 스태프, 일일이 지시를 해야만 움직이는 생산 직원, 승부 근성 부족으로 쉽게 포기하는 영업 담당자, 거기다 리더십마저 부족하다면 그 조직의 결과는 보나마나다. 성공하는 리더는 지식과 지혜 그리고 인간적 성숙함으로 조직을 이끌지만, 실패한 리더는 남의 말을 귀담아 듣지 않고 반대 의견에 자비롭지 못한 약점을 극복하지 못하고 조직을 쇠하게 만든다(어데어, 2006). 그러므로 리더십은 조직의 미래, 기업의 장래 그리고 나라의 성쇠를 가름하는 중요한 열쇠다.

리더십은 타인과의 관계 속에서 영향력을 행사하는 과정이다. 리더십의 핵심에 영향력이 자리하고 있다. 그래서 리더의 역할이 중요하다. 리더는 방향을 제시하고, 달성할 목표에 대한 동기를 부여하는 역할을 한다(베니스·나누스, 2006). 리더십은 고도의 통치술이다. 조직 내 시스템을 견고히 하고, 인재를 고르게 활용하며 권력을 정대하게 배분하는 지혜를 가진 지도자가 성공한다(한비, 2003).

제14장

비즈니스 모델과 전략경영

1. 비즈니스 모델의 혁신

연구 성과를 고수익사업으로 연결시키지 못하면 기술재고가 쌓이게 된다. 따라서 경영자들은 새로운 기술개발과 못지않게 현재 가지고 있는 기술의 사업화를 고민한다. 첨단기술은 연구개발 못지않게 사업화 비용이 엄청나기 때문이다. 섣불리 사업화에 나섰다가 회사 전체가 휘청거릴 수 있고, 그렇다고 연구개발을 소홀히 할 수도 없다. 이런 상황에서 중요한 것이 바로 비즈니스 모델이다.

흔히 "한국은 기술은 있는데 비즈니스 모델이 없다."라는 말을 한다. 이것은 기술창고에 기술을 쌓을 줄 알았지 줄일 줄 모르고, 사업계획서만 그릴 줄 알았지 비즈니스 설계도와 공학적 실험보고서를 만들 줄 모른다는 의미를 가지고 있다. 비즈니스 모델이 없는 기술은 남아도는 쌀과 같다. 공급과잉이 되면 쌀값이 떨어지는 것처럼 비즈니스 모델과 연결되지 않으면 오히려 문제를 낳을 수 있다.

비즈니스 모델은 사업하는 방향의 지침서이자 사업방식의 명세서다. 어떤 제품으로 어느 시장에서 어디까지 달성할 것인가 하는 사업목표, 어떤 순서로 사업을 설계하고 운영할 것인가 하는 사업절차, 누구를 동원하고 무엇을 사용할 것인가 하는 사업자원 등 사업에 관한 모든 요소들을 담고 있다. 이것을 계획서라 하지 않고 모델이라 하는 것은 그 안에 비즈니스의 과정, 구조, 행위가 유기적으로 연결되어 있기 때문이다. 모델을 만드는 일, 곧 모델링은 분석과 개발에 의한 공학이 요구된다.

비즈니스 모델은 사업화 이후에도 과연 설계도대로 실제 비즈니스가 굴러갈지, 매출액이나 수익성을 결정하는 가장 중요한 변수가 무엇인지, 어떤 변수의 변화가 다른 변수나 사업 전체에 어느 정도의 영향을 미치는지 등 다양한 시나리오에 대해 검토할 필요가 있다(박용태, 2007b).

크리스텐슨은 기술혁신보다 비즈니스 모델의 혁신을 더 중시한다. 1970년대 미니컴퓨터가 등장했다. 이 컴퓨터는 기존의 컴퓨터와 비슷하게 매우 컸고 가격도 비싸 25만 달러에 판매되었다. 보스턴의 DEC라는 회사가 1970~1980년대 당시 활동하던 기업 중 가장 명망이 높았다. 당시 미니컴퓨터에 맞는 경영모델을 갖고 있기 때문이었다. 하지만 얼마 후 DEC는 경영상의 문제로 인해 쇠락의 길을 걸었다. 어떻게 해서 쇠락의 길로 들어서게 되었을까? 당시 세계 컴퓨터 업계의 트렌드는 이미 미니컴퓨터 시장에서 PC(퍼스널 컴퓨터)로 넘어가고 있었다. DEC는 당시 PC를 만들 수 있는 기술을 보유하고 있었다. PC는 심지어 델(Dell)이라는 대학생이 만들 수 있는 정도의 기술이었다. 하지만 DEC가 PC 시장에 뛰어들지 않았던 이유는 PC 시장보다 미니컴퓨터를 생산하는 게 훨씬 수익성이 높았기 때문이다. DEC의 입장에서 PC 시장은 진출하지 않아도 될 만큼 수익성이 낮은 시장이었다. 또 사업모델 자체도 PC 시장과 맞지 않는 측면도 있었다.

DEC가 보유한 기술 자체는 상당히 고급기술이었다. 수백 명의 엔지니어들이 4년을 투자해 탄생한 기술이었다. DEC의 미니컴퓨터는 시스템이 복잡해 직접 판매·설치해야 했다. 수익률이 45%가 돼야 고정비용을 감당할 수 있는 고비용 구조였다. 반면 PC 시장은 25% 수익률만을 내는 시장이었다. 결국 DEC는 이익이 적은 시장에 진출하지 않으려 했고, 이로 인해 쇠락의 길을 걸었다. 같은 시기, IBM 은 PC 시장에 효과적으로 대응했다. 이들은 25%의 마진으로도 비용을 감당할 수 있는 경영구조를 만드는 데 성공했다. 즉 기술의 혁신이 아니라 경영상의 혁신으로 전투에서 승리한 것이다.

그래서 크리스텐슨은 대기업은 신생기업들에게 저가 시장을 내주지 않아야 한다고 말한다. 신생 기업들은 저가 시장부터 파고드는 파괴적 혁신을 통해 성장한다. 예를 들어보자. 어느 날 어린 소년이 시장에 등장한다. 소년이 만약 거인이 관리하는 최우수 고객에게 제품을 판매하려고 한다면, 거인은 소년을 짓밟을 것이다. 하지만 소년이 저가 시장에서부터 제품을 팔기 시작한다면 거인은 기꺼이 이 시장을 내놓을 것이다. '어차피 수익도 나지 않을 시장 그냥 줘버리지 뭐……'라는 생각으로. 저가 시장에서 시작한 소년은 거인이 모르는 사이에 수익이 높은 고가 시장을 향해 무럭무럭 자라나기 시작한다. 거인이 소년으로 인해 위협을 느끼게 될 즈음, 이미 때는 늦었다. 소년은 이미 거인보다 더 커졌다(정동일·김현진, 2007).

마케팅 전문가 코틀러도 혁신 가운데 공정혁신과 비즈니스 모델 혁신의 중요성을 강조한다. 최고의 혁신은 경쟁업체가 쉽게 모방할 수 없는 것이어야 한다. 공정혁신이나 비즈니스 모델 혁신은 모방하기 힘들기 때문에 기업에 더 큰 보상을 가져다준다.

그러나 아무리 혁신적인 비즈니스 모델이라 할지라도 확고한 수익 목표를 가지고 있어야 한다. 기업 역량 강화와 우수한 관행 전파를 위해 만든 미국의 비영리조직 '기업집행이사회(CEB: Corporate Executive Board)'가 전 세계 500개 기업이 반세기 동안 경험했던 성장 정체 현상에 대해 연구한 결과 갑자기 성장세가 꺾인 요인 중 규제

(7%)와 경기 불황(4%), 지정학적 요인(1%), 노동시장의 경직성(1%) 등 경영자가 통제할 수 없는 외부 환경 때문인 경우는 13%에 불과했다. 반면 혁신 실패나 주력 시장의 조기 포기 등 전략적 잘못이 70%, 내부 역량 부족 등 조직적 요인이 17%를 차지했다.

리바이스트라우스의 경우 한때 고가 청바지 시장을 장악했지만 경쟁사들이 세련된 디자인의 저가 제품을 출시했을 때에도 이전과 유사한 제품을 내놓다가 성장 동력을 잃었다. 유통업체인 미국 K마트는 한때 매출액이 급증했으나 시장이 충분히 성숙했다고 판단하고 기존 사업 이외의 새로운 분야에 투자를 확대했다. 하지만 물류 시스템에 대규모 투자를 단행, 원가 경쟁력을 확보한 월마트가 유통 시장에 진입한 후 K마트는 쇠락의 길로 접어들었다. 아무리 성장의 정점에 달한 산업이라 해도 확고한 수익 목표를 갖고 관리해야 하고, 아울러 지속적인 투자로 새로운 잠재 비즈니스 모델을 발굴할 필요가 있다.

2. BCG와 경영전략 평가

전략에 입각한 경영이 각광을 받으면서 여러 곳에서 전략과 그 대안을 평가하는 도구들이 제시되었다. 이 부분에 선두에 선 조직으로 BCG(Boston Consulting Group)이 있고, 그 외에 GE, 로얄 더치 쉘 등이 있다.

BCG는 군사용어였던 전략을 경영에 처음 도입해 경영전략(business

strategy) 분야를 개척했으며 경험곡선을 통한 비용우위전략, 성장-시장점유 매트릭스 전략, 타임베이스 경쟁 전략 등을 내놓으며 전략 컨설팅 업계의 선두주자로 부각되었다.

경험곡선(Experience Curve)은 비용우위전략이다. 같은 제품을 생산하는 경험이 쌓일수록 제조원가가 낮아지는 현상으로, BCG가 1960년대 주요 반도체 제조업체의 프로젝트를 통해 밝혀냈다. 반도체업계에서는 누적 생산량이 2배가 될 때마다 실질 비용이 20%씩 절감되는 것으로 나타났다. 같은 물건을 대량 생산하여 경험을 쌓게 되면 그 경험이 노하우가 되어 비용이 절감되는 원리다. 경험을 쌓아 원가절감을 달성한 기업은 경쟁사보다 더 낮은 가격으로 경쟁에서 승리할 수도 있고, 경쟁사와 같은 가격을 책정하더라도 원가 절감분만큼 다른 기능과 서비스를 추가적으로 제공해 제품의 차별화를 꾀할 수도 있다. 거꾸로 생각하면, 특정 기업이 향후 발생할 원가절감효과를 감안해 미리 가격을 낮추고 시장점유율을 높이는 전략을 구사할 수도 있다.

성장-시장점유 매트릭스(Growth-share Matrix)는 BCG매트릭스로 불릴 정도로 유명하다. 기업이 사업포트폴리오를 분석해 집중 투자할 사업과 투자를 중단할 사업을 가려내는 데 사용하는 기본적인 분석 도구다. BCG매트릭스는 각 사업을 성장성과 시정점유율이라는 두 가지 기준에 따라 스타(star), 캐시카우(cash cow), 물음표(question mark), 개(dog) 등 네 가지로 구분한다.

스타는 미래 성장성이 유망한데다 시장점유율도 높기 때문에 계속적 투자가 필요한 사업이다.

캐시카우는 시장점유율이 높아 현재 수익창출원으로서 현금을 많이 벌어다준다. 하지만 성장성이 낮기 때문에 추가적인 투자는 많이 하지 않아도 된다. 따라서 투자금액이 유지·보수 차원에서 머물러 투자 대비 수익성이 높다.

물음표는 시장점유율은 낮지만 성장가능성은 유망한 사업으로, 기업이 어떻게 대응하느냐에 따라 향후 스타가 될 수도 있고, 개로 전락할 수도 있다. 일단 투자하기로 결정한다면 상대적 시장점유율을 높이기 위해 많은 투자금액이 필요하다.

개는 사양사업으로 성장성과 수익성이 모두 없기 때문에 철수해야 할 사업이다. 기존의 투자에 매달리다가 기회를 잃으면 더 많은 대가를 치를지도 모른다.

그림: BCG 매트릭스

타임베이스 경쟁전략(Time－based Competition)은 시간우위전략이다. BCG는 1980년대 혜성처럼 등장한 일본 제조업들에 대한 심도 있는 조사·분석을 통해 타임 베이스 경쟁 전략을 내놓았다. 미국 제조업을 누른 일본 제조업들이 어떻게 저비용으로 고품질의 제품을 생산하는지, 시간은 어떻게 활용하는지, 신속한 제품 개발시간이 경쟁도구가 될 수 있는지를 분석한 것이다. 분석 결과, 일본 제조업들은 상품개발의 속도뿐 아니라 생산에서 물류에 이르는 공급사슬(supply chain) 전체에서 높은 효율성을 갖고 있었고, 상품종류와 가격을 변경하는 리드타임(lead time)이 굉장히 짧았다. 타임베이스 경쟁전략은 그전까지 비용과 품질이라는 2차원에서만 경쟁하던 기업들에게 속도(시간)가 새로운 경쟁력의 원천이 될 수 있다는 것을 깨닫게 해주었다.

3. 기업 2.0 전략과 글로벌 스탠더드

21세기를 이끌어갈 기업 2.0은 어떤 유전자를 지닐까? 새로운 시대의 기업들은 세계 시장에 진출할 때 더 이상 각국 정부의 일방적인 논리에 매몰돼선 안 된다. 여기에도 참여의 논리가 더해진다. 기업 2.0들은 한발 더 나아가 각국 정부 정책 기관들을 교육하는 역할까지 맡아야 한다. 기존 기업들이 각국의 규제 체계에 매몰되고 순응할 뿐이었다면, 2.0 기업들은 적극적으로 각국 정부의 규정에 자신들의 목소리를 더한다.

코카콜라의 네빌 이스델 회장은 새로운 시대의 기업들은 각국 정부의 부당한 무역 규정에 대해 글로벌 스탠더드를 보다 강력히 요구할 수 있어야 한다고 주장한다. 다국적 기업들의 효율을 높이는 정책이 곧 외자유치에 도움이 되고, 해당 국가의 산업 경쟁력 강화를 위해 문을 여는 것이 효과적이라는 사실을 지속적으로 제기해야 한다는 것이다.

이를 실현하기 위해서는 똑똑한 로비 기법이 필요하다. 기업은 진출하려는 국가 정책에 영향을 미치는 주요 결정자들이 누구인지 반드시 확인하고 해당 산업의 NGO와 팀을 이루거나 해당 산업 분야의 내국 기업과 전략적 제휴를 하는 것도 도움이 될 수 있다.

오늘날 2.0 기업들이 직면하는 최대 도전 과제는 단연 지속적인 성장이다. 창업을 하는 것과 일단 사업을 시작한 후 세계 시장을 무대로 성장하는 것은 다른 문제다. 어떤 시점에 다다르면 기업들은 필연적으로 보다 진화되고 복잡한 경영체계를 갖춰야 한다. 한 명의 천재 CEO가 기업의 모든 결정을 내리는 경영방식이 더 이상 먹혀들지 않는다. 팀을 중심으로 하는 수평형 경영체계 역시 좀 더 조직화되고 세분화된 새로운 모델로 전환돼야 한다.

이로 인해 고성장 기업들은 필연적으로 외부에서 새로운 리더들을 영입하게 된다. 대표적인 사례가 바로 이베이의 맥 휘트먼(Whitman) 영입이다. "누구나 어떤 물건이든 사고판다."라는 획기적인 비즈니스 모델로 연간 20%가 넘는 매출 성장을 기록하고 있던 이베이 창업자 오미디아르는 거액의 스카우트비를 지급하면서까지 휘트먼을 전격 스카우트했다. 휘트먼은 컨설턴트·경영진 시절의 경험을 바탕으로 익힌 치밀한 데이터 분석력으로 이베이가 초고속 성장궤도를 유지하도록 했다.

4. 코벌라이제이션

코벌라이제이션(Kobalization)은 Korea와 globalization을 합성한 조어로, 한국시장에서 우수성을 인정받은 경영방식이 글로벌 시장에서도 성공을 거두면서 점차 글로벌 스탠더드로 확산되어가는 현상이나 과정을 뜻한다. 로컬(local) 기업의 성공 비결이 글로벌 시장으로 확산되는 현상을 설명하는 조동성의 '록벌라이제이션(Loc-balization)' 이론을 한국 기업에 적용한 것이다.

네가지 경역 전략 모델

		기업 경영의 무대	
		글로벌	로컬(지역)
경영방식	글로벌	**글로벌라이제이션(Globalization)** 세계에서 어디서나 동일한 '글로벌스탠더드'를 강조. 월마트, 까르푸, 노키아 등	**글로컬라이제이션(Glo-calization)** 글로벌스탠더드가 원칙이지만 현지 사정에 유연하게 적응. 소니, HSBC, 맥도널드, 코카콜라 등.
	로컬(지역)	**코벌라이제이션(Ko-balization)** 한국에서 유래한 경쟁력 요소나 경영 방식을 글로벌 시장에 확산시킴. LG전자, 삼성테스코, 유한킴벌리 등.	**로컬라이제이션(Localization)** 해외 시장과 상관없는 철저한 현지 경영을 고수. 내수 기업들.

지금까지는 한국 기업의 해외 진출은 글로벌 기업의 경영방식을 모방하거나(globalization), 현지화(localization)하는 것이 주된 전략이었다. 그런데 이제는 한국의 인재와 한국식 기업문화 마케팅을 앞세

워 세계무대에서 성공을 거두고, 이것을 글로벌 스탠더드로 확신시키는 사례가 나타나고 있다. 기존의 글로벌라이제이션 전략에서 코벌라이제이션으로 전환은 2000년대 이후에 급격히 늘어나고 있다.

한국형 치킨점 제네시스(BBQ)는 2003년 중국, 2004년 스페인에 이어, 2005년 일본, 미국 등 5개국, 2007년에는 에콰도르 등 27개국에 진출했다. 목표는 KFC와 같은 다국적 프랜차이즈 기업을 뛰어넘는 것이다. 지금은 총알배달에 매콤한 양념을 무기로 한 한국식이 세계인의 입맛을 바꿔놓았다. BBQ는 치킨대학 연구소에서 각국에 맞는 맛을 개발하고 있다. 이 회사는 맛뿐 아니라 문화와 마케팅도 판다. 낮 12에서 밤 12시까지 연중무휴로 오픈하고 식탁에 점원을 부르는 벨을 설치해 문화를 달리하고, 반경 2.5km 이내에는 오토바이 배달을 하며 대규모 상가보다 주택가 주변을 침투하는 마케팅 전략을 구사한다.

세계 최대 곡물회사인 미국의 카길(Cargill)이 사료업체인 퓨리나 코리아를 인수하면서 대표이사 회장으로 김기용 퓨리나 코리아 사장을 앉혔다. 먹힌 자가 먹은 자의 경영권을 쥐는 것은 드문 일이다. 이것은 카길이 퓨리나 코리아의 열정적인 기업문화와, 그 토양에서 길러진 한국 직원들의 경쟁력이 필요했기 때문이었다. 퓨리나 코리아는 사람을 중시하고 고객을 가족처럼 여기는 한국식 밀착형 경영을 꽃피워 왔다. 이 같은 퓨리나 코리아의 한국식 경영을 배우기 위해 전 세계 카길 계열사에서 몰려올 정도다.

코벌라이제이션이 성공하기 위해서는 한국시장에서 양성되고 한국적 가치로 무장한 경영자(인재), 한국적 근로윤리와 일처리 방식(문화) 그리고 한국시장에서 유래된 마케팅 기법과 제품 콘셉트(경쟁력 요소)가 요구된다.

코벌라이제이션은 치열한 국제경쟁에서 새로운 생존전략이 될 수 있다. 글로벌 개방경제 시대에는 내수기업이라도 글로벌 경쟁력 없이는 살아남을 수 없다. 이런 환경에서 치열한 경쟁을 이겨내고 살아남은 기업들은 전 세계 어디에서나 통할 수 있는 글로벌 경쟁력을 인정받게 된다. 이들에게 글로벌 개방경제는 한국에서 갈고 닦은 경쟁력을 바탕으로 해외시장으로 진출, 더 큰 성공을 노릴 수 있는 기회가 더 넓어짐을 의미한다(정철환, 2007a/2007b).

코벌라이제이션의 3요소

구분	내용	사례
인재	한국 시장에서 양성되고 한국적 가치로 무장한 경영자	-카길코리아 김기용 회장 -이장우 이메이션 미국 본사 글로벌 브랜드 대표 -이채욱 GE헬스케어 아시아 총괄 사장 -문국현 킴벌리클라크 북아시아경영협력체 전(前)회장
문화	한국적 근로 윤리, 한국식 의사 경정·일 처리 방식, 한국적 미(美)의식	-제너시스(BBQ)의 한국식 닭요리 -LG전자의 '혁신 학교' -카길코리아의 사람 중심 경영
경쟁력 요소	한국 시장에서 유래된 마케팅 기법, 브랜드, 디자인, 제품 콘셉트(개념) 등	-LG전자 요리교실 마케팅 -삼성테스코 '홈플러스' 브랜드 -GM대우의 글로벌 소형차 모델

제15장

애드호크라시와 개방적 조직혁신

1. 관료제에서 애드호크라시로의 변환

조직혁신 가운데 두드러진 변화는 관료제에서 애드호크라시로 그 기축이 이동했다는 것이다. 물론 관료제가 없어진 것은 아니다. 모든 조직이 애드호크라시로 변한 것은 아니다. 그러나 21세기의 주요 조직은 애드호크라시임이 틀림없다.

관료제에서 애드호크라시로

성 격	관료제 Bureaucracy	애드호크라시 Adhocracy
선형성	선형적(linear)	비선형적(nonlinear)
동태성	정태적(static)	동태적(dynamic)
물리법칙	엔트로피(entropy)	니겐트로피(negentropy)
유연성	고정, 경직, 기존방법	신축성(equifianlity)
일상성	일상적	비일상적
동질성	동질적 요소	이질적 요소
공식화정도	높은 공식화	낮은 공식화
집권화정도	높은 집권화	낮은 집권화
기계성	높은 기계성	낮은 기계성
환경	안정적 환경	복잡한 환경
위계	위계적(hierarchic)	탈위계적(de-hierarchic)
조직의 키	키 큰 조직(tall org.)	평면조직(flat org.)
수직성	수직적(vertical) 구조 (종심조직)	수평적(horizontal) 구조 (평심조직)
대표학자	헤겔, 베버	베니스
조직의 보기	기능별, 지역별, 제품별 공정별, 고객별 조직	태스크포스, 프로젝트팀, 매트릭스조직 복합(complex)조직

현대는 정태적 관료제에서 벗어나 동태적인 애드호크라시를 지향하고 있다. 그렇다고 관료제가 없어지거나 유효하지 않다는 것은 아니다. 관료제는 현대에서도 기능을 하고 있다. 하지만 환경 변화로 그 역할은 크게 축소되고 있다.

관료제는 기본적으로 기능별 조직이 특징을 이루고 있다. 기능별 조직은 생산, 기술, 마케팅, 인사, 연구개발, 재무 등 직무 기능에 따른 조직을 말한다. 그 밖에 사업부자, 부문별 조직을 들 수 있다. 사업부제는 GM, Dupont, Eland 등에서 사용해왔으며 제품별 사업부, 지역별 사업부 등으로 구분된다. 부문별 조직은 GE가 사용해왔다. 조직을 소비재 부문, 산업재 부문, 동력 부문, 기술 및 자재 부문, 국제 부문 등으로 나눈 것이 그 보기이다.

이에 반해 애드호크라시 조직으로는 태스크 포스, 프로젝트 조직, 매트릭스 조직, 위원회 조직, 팀조직, 자유형 조직 등이 있으며 주로 프로젝트 중심으로 전개되고 있다.

최근 마쓰시타가 소니를 눌렀다 해서 논란이 일었다. 마쓰시다가 택한 정책은 조직의 대변혁이다. 원래 소니는 개척자 문화였다. 라디오·워크맨·비디오 등 1960~1980년대 전자 문명은 대부분 소니 손에 의해 창조되다시피 했다. 하지만 2000년대 디지털시대에 들어선 뒤 소니는 남이 개척한 시장에 허겁지겁 뛰어들어 물량 공세나 해대는 넘버2로 추락했다.

원래 이 수법은 '마네(일본말로 흉내)시타'란 별명까지 붙었던 마쓰시타 전기의 전공이었다. 창업자 마쓰시타 고노스케(松下幸之助)까지 "소니는 마쓰시타의 신기술 연구소"라고 말할 정도였다. 마쓰시타 브랜드 '파나소닉'과 '내셔널'은 소니의 뒤를 쫓는 만년 2류 취급을 받았었다. 하지만 지금은 많은 분야에서 거꾸로다. 소니가 마쓰시타를 뒤쫓는 판세다.

왜 역전극이 벌어졌을까? 마쓰시타의 나카무라 사장이 과감한 구조조정과 통폐합을 전개해 집단에 의존해온 마쓰시타 체질을 소니식 천재형 경쟁 조직으로 변화시켰기 때문이다. 소니는 미국 소니에서 영화·음악 콘텐츠를 맡았던 미국인 하워드 스트링거를 신임 회장으로, 기술자 출신 주바치 료지(中鉢良治)를 사장으로 선임해 반격에 나섰다. 주바치 사장은 "전자의 부활 없이 소니의 부활은 없다."라고 선언했지만, 시장에선 과연 전자 제품으로 소니가 회생할 수 있을지 의심하는 분위기다(선우 정, 2005). 조직의 혁신이 어떤 결과를 가져오는지 보여주는 본보기가 아닐 수 없다.

관료제에서 애드호크라시에로의 기축변화는 조직의 단순변화가 아니다. 조직의 형태뿐 아니라 사고, 활동 모두에서 차이가 난다. 애드호크라시가 성공하려면 다음 사항에 주목할 필요가 있다.

첫째, 사람을 중시한다. 신성장 동력을 창출할 수 있는 것은 사람이다. 프로젝트를 수립하고, 추진할 수 있는 것은 사람이다. 사람이 경쟁력인 것이다. 그렇다고 아무나 경쟁력이 있는 것은 아니다. 경쟁력 있는 사람은 지력(intelligence), 자원(resource), 추진력(drive)을 잘 활용할 줄 안다. 지력은 혁신이라는 과정을 통해 성과로 연결될 수 있고, 자원은 항상 혁신 활동에 투입되게 마련이다. 지력과 자원이 결합되면 추진력을 창출하는 선순환구조를 만든다. 기업이 이 모두를 갖춘 인재를 골고루 갖출 수는 없다. 따라서 선진 기업에 필요한 것이 추진력이다. 추진력 있는 경영자는 전문 인력은 물론 자원까지도 전 세계를 통해 활용할 수 있는 지혜를 가지고 있다.

둘째, 의사결정권이 다르다. 경영자는 재능 있는 인재를 선발해 효과적으로 활용하고, 리더십에 대한 인식변화를 통해 더 많은 의사결정권을 위임한다. 임파워먼트가 실행되는 것이다. 각 분야에서 종업원들이 스스로 결정을 내리도록 허용해야 한다.

셋째, 아이디어를 추구할 자유를 허용한다. 지속가능한 성장을 이룬 기업의 공통된 특징은 회사라기보다 대학과 같다. 좋은 시설을 갖추고, 종업원을 소중하게 다룬다. 그리고 그들에게 아이디어를 추구할 자유를 준다. 소프트웨어 업체인 SAS는 "고객과 종업원들에게 귀를 기울이고, 그들이 얘기한 것을 실행하라."라는 것이다. 이런 기업은 자연스럽게 일하기 좋은 직장(great place to work)으로 선호된다.

넷째, 느슨한 통제가 이뤄진다. 구글의 고위직 경영자들은 스스로 모든 것을 안다고 착각하지 않는다. 그래서 종업원들을 빡빡하게 통제하기(tight control)보다는 느슨하게 풀어주고(loose control), 중요한 의사결정의 대부분은 분권화한다. 물론 실패의 위험이 따를 수 있다. 하지만 실패했다고 처벌하지는 않는다.

다섯째, 위계에서 벗어나있다. 에드호크라시는 우리에게 익숙한 위계(hierarchy)나 서열(rank)에서 벗어나 있다. 혁신이나 창의성은 서열과는 아무 상관이 없다. 기업은 군중의 지혜(wisdom of crowds)를 잘 활용할 줄 알아야 한다. 종업원들의 지식과 경험을 뽑아내기 위해서는 기업은 보다 덜 위계적으로 변할 필요가 있다. 경영자는 과거처럼 CEO가 모든 문제에 대한 정답을 갖고 의사결정을 내리기보다 조직구성원들이 가지고 있는 지식에 귀를 기울이고 끊임없이 배워나가며 집단지력(collective intelligence)을 키워나가야 한다.

끝으로, 성과에 대해 적절한 보상시스템을 갖춰야 한다. 애드호크라시는 일중심으로 움직이는 조직이다. 성과는 그 결과이다. 따라서 새로 발견한 가치를 자본화하려는 기업은 뭔가 새로운 것을 창조한 사람들에게 적절한 보상을 해주어야 한다. 그렇지 않으면 창조적인 노력이 일관되게 유지되지 않으며 지속가능한 성장도 어려워진다.

2. 폐쇄형 혁신에서 개방형 혁신으로

혁신에는 다양한 종류가 있다. 가장 낮은 단계는 유지적 혁신(sustaining innovation)이다. 기존제품의 품질향상이나 원가절감에만 초점을 맞춘다. 단기간에 쉽게 성공할 수 있지만 신성장 동력개발은 어렵다. 그다음에 급진적 혁신(radical innovation)과 파괴적 혁신(disruptive innovation)이 있다. 급진적 혁신은 위험성이 높아 동양기업에서는 선호하는 형태가 아니다. 그러나 파괴적 혁신은 창조적 파괴를 하는 혁신이어서 혁신 가운데 가치가 높다.

혁신에 대한 가장 쉽고 간단한 분류는 폐쇄형과 개방형이다. 유지적 혁신은 폐쇄형에 가깝다면 급진적 혁신이나 파괴적 혁신은 개방형에 가깝다.

R&D에도 컨버전스(융합) 바람이 불고 있다. P&G·필립스 등 글로벌 기업들은 사내 R&D부서에만 의존했던 풍토에서 탈피, 외부에서 개발된 좋은 기술도 적극 수입해 쓰는 개방형 혁신(open market innovation)에 나서고 있다. 산업과 제품의 융합·복합화가 심화되면서 한 기업이 모든 영역에서 앞선 기술을 갖는 게 불가능해졌기 때문이다.

R&D전략이 자체 기술력 강화에서 다양한 사내외 기술의 결합을 통한 투자효율 극대화로 바뀌었다. 과거 지식 창출자(knowledge generator)였던 R&D부문의 역할은 다양한 아이디어를 조합해 혁신을 이끄는 지식 브로커(knowledge broker)로 변화하고 있다.

개방형 혁신에도 지켜야 할 몇 가지 원칙이 있다. 선택과 집중의 원리를 적용해 우선순위가 높은 사업에 집중하고, 혁신적 기술과 정보가 회사 안팎으로 원활하게 순환되도록 해야 한다. 특히 혁신의 아이디어는 결국 사람에게서 나오는 만큼 CEO부터 신입사원까지 창의성으로 무장하고 실패를 장려할 줄 아는 문화를 만들어야 한다.

경쟁이 치열한 성숙시장에서는 사내 기술만을 고집하다가는 혁신적인 상품을 만들 수 없다. 산업과 제품의 융·복합화가 심화되면서 한 기업이 모든 영역에서 앞선 기술을 갖는 것은 불가능하게 됐다. 글로벌 선두 기업들은 사내·외의 다양한 자원과 아이디어를 결합해 혁신의 원동력으로 삼는 개방형 혁신(open market innovation)에 나서고 있다. 글로벌 선두 기업들의 R&D전략이 자체 기술력 강화보다는 다양한 사내·외 기술의 결합을 통해 투자 대비 효용을 극대화하는 쪽으로 선회하고 있는 것이다.

개방형 혁신은 자유무역 개념을 기업 R&D에 적용시킨 것이다. 자유무역의 장점은 각 국가가 비교우위를 가진 산업에 집중하고 전문화하는 대신 비교열위에 있는 산업은 다른 나라로부터 수입에 의존함으로써 결과적으로 모든 국가가 더 낮은 가격으로 더 좋은 제품을 구입할 수 있다는 것이다. 마찬가지로 개방형 혁신은 비교우위에 있는 기술은 계속 육성하되, 비교열위에 있는 기술은 외부로부터 공급받아 궁극적으로 기술혁신의 속도를 높이고 생산성을 극대화하자는 것이다.

세계 최대 생활용품업체인 P&G의 앨런 래플리(A. Lafley) 회장은 내부 자원을 핵심 브랜드에 집중하면서 불필요한 연구·개발을 중지시켰다. 그는 이를 혁신(innovation)이라는 정원에서 잡초를 뽑았다고 표현했다. P&G는 이미 축적된 내·외부의 지식을 원활하게 교류시키는 게 R&D의 경쟁력이라 보고 각 사업부별 기술담당 임원과 지역별 R&D 담당자가 참여하는 글로벌기술협의회를 만들었다. 또 사내·외의 혁신적 기술을 소개하는 혁신박람회(Innovation Expo)를 주기적으로 개최하고, 기술 교류와 협력을 위한 혁신네트워크(InnovationNet)도 적극 가동했다. P&G의 히트상품인 치아미백제 '크레스트 화이트스트립스(Crest Whitestrips)'는 사내·외 기술 교류를 통해 개발된 대표적 사례다. P&G는 시중에서 치과 의사들이 사용하던 표백제와 사내의 플라스틱사업부가 갖고 있던 접착기술을 결합해 소비자들이 치아에 간단하게 부착할 수 있는 미백제를 만들었다. 이 치아 미백제는 개발 2년 만에 2억 달러 이상의 매출을 올린 효자상품이 됐다.

개방형 혁신의 모범사례로 평가받는 기업들은 몇 가지 공통점을 갖고 있다.

첫째, 혁신의 우선순위를 정해 잠재력이 가장 높은 사업에 자원을 집중한다. 필립스(Philips)는 광섬유 커뮤니케이션 R&D에 집중 투자하기로 하고, 비핵심 사업인 일반 레이저 기술은 외부에 매각해 30억 유로의 수익을 올렸다. 듀퐁(Dupont)은 최근 상품 개발 플랫폼(platform·기반)을 9개에서 5개로 단순화했다.

둘째, 혁신적 기술과 정보를 사내에 순환시켜 새로운 아이디어를 덧붙이는 동시에 중복 투자를 막는다. 3M은 OHP(overhead projector)의

조도(照度)를 높이는 데 쓰이던 마이크로 레플리케이션(micro replication) 기술을 사내에 전파해 신호등·녹음테이프·마우스패드 등 다양한 용도로 활용하도록 했다. 그 결과 2억 달러였던 매출이 10년 만에 10억 달러로 급증했다.

셋째, 신기술 확보를 위한 M&A(인수·합병)에 적극적이다. 시스코(CISCO)는 매출의 17%를 R&D에 투자할 만큼 연구·개발을 강조하면서도 새로운 기술을 갖고 있는 신생기업이 나타날 경우 과감한 M&A를 통해 기술력을 보강하고 있다.

넷째, 내부기술 판매와 공개에 적극적이다. 경쟁 심화와 기술 발달로 인해 궁극적으로 기술의 유출이 불가피하다고 여기기 때문이다. 또 기술 판매와 공개를 통해 자사의 기술력을 시장에서 검증받는 동시에 재투자를 위한 재원도 마련하려는 다목적 포석이다. 기술의 자유로운 교환을 위해 설립된 Yet2.com에 참여하는 글로벌 기업들의 수가 지속적으로 증가하는 것이 좋은 사례다.

개방형 혁신이 확산됨에 따라 사내기술 개발에 치중했던 R&D 부문의 역할이 바뀌고 있다. R&D부문이 기업의 아이디어를 집적시킬 뿐 아니라 다양한 외부의 기술과 정보를 받아들여 신제품 개발을 이끄는 주도적 역할을 하는 것이다. 즉 지식 창출자(knowledge generator)보다는 다양한 아이디어를 조합해서 기업의 혁신을 이끄는 지식 브로커(knowledge broker)로서의 기능이 더욱 강조되고 있다.

혁신에 성공적인 기업들의 경우, 연구(research)와 개발(development) 간의 균형(balance)을 강조한다. '연구 따로, 개발 따로' 식으로 평가하지 않고, 연구와 개발을 종합한 성과를 평가해 예산에 반영한다. 또 사내 연구·개발은 R&D의 한 가지 수단에 불과하다는 인식을 갖고, 다양한 방법을 동원해 R&D의 효율성을 높일 수 있는 방안을 강구하고 있다. R&D 연구원들을 선발할 때도 특정 분야의 전문 지식뿐 아니라 얼마나 시장과 고객을 이해하고 있는지를 측정한다.

혁신의 성패는 반복성(repeatability)에 의해 가려진다. 한두 가지 아이디어가 크게 성공했어도, 지속적인 신상품 출시를 통해 반복성이 보장되지 않을 경우 그 기업은 오래 생존하기 어렵다. 혁신의 반복성은 결국 사람에서 나온다. 글로벌 선두 기업들이 인력을 채용할 때 이력서에 나오는 학력이나 성적보다 창의성을 측정하는 면접을 중시하는 것도 이 때문이다. 로레알은 경영지식이 우수한 직원뿐만 아니라 꿈을 꿀 수 있는 사람을 모집한다고 할 정도로 창의력을 중시하고 있다.

CEO의 리더십도 중요하다. CEO는 혁신을 장려하는 전도사가 될 수도 있지만, 반대로 혁신의 싹을 죽일 수도 있다. 혁신을 고민하는 CEO들이라면 반드시 "실패에 대해서 책임을 묻지 않고 새로운 시도를 장려하는 3M의 문화는 과연 무엇을 의미하는가?", "구글의 근무 환경은 과연 무엇이 다른 것인가?" 등에 대해 심사숙고해야 한다. P&G의 래플리 회장은 매년 15차례의 R&D 리뷰 미팅에 직접 참여해 신제품에 대한 의견을 피력한다. 또 혁신을 강조하는 자신의 발언을 정리한 자동차 스티커를 만들어 임직원들에게 나눠주기도 했다.

마지막으로 신상품 공급 경로(pipeline)를 보다 체계적이고 안정적으로 관리해야 한다. 대개 50% 정도의 신상품 아이디어가 중도 폐기되고, 출시된 제품의 25%만이 성공한다고 가정할 때 현재 판매하는 제품의 8배가량의 신상품 공급 경로가 관리되고 있어야 한다는 계산이 나온다(박성훈·나지홍, 2007).

3. 집권화와 분권화의 균형

일본 내 주가총액 8위인 소프트뱅크의 사원은 현재 11명이다. 지주회사로 전환하면서 천여 명의 사원을 사업과 함께 분사시켰다. 앞으로는 6명까지 줄일 계획으로 있다. 손정의는 계열사 통제란 불가능할 뿐 아니라 관리할 생각도 없다고 말한다. 각 계열사는 철저하게 자주적으로 운영된다. 살아 있는 생물처럼 생존과 자기증식의 본능을 발휘하게 하는 시스템이다. 그가 할 일은 각 계열사에 인센티브와 자기진화의 유전자를 심어주는 것뿐이다. 그리고 전체를 조감하며 어디에서 진군하고 어디서 퇴각할지만 결정한다. 자기증식의 원리가 발휘되지 않는 계열사는 매각해버린다.

조직 관리는 집권화와 분권화의 균형이 중요하다. 집권화만 고집하면 구성원의 사기에 영향을 미치고, 분권화만 고집하면 통제가 어려울 수 있다. 그래서 균형 잡힌 조직이 큰다.

레오나르도 다빈치, 미켈란젤로 등 수많은 예술인을 후원하며 유럽의 르네상스를 이끌었고 300여 년에 걸쳐 유럽을 주도했던 이태리의 메디치가는 15세기, 전 유럽의 재산을 모두 합한 것보다 더 많은 재산을 가지고 있었다. 메디치가가 그렇게 많은 부를 형성할 수 있었던 것은 전례 없이 과감한 분권화를 통한 권력의 균형을 이루었기 때문이었다. 상점과 은행을 상속받았던 코시모 데 메디치는 본사가 소재한 피렌체에 자기 자신을 포함한 10여 명의 직원만을 두고 전 조직에 미션과 지침을 주고 전략적 의사결정만 내렸다. 그리고 이태리와 유럽 각 지역에 흩어져 있던 지점의 사장들이 독자적으로 사업결정을 하도록 권한을 분산시켰다.

오늘날의 CEO들에게 가장 어려운 것 중의 하나가 조직운영과 인재관리이다. 누구에게 어떤 일을 맡길 것인가 그리고 그 일을 하도록 어느 정도의 권한을 줄 것인가 하는 문제는 조직의 성패가 달려 있을 만큼 중요한 일이다. 그러나 권력을 어느 정도 나누고, 집중시킬 것인가 하는 지혜를 터득하는 것은 쉬운 일이 아니다. 대부분의 조직에서 관례를 따르거나 아니면 경영자나 부서장의 스타일, 성격 등에 따라 조직구성과 권력위임이 이루어져왔다.

루카스(J. Lucas)는 조직에 가치를 더해주고 창출하기 위해 권력을 균형 있게 사용할 것을 강조한다. 그는 "권력을 도구로 사용하고 있는가, 목표로 사용하고 있는가? 우리가 권력을 사용하는 것은 조직을 발전시키기 위해서인가, 지배하기 위함인가?" 묻는다.

경영자만 권력을 가진 것이 아니다. 직원들도 권력을 가지고 있다. 우리 모두 권력을 가지고 있다. 권력은 그 자체가 목적이 아니며 목표를 이루기 위한 수단이다. 경영자는 대부분 조직의 발전을 위하여 권력을 사용하고 있다고 말할 것이다. 그러나 개인적인 지배욕이 전혀 개입되지 않았다고 말할 수 없다. 따라서 권력을 올바로 사용하는 것이 리더의 역할이다. 리더는 개인 안에 이미 내재해있는 권력을 풀어놓는 역할을 한다. 위대한 리더는 권력을 후하게 나눠주지만 신중함을 잃지 않는다. 권력을 효과적으로 사용하려면 혼자서 너무 많은 권력을 가져도 안 되고 적당히 권력을 양도하여 균형을 이루어야 한다. 바람직한 균형을 이룰 때 구성원들도 열정적으로 일하게 된다(루카스, 2006).

4. 조직과 새로운 프로젝트

애드호크라시는 프로젝트 중심의 조직이다. 새로운 프로젝트 성공을 위해서는 철저한 계획을 세우고 다양한 측면에서 접근이 필요하다. 조직이 벌이는 프로젝트 중 70%는 확실한 목표 없이 출발하는 경우가 많다. 뚜렷한 목표 없이 한길만 고집하다가는 실패에 직면하게 된다.

신규 프로젝트 성공비결

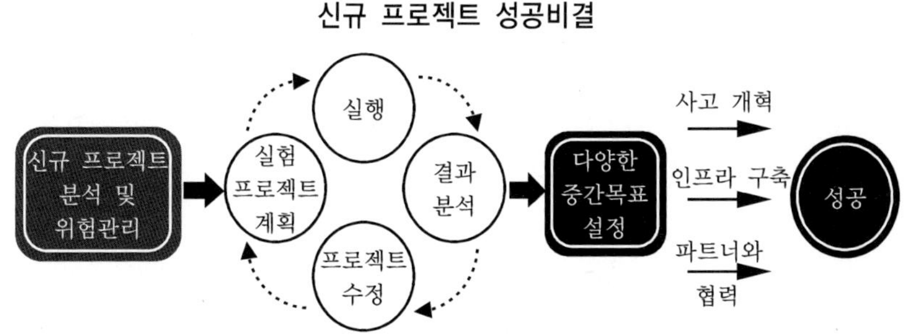

신규 사업은 다방면으로 영향을 미치는 확률적 위험을 내재하고 있다. 이 위험에 제대로 대처하고 프로젝트를 성공시키기 위해서는 다양한 수단을 함께 강구해야 한다. 뚜렷한 목표를 설정할 수 없다면 다양한 중간 목표를 설정하고 이를 차근차근 성공시켜 나간다면 궁극적인 성공에 이를 수 있다.

적절한 중간목표를 설정하기 위해서는 사전적인 취사선택도 중요하지만 프로젝트 수행 과정에서 꾸준한 학습을 통해 최적목표로 변경하는 과정이 필요하다. 학습을 통한 꾸준한 반복 작업으로 다양한 우물을 파 들어가다 보면 결국 하나의 수정으로 모일 수 있다. 학습 과정은 실험 프로젝트 추진을 위한 계획안 설정과 실행 후 결과의 기록과 분석을 통해 수정된 프로젝트를 시행하는 방식으로 진행된다.

참신한 사업의 성공을 위해서는 신사업 수행을 위한 적절한 사고 방식을 견지한 뒤 새로운 하부구조를 갖추고 파트너와 위험 공유자에게 도움을 얻는 것이 중요하다.

5. 창의성과 상업성 사이의 균형

애드호크라시는 창의성을 중시한다. 그러나 그것은 상업성과 균형을 이룰 필요가 있다. 기업경영에 있어 지난 30년은 혁신의 시대였다. 혁신은 기업 간 경쟁의 승패를 좌우했으며 때로는 국가 간 경쟁의 승패를 결정짓기도 했다. 1, 2차대전의 승패를 가른 것도 전투기, 군함, 탱크의 제조를 담당한 기업들의 혁신 성과의 차이라는 말이 있을 정도다. 1960년대와 70년대에 걸쳐 품질혁신에 몰두했던 일본 기업들은 1980년대를 자신들의 시대로 만들었다. 일본 기업들은 제조업의 양대 축인 전자와 자동차 부문에서 세계 시장을 석권했다.

이에 대항하여 미국 기업들은 '벤치마킹', '6시그마', 'TPM', 'BPR', '구조조정', '학습조직', '핵심역량구축' 등 다양한 혁신 주제들을 발굴했다. 이 과정에서 수많은 혁신 슬로건들이 유행처럼 나타났다 사라져갔다. "노키아가 추구하는 것은 휴대폰이 아니라 혁신이다.", "성공의 반대는 실패가 아니라 아무것도 하지 않는 것이다" 등이 그

것이다. CEO시장에서는 혁신형 CEO들이 각광을 받았으며 컨설팅업계는 전례 없는 호황을 누렸다.

다빌라 등은 「혁신의 유혹」을 통해 다양한 혁신들이 소용돌이친 지난날들을 보다 이성적 관점에서 정리했다. 혁신의 광풍이 지나간 자리에 남은 것은 무엇인가. 혁신에의 열정과 모험, 숱한 시행착오들이 남긴 진정한 교훈은 무엇인가. 그들은 "단 한 번의 파격적인 혁신이 시장에서의 성공을 보장하는 것은 아니다."라고 말한다. 사실 이것이야말로 지난 30년 동안 혁신의 현장에서 산전수전을 겪은 저자들이 내린 결론이다. 즉 혁신은 운명을 바꾸는 일회적인 사건이 아니라 일상적인 업무가 되어야 한다는 것이다.

지난날 기업 현장을 누비던 혁신의 전도사들은 열정적인 톤으로 혁신을 위해서는 위기의식과 신바람을 불러일으켜야 하며 불확실성으로 가득 찬 미래를 향해 모험적으로 도전하라고 설파하곤 했었다. 그러나 저자들의 생각은 다르다. 그들은 기업이 파격적인 혁신을 통해 단숨에 시장 선도 기업의 지위에 오를 수는 있지만 그러한 지위를 유지하기 위해 또 다른 파격적인 혁신이 지속되어야 하는 것은 아니라고 주장한다. 지속적으로 파격적인 혁신을 추구하는 것은 오히려 성장을 저해할 우려가 있다. 파격적인 혁신에는 그에 상응하는 위험이 뒤따르기 때문이다.

다빌라 등은 창업과 수성의 논리는 달라야 한다고 주장한다. 모험을 무릅쓰고 단번에 파격적 혁신을 이루는 것은 창업의 논리다. 반면 수성의 논리는 효율성을 전제로 지속가능하며 안정적인 혁신시스템을 갖추는 것이다. 이러한 혁신은 모험도 신바람도 아니다. 그것은 프로그램이며 변화를 추구하는 규정과 절차이다. 그렇다면 창업형 혁신과 수성형 혁신 중 어느 편이 더욱 중요한가. 저자들은 수성형 혁신이라고 답한다. 기업에게 창업을 위한 혁신은 한 번이면 족하지만 수성을 위한 혁신은 기업이 존속하는 동안 늘 필요한 것이기 때문이다.

이러한 맥락에서 그들은 혁신 프로그램의 중요성을 강조한다. 혁신 프로그램에는 혁신모델의 선택, 혁신전략의 수립, 혁신을 위한 조직 문화의 형성이 포함되어야 하며 그 외에도 혁신지향적인 평가, 보상, 학습 시스템이 뒤따라야 한다. 그리고 이 모든 것을 가능케 하는 기반으로서 혁신적 조직과 프로세스가 구축되어야 한다.

이 중 혁신모델과 혁신전략, 조직 문화는 CEO가 주도하지 않으면 효과적으로 이루어질 수 없다. CEO는 비즈니스 모델혁신과 기술혁신 중 자사에 적합한 혁신모델을 선택해야 한다. 가령 HP와 델은 각기 기술혁신(HP)과 비즈니스 모델혁신(델)을 앞세워 팽팽한 경쟁 관계를 유지해오고 있다. 그러나 CEO는 이 두 가지 혁신 모델은 상호 보완관계에 놓여있음을 이해하고 있어야 한다.

혁신 전략의 수립에서 중요한 것은 '이기기 위한 전략'과 '지지 않기 위한 전략' 가운데 하나를 선택하는 것이다. 일회용 기저귀 시장에서 P&G와 킴벌리 클라크는 오랜 세월 팽팽한 경쟁관계를 유지하고 있는데 그 까닭은 이기기 위한 전략을 구사하는 P&G에 맞서 킴벌리 클라크는 지지 않기 위한 전략을 내세우고 있기 때문이다. 만일 킴벌리 클라크가 P&G와 마찬가지로 이기기 위한 전략을 구사했다면 보다 위험스런 결과가 초래될 수도 있었을 것이다.

혁신적 조직문화의 형성에서 가장 문제가 되는 것은 창의성과 상업성 사이에 균형을 유지하는 일이다. 코메디쇼 제작사인 막스 브라

더스(Marx Brothers)는 사내에 혁신을 위한 내부 시장을 형성하고 여기서 코메디 아이디어를 평가하는 방식으로 아이디어의 창의성과 상업성 간의 균형을 유지함으로써 큰 성공을 거둘 수 있었다.

혁신지향적인 평가, 보상, 학습을 위해서는 올바른 시스템의 도입이 관건이다. 평가와 보상 시스템은 임직원들 사이에 혁신방향이 정착될 수 있도록 한다. 학습시스템은 임직원들의 문제 해결능력을 높이고 변화하는 시장에 효과적으로 대처할 수 있는 역량을 배양시킨다.

혁신적 조직과 프로세스의 구축이라는 요소에 대해서는 CEO가 직접적으로 주도하기보다는 기본방침과 방향성만 정해주고 주된 책임은 실무급 책임자들에게 부여하는 편이 좋다.

다빌라 등에 의하면 혁신은 혁명이 아니다. 그것은 불가능한 것을 가능케 하는 연금술도 아니다. 혁신은 꾸준히 경영성과와 효율을 올리기 위한 수단일 뿐이다. 따라서 우리는 혁신을 위해 모든 것을 올인할 필요는 없다. 이러한 저자들의 주장은 일견 혁신이 아니라 개선을 강조하는 듯이 보이기도 한다. 그러나 정작 저자들이 강조하는 것은 균형이다. 혁신은 파격적인 혁명과 점진적인 개선의 중간 지점에 있는 것이기 때문이다. 그리고 이러한 지점을 올바르게 파악하는 것은 그것을 주도하는 경영자의 몫이다(한창수, 2007).

제16장

혁신 마인드와 파괴적 경영혁신

급변하는 세계경제 환경은 위기요 도전이지만 창의력을 통한 혁신과 협력에 성공하는 기업에는 기회이다. 창의력은 21세기 기업의 생존전략이다. 저비용으로 제품을 생산하는 중국과 인도 기업들이 몰려오면서 한국을 비롯한 미국, 유럽, 일본 기업들은 더 이상 가격으로 경쟁하는 것이 불가능해졌다. WTO로 무역장벽이 제거되고, 정보의 비대칭도 사라지고 있다. 세계는 평면화(flat)되어 모두 동일한 환경에서 똑같이 경쟁하게 되었다. 현재 상황은 모두에게 도전이다.

아시아시장에서만도 연소득 5천 달러 이상 구매력을 갖춘 중산층 소비자 5억 5천만 명이 새로 생겨나고 있는 만큼 이들을 겨냥한 새로운 시장이 형성되고 있다. 이들 취향은 기존 선진국 소비자들과 다르기 때문에 신흥 아시아 고객 니즈에 부응하는 혁신적 제품과 서비스로 승부한다면 기회도 충분하며 완전히 새로운 사업도 키울 수 있다.

1. GE · 도요타 · 구글이 앞서가는 이유

GE · 도요타 · 구글이 앞서가는 이유는 지속적인 경영혁신을 이뤄내기 때문이다. 런던비즈니스스쿨 교수 게리 하멜이 "경영 혁신이란 무엇인가?"를 썼다(Hamel, 2006). 21세기 경영은 20세기 경영과 무엇이 달라야 할까? 대부분의 기업들이 상품혁신에 대해서는 정식으로 방법론을 연구하며 연구 개발에 힘쓴다. 그러나 지속적인 경영혁신을 위해 쓰고 있는 기업은 드물다. GE · 듀퐁 · P&G · 비자 · 리눅스가 다른 기업보다 앞서가는 이유가 무엇일까? 가장 근본적인 힘은 경영혁신에서 나온다.

오픈 소스(open source·소프트웨어의 설계도 격인 소스코드를 공개, 누구나 고칠 수 있도록 하는 것)를 개발한 리눅스는 지리적으로 흩어져 있는 개개인의 힘을 끌어내고 조합하는 새로운 방식을 보여 줬다.

경영혁신은 장기간 보유할 수 있는 경쟁 우위를 확보할 수 있다. 도요타가 보통 직원의 능력을 어떻게 활용했는지 살펴보면 해답이 보인다. 도요타는 현장 직원들이 단순 노동자가 아니라 혁신과 변화의 주역이 될 수도 있다고 믿었다. 미국 자동차 회사들이 간부 직원들의 전문 기술에 의존하고 있을 때 도요타는 모든 직원들에게 문제를 해결할 수 있는 도구와 권한을 부여했다.

25년 새 매장이 161곳으로 늘어나고 연 매출이 38억 달러로 증가한 홀푸드(Whole Food)도 주목의 대상이다. 경쟁자들이 월마트에 대항하기 위해 비용 절감에 치중하는 동안 홀푸드는 경영시스템에 눈을 돌렸다. 홀푸드의 최소 단위는 매장이 아니다. 신선품·가공품·해산물 등 각 부문을 관할하는 작은 팀이 기초를 이룬다. 매니저들은 지점과 관련된 모든 결정을 팀과 상의한다. 보너스도 개인이 아닌 팀 단위로 주어진다. 홀푸드 매장은 단위 면적당 순익에서 최고 수준이다.

경영혁신을 위해서는 '경영'에 대한 전통적인 개념을 과감히 부숴야 한다. 회사의 전략은 CEO가 세워야 한다는 통념도 그중 하나다. 일리가 있는 주장이긴 하나, 자칫하면 직원들은 회사 전략을 위해 할 것이 거의 없다는 오해를 낳는다. 구글을 보자. 구글의 경영진은 거대 전략을 짜기 위해 시간을 보내지 않는다. 대신 수많은 구글리트(Googlettes)가 탄생하기 위한 환경을 조성하기 위해 애쓴다. 구글 리트는 직원들의 머리에서 나온 작은 아이디어를 말한다. 구글 직원들은 근무시간의 20%를 기존 상식에 도전하고 구글의 사용자들에게 도움이 되는 아이디어를 만들어내는 데에 사용한다. 구글에는 전략적 혁신의 책임이 전 사원에게 광범위하게 퍼져 있다. CEO가 전략의 유일한 입안자라는 기존 관념을 타파해야 한다. 경영상의 통념을 버려야 21세기 글로벌 선도 기업으로 거듭날 수 있다.

맥도널드의 경영혁신

경영혁신은 지금에만 있었던 것은 아니다. 예를 들어보자. 18세기 당시 아담 스미스(A. Smith)는 「국부론」을 통해 분업과 전문화를 통해 경영의 합리화를 모색했다. 그는 작업 반복으로 생산기술을 향상시킬 수 있다고 보았다. 특히 분업은 한 사람이 하루에 1,000개 만들었지만 10명이 18개 공정을 나누어 할 경우 48,000개를 만들 수 있다. 작업이동시간을 절약한다. 전문성을 증대하여 기계, 기구를 발명한다. 그는 분업에 따른 생산량의 증가 이유를 다음과 같이 들었다(George Jr, 1972).

- 분업으로 각 사람의 재능이 증가했기 때문이다.
- 한 종류의 작업에서 다른 종류의 작업으로 옮겨가는 데 있어서 일반적으로 상실되는 시간이 절약되었기 때문이다.
- 작업을 촉진하고 단축시키며, 한 사람으로 하여금 많은 사람의 일을 할 수 있게 하는 여러 기계가 발명되었기 때문이다.

18세기 말 휘트니(E. Whitney)는 표준화를 통해 혁신을 꾀했다. 이 이론은 독립전쟁 당시 소총 생산에 있어서 호환성 이론에 도입되었고, 남북전쟁 때 호환성 소총을 사용하여 북군이 승리하는 길을 열었다.

표준화, 전문화, 분업은 여러 산업에도 적용되었다. 맥도널드는 1948년 모든 종업원들을 해고하고 레스토랑의 문을 닫았다. 그리고 혁신을 시도했다. 좀 더 커다란 그릴과 새로운 방식의 조리 기구를 갖추고 석 달 후 다시 문을 열었다. 혁신 때문이다.

새로운 설비는 원가가 덜 들면서 속도는 더 빨라지게 했고, 판매 규모도 늘어날 수 있도록 고안된 것이었다. 맥도널드 형제는 그전의 메뉴 가운데 3분의 2를 없애버렸다. 칼과 수저, 포크를 사용해야 하는 음식은 더 이상 만들지 않기로 했다. 샌드위치 중 유일하게 남은 것은 햄버거와 치즈버거였다.

맥도널드 형제는 유리 접시와 유리컵을 종이접시와 종이컵으로 대체했다. 또 음식을 만드는 과정도 종업원들이 각기 조리의 특정 부분만을 맡도록 바꾸었다. 주문을 받으면 한 종업원은 햄버거를 굽고, 다른 종업원은 소스를 뿌려 포장하고, 또 다른 종업원은 밀크세이크를 만들거나 프렌치 프라이를 튀기거나 계산을 맡는 식으로 일을 나눠했다. 공장 조립 라인의 원리가 처음으로 상업적인 주방에 도입된 것이다.

이 새로운 방식은 종업원에게 단 한 가지 일만 가르치면 된다는 사실을 의미한다. 많은 임금을 주어야 하는 숙련된 조리사가 더 이상 필요하지 않게 되었다. 모든 햄버거는 같은 재료, 예를 들면 케첩, 양파, 겨자와 피클 두 쪽이 들어갔다. 다른 재료를 넣는 것은 일체 허용되지 않았다.

맥도널드가 이렇게 혁신을 했지만 한 번의 혁신으로 문제는 끝나지 않는다. 지속적으로 혁신을 도모한다. 맥도널드의 음식에 정크 푸드라는 평가가 내려지고, 비만의 주범으로 지목되면서 웰빙 음식으로의 전환을 모색하지 않으면 안 되었다. 아침 메뉴가 달라지고, 다른 메뉴도 다양해진 것도 이러한 흐름을 반영한다. 웰빙에 관심이 지속되는 한 맥도널드도 더 변하지 않으면 안 된다. 이것은 맥도널드에 한정된 일이 아니다.

2. 혁신에 대한 오해와 진실

모든 기업이 혁신이라는 링거를 맞고 싶어 한다. 그러나 혁신은 모든 조직이 필요한 것이 아니다. 이것은 마치 누구나 링거를 필요하지 않은 이유와 같다.

링거를 맞는 세 가지 이유가 있다. 첫째는 필요에 의해서다. 밥을 먹지 못할 정도로 기운이 없거나 수술 준비를 위해 장을 비워야 할 때 링거가 필요하다. 둘째, 편의에 의해서다. 주사를 줄 때마다 혈관을 찾을 필요가 없이 링거 연결 부위에 주사를 한다. 셋째, 돌아다니는 것을 막기 위해서다. 링거를 안 맞으면 자꾸 간호사와 의사를 찾아다닌다. 링거를 주어 병원에 왔다는 느낌과 '내가 환자구나.'라는 기분이 들게 한다. 또 사실 줄 필요도 없는데 "링거도 안 준다."라고 푸념하므로 입을 막기 위해 주기도 한다.

물론 링거가 필요한 환자가 있다. 혁신은 꼭 필요한 환자에게 링거를 주기 위한 것이다. 사람들은 "21세기다, 무한경쟁시대다."라며 혁신을 하지 않으면 안 되는 것처럼 말한다. 그러나 혁신을 필요로 하지 않은 기업도 있으니 너무 불안해하거나 과도하게 걱정할 필요가 없다. 중요한 것은 조직을 잘 진단하는 일이다. 혁신이라는 링거가 필요한데 아무 병도 없는 것처럼 생각하면 안 되기 때문이다.

혁신은 짧은 시간 동안에 큰 변화를 모색하는 것이다. 사업구조를 대대적으로 바꾼다든지 오랫동안 유지되어온 조직의 관습이나 일하는 방식을 트렌드에 맞게 개조하는 것도 혁신이다. 기업이 혁신역량을 갖추는 것은 매우 중요하다.

LG경제연구원은 「오해하기 쉬운 경영혁신에 대한 상식」이라는 보고서를 내놓았다. 그에 따르면 마이크로소프트·도요타 등 선진기업의 경영혁신이라고 해서 크게 다르지 않다. 경영혁신이란 작은 것부터 시작, 새롭지 않은 것을 재조합한 것이다. 경영혁신과 관련해 가장 쉽게 가질 수 있는 오해는 '혁신은 무엇인가 새로운 것이라는 고정 관념'이지만 역사에서 일어났던 위대한 혁신 중에 전혀 새로운 것이란 아주 드물다. '혁신＝기발한 아이디어나 발명'이라는 것도 대표적인 오해다. 경영혁신은 아이디어에서 실행으로 이어져야 비로소 완성된다. GE가 1980년대 초반 위기에서 벗어나 뛰어난 성과를 달성한 것도 아이디어를 내는 데 그치지 않고 실행중심의 혁신 활동을 펼쳤기 때문이다.

경영혁신이란 단순한 기술 개발이 아니다. 혁신은 기술혁신이나 제품혁신 말고도 사업하는 방식을 바꾸는 사업모델 혁신, 일하는 절차 개선, 조직혁신 등도 포함된다. 혁신은 중후장대한 것이 아니라 작고 구체적인 것부터 시작된다. 도요타의 성공은 품질 향상 및 비용 절감을 비롯하여, 작은 문제부터 찾아 끊임없이 개선한 데 힘입은 바 크다. 혁신은 목적지향적인 것이라기보다 과정이 더 중요하다 (LG경제연구원, 2007b).

스타벅스는 혁신의 좋은 모델이다. 1971년 점포 하나로 출발한 스타벅스는 2006년에는 37개국 1만 2천여 개 점포로 성장했다. 스타벅스는 애초부터 집과 사무실 사이에 편히 쉴 수 있는 정류소를 추구했고, 다양한 메뉴개발은 물론 컵의 규격에도 새 용어를 붙여 신비한 매력을 발산했다. 2001년 애플이 아이팟을 출시해 워크맨을 밀어낸 것도 혁신의 사례다. 혁신은 버리는 데서 시작된다.

3. 혁신마인드의 재정립

시장이 있다 해도 구성원의 혁신마인드가 없으면 그 변화에 적응해 나가기 어렵다. 케인즈는 정부의 통제를 통해 시장을 다스려 나가는 정책을 내세웠다. 이에 반해 슘페터는 혁신을 통해 시장을 변혁적으로 주도하는 정책을 내세웠다. 통제시대에는 케인즈의 생각이 맞지만 정부의 통제를 최소화하고 그 변화를 시장의 자율성에 맡기려는 현재에는 슘페터의 생각이 맞다.

케인즈와 슘페터

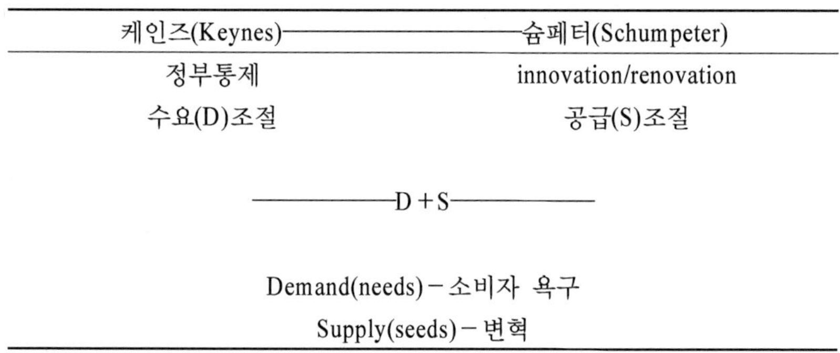

현재 기업은 seeds뿐 아니라 needs의 변화에 따라 다양성을 추구하지 않으면 안 된다. 소품종대량생산시대에는 자장면 한 가지로도 만족했다. 다품종소량생산시대에는 자장면＋짬뽕＋볶음밥＋질을 따졌고, 변종변량생산은 자장면＋짬뽕＋볶음밥＋질＋질에 따른 양의 변화를 추구한다.

생산방식과 함께 근무환경도 변화했다. 가내생산체계에서는 가내공업이 주였고, 가정중심의 근무를 했다. 객주생산체계에서는 중개인(putting－out)이 여러 가내 생산처에 주문해 판매했다. 공장생산체계에서는 한 지붕 아래 모아 생산을 하기 때문에 공장으로 출근해야 했다. 그러나 요즘은 재택근무가 발달하고 있다. C&C 발달로 공장과 사무실에서 근무하던 것에서 벗어나 집에서 근무하고 그곳에서 세계 각 곳에 주문생산을 한다. 이렇듯 변화하는 세상에서는 그 변화에 따른 혁신마인드가 요구된다.

스펜서 존슨은 「누가 내 치즈를 옮겼을까?」라는 책을 통해 변화와 혁신마인드의 중요성을 가르쳐준다. 우화를 중심으로 구성된 이 책은 단순한 먹이사냥에 나서는 네 캐릭터의 이야기를 다룬 것처럼 보이지만 이 캐릭터들을 통해 저자는 변화를 중요시하고 미래를 준비하는 자세의 필요성을 강조했다(존슨, 2000).

이 책에 등장하는 대표적인 인물의 특징은 다음과 같다.

- 스니프: 변화를 빨리 읽고 적응해나가는 형.
- 스커니: 변화에 대해서 신속하게 대처하고 행동에 옮겨가는 행동형.
- 햄: 변화를 두려워하며 적응하지 못하고 낯익은 환경에 머물러 있고자 하는 무사안일형.
- 허: 변화에 빠르게 적응하지 못하여 두려워하지만 변화를 인정하고 구태의연한 생활태도를 버리고 두려움을 극복하면서 새로운 환경에 적응해가는 형.

스니프와 스커니 정도라면 문제가 없다. 우리가 햄이라면 아주 문제가 될 것이며, 허라면 그래도 희망이 있다. 허는 동굴 벽에 다음과 같은 교훈을 적어놓았다.

- 두려움을 없앤다면 성공의 길은 반드시 열린다.
- 치즈 냄새를 자주 맡다 보면 치즈가 상해가고 있는 것을 알 수 있다.

- 새로운 방향으로 움직이는 것은 새 치즈를 찾는 데 도움이 된다.
- 새로운 치즈를 마음속으로 그리면 치즈가 더 가까워진다.
- 사라져버린 치즈에 대한 미련을 버릴수록 새 치즈를 빨리 찾을 수 있다.
- 빈 창고에서 기다리는 것보다 미로 속에서 찾아다니는 것이 안전하다.
- 과거의 사고방식은 우리를 치즈가 있는 곳으로 인도하지 않는다.
- 작은 변화를 일찍 알아차리면 큰 변화에 쉽게 적응할 수 있다.

변화하는 세계에서 조직의 구성원에게는 상황적응적인 생활이 요구된다. 문제가 발생할 때 방관하지 말고 문제해결능력을 키워야 하고, 매너리즘에 빠지지 않고 스니프와 스커니처럼 새로운 치즈를 찾아 나선다. 변화를 두려워하지 않고 맞선다. 변화의 시대에 적응하기 위해 각자는 능력을 키운다. 조직변화에 적응하고 스스로 능력을 키우는 것이다.

4. 파괴적 혁신

기업경영의 화두는 언제나 변화와 혁신에 있다. 사회 전반에 불확실성이 높아지면서 한 치 앞을 내다보기 어렵고, 미래를 정확하게 예측하는 것이 성공의 요소로 작용하기 때문이다. 이런 상황에서 기업이 갖추어야 할 조건으로 파괴적 혁신(disruptive innovation)이다.

이것은 새로운 가치의 제안으로, 새로운 시장을 만들어내거나 기존의 시장을 뒤흔들어 재편하는 강력한 힘을 가지고 있다.

한때 최고의 자리에 있던 거대기업이 파괴적 혁신을 하지 못하고 한순간에 무너진 이유는 경영진이 무능했기 때문이 아니라 커다란 수익을 창출한 기존의 사업 분야에 안주하고 싶어 하기 때문이다. 1900년대 초 벨이 발명한 전화기를 보고 당시 거대기업이던 웨스턴 유니언의 CEO는 "그 장난감을 가지고 우리가 할 수 있는 것이 무엇인가?" 물었다. 웨스턴 유니언은 기존에 자신들이 성공적으로 운영하고 있던 전보 전신 사업에 주력하고 싶었고, 그 결과 전화라는 혁신적인 기술의 파괴적인 힘을 발견하지 못하고 치열한 경쟁에서 밀려나고 말았다(크리스텐슨 외, 2005).

기업경영은 선택이다. 끊임없이 발생하는 상황에 따라 회사의 미래에 영향을 미칠 크고 작은 선택을 한다. 지금까지 해오던 방식을 이어갈 것인지, 아니면 이전과는 다른 길을 가야 할지를 결정해야 한다. 이런 선택의 기로에서 파괴적 혁신이론은 경영자의 외로운 결단에 도움을 준다.

파괴적 혁신은 듣지도, 보지도 못한 제품을 개발하는 것만을 의미하지 않는다. 고객들이 하고 싶었지만 못 했던 일을 가능하게 해주는 것이 가장 중요한 일이다. 기존제품에 대한 이해에서도 파괴적 혁신이 필요하다.

기업들이 성공을 위해 몸부림치지만 시장은 패배자로 즐비하다. 혁신적이라 불리는 대기업조차 시장에서 실패한다. 그것은 시장과 소비자에 대한 분석이 제대로 되어 있지 않기 때문이다. 기업들은 흔히 시장을 제품·소비자로 나누어 분석한다. 예를 들어 자동차 기업은 시장을 소형·중형·SUV·미니밴 등으로 나눠 각 시장의 크기와 점유율을 분석한다. 또 18~34세 여성·가난한 사람·부유한 사람 등으로 소비자를 세분한다. 이것은 기업 입장에서 시장을 바라본 것뿐이다. 이것은 고객의 시각이 아니다. 크리스텐슨에 따르면 시장을 밖에서 바라보는 것은 의미가 없다. 시장 안에서 소비자들과 함께 생각하고 그들이 상품을 이용해서 하는 일(job)이 무엇인지 먼저 깨달아야 한다. 고객이 되어 제품을 바라보기 시작하면 각각의 상품이 소비자가 처리해야 할 일들을 해결해준다는 사실이 보인다. 제품을 팔기 위해 소비자들이 원하는 그 무엇을 해소할 수 있는 전략이 필요하다. 그렇게 하면 시장에 산재해있는 수많은 기회들이 보인다.

예를 들어보자. 맥도널드는 밀크셰이크를 디저트 상품군으로 분류해 매출 증대를 시도했다. 경쟁상품을 KFC의 비스킷, 버거킹의 아이스크림 등으로 잡았다. 고객 군을 8~13세 어린아이들이 즐겨 먹는 메뉴로 분류했다. 이들의 심리도 분석했다. 그런 다음 밀크셰이크의 품질을 개선했다. 그러나 결과는 마찬가지였다. 사람들이 밀크셰이크를 구매하는 이유, 그 제품이 어떠한 용도로 쓰이는지를 정확히 파악하지 못했기 때문이었다. "과연 밀크셰이크가 하는 일이 무엇일까?" 해답을 얻기 위해 그것을 파는 가게를 찾아가 10시간 동안 사람들을 관찰하여 얻은 것은 손님 대부분이 승용차를 타고 와 그것을 주로 사갔으며, 그 용도는 아침 출근의 지루함을 없애고 허기를 면하기 위한 것이라는 것을 알아냈다. 사람들은 바나나를 사서 먹어보았지만 다 먹는데 3분밖에 걸리지 않은데다 다시 배고팠고, 도너츠 역시 손과 운전대에 부스러기가 묻을 뿐 아니라 1시간 후 허기가 졌다. 하지만 밀크셰이크는 오래 먹을 수 있을 뿐 아니라 10시까지

배를 든든히 만들어주었다. 버스를 이용해 출근하면서 무료함을 달래기 위해 밀크셰이크를 샀다면 그 경쟁품은 월스트리트저널이 된다. 사람들은 이런 복잡한 이유로 밀크셰이크를 사왔던 것이다. 소비자들은 줄을 서는 과정이 귀찮아 때로는 맥도널드를 그냥 지나친다는 것도 알았다. 이런 상황에서 맥도널드는 어떤 혁신을 해야 할까?

- 드라이브 인 등 시스템을 통해 간편히, 짧은 시간 내에 제품을 구입할 수 있도록 한다.
- 밀크셰이크의 판매 장소에 대해서도 고민할 필요가 있다. 맥도널드의 브랜드 가치를 이용해 주유소 등 출근길에 들를 가능성이 높은 곳에 밀크셰이크 자판기를 설치한다.
- 먹는 데 시간이 최대한 많이 걸리도록 걸쭉하게 만든다.
- 입이 심심할 수 있기 때문에 과일을 넣을 수도 있다. 과일을 넣는 것은 전적으로 씹히는 맛으로 지루함을 달래기 위한 장치다.

5. 기술혁신, 제품혁신, 공정혁신, 서비스혁신

산업마다 기술특성이 다른 것은 기술 자체의 본질적 속성뿐 아니라 기술혁신의 과정적 속성도 다르기 때문이다. 대부분의 기술혁신은 경험과 지식을 습득하는 학습과정을 통해 축적적(cumulative)인 형태로 이루어진다. 또 기술혁신은 일단 앞으로 나아가면 뒤로 돌아가지 않는다는 면에서 비가역적(irreversible)이고, 한 번 길을 들어서면 계속하여 그 길을 따라 나아간다는 면에서 경로의존적(path-dependent)이다. 따라서 시간이 흐를수록 각 산업은 다른 길을 따라 다른 방식으로 기술혁신을 하게 되고 이것이 산업 간의 차이를 더 크게 만든다.

제품혁신과 공정혁신도 서로 다른 기술혁신패턴을 보인다. 어터백 (J.M. Utterback)과 애버나티(W.J. Abernathy)는 기술혁신이 일어나고 진행되는 과정을 유동기, 전환기, 경화기로 나누었다. 유동기(fluid stage)에는 아직 제품의 사양이 불안정하고 시장이 형성되지 못한 상황이므로 기술혁신은 주로 제품 디자인이나 성능 개선을 위한 제품혁신에 집중되는 반면 공정혁신은 미미한 수준에 머무른다. 전환기(transitional stage)로 접어들면 제품의 표준화가 일어나면서 제품혁신의 빈도가 줄어드는 반면 생산능력을 늘리기 위한 공정혁신이 활발하게 일어난다. 경화기(specific stage)에 이미 제품은 성숙기로 접어들었으므로 제품혁신은 거의 일어나지 않고 비용절감이나 생산성 제고를 위한 부분적인 공정혁신만 일어난다(박용태, 2007a). 이것은 각 부문에서 기술혁신이 얼마만큼 계속 유지되기 힘 드는가를 보여준다. 경영자는 계속기업이 되기 위해, 또 기업의 우수성을 높이기 위해 기술혁신을 지속적으로 추진하지 않으면 안 된다. 기술혁신이 중단되면 기업의 생명도 단축된다.

제품이 하이테크 공학의 주제라면 서비스는 하이터치 경영의 주제이다. 최근 제품과 서비스 간의 전통적인 이분법이 무너지고 있다. 감성을 자극하는 하이터치 제품이 늘어나는가 하면, 기능을 강조하는 하이테크 서비스도 많아지고 있다. 제조 기업인지 서비스 기업인지 분간이 어려운 혼합(hybrid) 기업도 늘고 있다. 예를 들어 IBM은 전 세계적으로 서비스혁신을 주도하고 있는 이 회사의 이름은 International Business Machines이다. 지난날 사무용 기계의 혁신을 이끌면서 컴퓨터 사이언스라는 분야를 개척했던 이 회사는 오늘날에는 사무용 서비스의 혁신을 주창하면서 서비스 사이언스(service science)라는 새로운 분야를 만들어내고 있다. 이 기업에서 서비스가 차지하는 비중이 높아져 하드웨어 비중을 압도하고 있다. 겉으로는 비즈니스 기계를 팔지만 속으로는 그 기기를 이용하여 할 수 있는 비즈니스 서비스를 팔고 있는 것이다.

서비스혁신은 제조혁신보다 더 어렵고 복잡하다. 그것은 서비스의 이중성 때문이다. 서비스가 좋다고 할 때는 두 가지 의미를 가진다. 하나는 감성적 느낌으로, 종업원이 친절하다든지 분위기가 좋다는 것을 들 수 있다. 다른 하나는 기술적 효율성으로, 프로세스가 매끄럽게 배열되어 있다든지 일처리 방식이 쉽다는 것을 들 수 있다. 일본은 느낌에 관한 한 최고의 서비스 국가로 불리지만 서비스의 효율이 낮다는 평가를 받고 있다. 반면 미국은 감동적인 느낌을 주는 서비스는 많지 않지만 서비스 효율에 관한 한 높은 점수를 받는다. 이것은 서비스혁신에 있어서 감성적 혁신과 기술적 혁신 모두를 잘 하기 어렵다는 것을 보여준다. 그러나 서비스혁신의 핵심은 가능한 한 좋은 느낌을 주면서 동시에 높은 효율을 달성하는 데 있다.

서비스혁신이 잘 되려면 서비스에 엔지니어링 작업이 함께 이뤄져야 한다. 서비스 정보를 수집하고 분석하는 일, 서비스 과정을 설계하고 재배치하는 일, 서비스 방법을 만들고 고치는 일들이 모두 엔지니어링의 주제가 된다. 또한 서비스를 위한 서비스 엔지니어링에 국한시키지 않고, 제조업을 위한 서비스 엔지니어링으로 시야를 넓혀야 한다. 효율만 높은 순수 제조 기업을 느낌도 좋은 유사서비스 기업으로 변신시키는 방법을 찾아야 한다. 서비스 엔지니어링은 여러 학문을 융합하는 새로운 분야지만 무엇보다 제조업의 효율성과 서비스업의 창의성을 모두 갖춘 기업을 만드는 것이 중요하다(박용태, 2007c).

6. 혁신 장애물의 제거

혁신이 글로벌 기업들 사이에서 중요한 트렌드로 자리잡았다. 베인앤컴퍼니 CEO 스트브 엘리스(S. Ellis)에 따르면 기술의 발전으로 변화의 속도가 계속 빨라지고 있기 때문에 많은 기업들이 과거보다 어떻게 하면 더 빨리, 더 효율적으로 상품과 서비스를 제공할 수 있을까를 고민하고 있다.

성공적인 혁신사례로 애플컴퓨터를 든다. 1997년만 해도 사람들은 애플이 IT업계에서 설 자리가 있겠느냐고 걱정했고, 다른 기업에 인수 합병될 것이라는 추측이 난무했다. 그러나 98년 창업자인 스티브 잡스가 CEO로 복귀하면서 핵심부문에 대한 혁신이 시작되었고, 그 결과 애플은 디자인과 컬러가 가미된 일체형컴퓨터 아이맥과 MP3플레이어인 아이팟을 성공시키며 부활했다.

혁신에 나섰다가 실패한 케이스도 있다. 반도체회사인 인텔은 90년대 후반 소비자용 제품 영역에 진출했다 실패했지만 실패를 통해 핵심 사업에 역량을 집중해야 한다는 교훈을 얻었고, 그 결과 센트리노 등 신제품 개발에 성공했다.

　한국기업들이 혁신에 어려움을 겪는 것은 위험을 격려하는 문화가 없기 때문이다. 특히 많은 사람들이 실패하면 내 경력이 끝나는 것이 아닌가 하는 우려 때문에 새로운 시도를 꺼린다.

　혁신이 기업의 화두가 되었고 많은 기업이 어떻게 혁신할 수 있는지 연구하고 있지만 이를 제대로 실천하고 있는 기업은 찾아보기 힘들다. 인시아드의 아누 드 메이어 교수는 혁신을 가로막는 아시아의 5개 장애물로 다음과 같은 점들을 들었다.

　첫째, 리스크를 감수하지 않으려는 자본과 인력의 부족이다. 우선적으로 자원 부족 문제가 있다. 특히 중소기업일수록 자본조달이 중요한데 이것이 제대로 이뤄지지 않고 있다. 이는 자본 자체가 없어서라기보다는 위험을 감수하려는 자본이 없기 때문이다.

　혁신을 이끌 인력이 부족한 것도 걸림돌이다. 대부분 아시아기업을 보면 연구 인력과 영업 인력은 많지만 이 두 분야를 연결해 상용화 단계로 이끄는 이른바 '디자인 인력'이 많이 부족하다. 인도와 중국에서 많은 기술자들이 배출되고 있지만 디자인 인력은 부족한 형편이다.

　둘째, 보수적인 성향을 띤 소비자이다. 위험을 감수하지 않으려는 아시아 소비자 성격도 아시아 기업혁신을 가로막는 장애물로 지적되었다. 아시아 소비자는 보수적인 성향이 너무 강해 신제품을 먼저 사려고 하지 않는다. 이는 분명 미국 소비자 성향과 다르다.

　셋째, 낙후된 산업정책이다. 아시아 국가 산업정책은 공장 설립 등 주로 하드웨어에 관한 내용이 많다. 급변하는 환경에서 강조되고 있는 창조정신이 빠져 있다.

　넷째, 가족경영중심인 기업문화다. 가족경영중심인 기업문화로 권위주의가 팽배하다. 아시아 기업 중 가족경영 기업이 많다. 가족중심으로 의사결정이 이뤄지다 보니 가치 창조에 어려움이 나타나고 있다.

다섯째, 무형자산을 중시하지 않는 기업문화이다. 대부분 아시아 기업들은 무형자산을 중요하게 여기지 않는 경향이 있어 기업혁신에 어려움을 겪고 있다.

이제 우리가 해야 할 일은 더욱 명백해지고 있다. 한국은 학계 민간 정부기관 간 R&D를 통합시켜 상용화를 앞당겨야 한다. 특히 공공부문이 보유하고 있는 연구물을 어떻게 활용할 수 있는지 고민해야 한다. 공공부문 연구물을 일반사회에 확산시킬 수 있느냐와 관련해서는 미국과 유럽 간에도 차이가 있다. 유럽은 최근까지 공공 연구소와 기업 연구소 간 의사소통이 미국만큼 효율적이지 못했다. 미국 신생회사는 시간이 지나면서 기업 규모가 커지는 현상을 볼 수 있지만 유럽 신생회사는 중소기업에 머무는 사례가 많다.

기업혁신을 유도하기 위해서는 지적재산권을 보호하는 것이 매우 중요하다. 하지만 지적재산권을 보호하는 것은 당연하지만 회사 시각에서 보면 이를 다른 회사와 공유함으로써 새로운 사업 기회를 찾을 수 있다. 예를 들어 어떤 기업이 지적 재산권과 관련된 내용을 다른 회사와 공유하겠다고 하면 많은 회사들이 이를 활용하기 위해 협력관계를 맺을 가능성이 높아 윈-윈 게임이 될 수 있다.

만년 2위 업체가 1위로 등극하려면 어떻게 해야 할까. 현대경제연구원은 「만년 2위 탈출 전략」이라는 보고서에서 최근 몇 년 사이 철옹성같이 오랫동안 1위를 지켜왔던 기업들 중에 실적 고전으로 그 자리를 2위 업체에 넘겨주는 사례가 속속 나타나고 있다고 소개했다.

지난 2006년 펩시콜라는 118년의 아성을 쌓아온 코카콜라를 매출(2004년)에 이어 순이익까지 추월했고, 휴렛패커드는 IT기업의 대명사로 100여 년의 역사를 지닌 IBM을 매출부문에서 추월했으며, 지난해에는 게임기 시장에서 닌텐도가 시가총액 기준 7년 만에 소니를 앞섰다고 연구원은 말했다.

이같이 철옹성 같던 1위 업체들이 만년 2위 업체에게 선두를 내준 이유는 2위 업체들이 글로벌화, 과학기술변동, 시장성숙화 등 환경변화를 적극 활용해 시장을 재정의한 뒤 상품을 차별화하고 시스템의 유연성과 실행력을 늘린 반면, 1위 업체들은 보수적으로 대응했기 때문이라는 분석이다.

실제로 펩시콜라는 건강중시 등 소비자 취향의 변화에 맞게 탄산음료가 아닌 이온음료, 스낵 등 비탄산음료 분야의 매출이 80%에 이를 정도로 사업을 다각화해 1위 자리를 탈환한 반면 코카콜라는 비탄산음료 기업인수에 실패하고 탄산음료 시장에 더욱 치중하는 보수적인 경영으로 실적부진에 빠져들었다.

연구원은 2위 업체가 1위에 등극하는 데 취한 전략들을 분석한 결과 1위 달성을 위해서는 기존의 주력 시장을 벗어나 인접 시장까지 확대해 규모와 수익성 있는 시장을 탐색하는 시장 재정의가 필요하다고 말했다.

또 1위 업체가 제공하지 못하는 고객의 관심사와 문제를 해결하는 데 맞는 솔루션을 내놓고 창출된 전략이 있으면 그 전략의 실행력과 실행속도를 높여 선점효과를 누려야 한다고 밝혔다.

7. 워킹과 점핑의 조화

혁신을 보다 효과적으로 이끌려면 워킹(walking)과 점핑(jumping)

을 조화시켜야 한다. 워킹이란 작은 혁신이다. 프로세스의 개선, 제품 성능 향상, 고객만족도 제고 등 기업이 기존에 가지고 있는 역량을 좀 더 높이는 작업이다. 이에 반해 점핑은 큰 혁신으로 종전과는 전혀 새로운 고객, 새로운 제품, 새로운 기술, 새로운 사업을 통해서 기업의 체질 자체를 바꾸는 것이다. 워킹이 단기적 혁신이나 개선이라면 점핑은 비교적 장기적이고 위험도가 높은 혁신활동이다. 혁신에는 이 두 가지 모두가 필요하다. 대체로 워킹은 80~90%, 점핑은 10~15% 정도가 적당하다. 획기적이고 모험적인 혁신을 위해서는 점핑이 필요하지만 매사에 점핑만 하다가는 오히려 기업이 위험에 처할 수 있다.

점핑을 통해 기업의 경쟁력을 높인 사례로는 펩시, 노키아, 코닥 등을 들 수 있다.

펩시는 108년 만에 처음으로 코카콜라를 앞지르고 1등 기업으로 도약했다. 최근 음료시장은 웰빙열풍 때문에 탄산음료시장이 위축되었다. 코카콜라는 탄산음료의 질을 높이는 데 몰두(워킹)한 반면 펩시는 스낵, 기능성 음료 등 새로운 부분(점핑)에서 성장 동력을 찾았다. 전체 사업에서 탄산음료가 차지하는 비율은 코카콜라가 80%라면 펩시는 20%밖에 되지 않는다. 워킹에 치중한 코카콜라는 성장이 멈춘 반면 점핑을 시도한 펩시는 한 단계 성장할 수 있었다.

노키아는 원래 펄프, 종이, 고무장화 등을 만드는 회사였다. 1992년 새 CEO가 된 올릴라는 기존 사업 포트폴리오를 정리하고 휴대전화시장으로 진출했다. 또 가상기업이라는 새로운 개념의 사업형태를 만들었다. 생산, 공급, 디자인, 유통업체, 심지어 경쟁업체들로부터 각각 핵심 능력을 제공받아 이를 잘 조합해 운영하는 일종의 네트워킹 기업이다. 노키아는 휴대전화사업을 시작한 지 불과 1년 만에 22억 5천만 달러의 수익을 창출하면서 모바일 시장의 역사를 새로 썼다.

코닥은 세상이 디지털화하면서 큰 타격을 입었다. 125년 전통의 필름 기업은 디지털 시대에 어울리지 않았다. 안토니오 페레즈가 새로운 CEO로 영입되면서 기존의 필름 카메라를 던져버리고 디지털 카메라에 뛰어들었다. 코닥은 2004년 미국 디지털 카메라 시장에서 21%의 시장점유율로 판매 1위를 차지했다. 그는 제품혁신에 이어 수익의 지속성을 높이기 위해 비즈니스 모델혁신까지 시도했다. 디지털 카메라와 PC에서 하는 앨범 관리 소프트웨어를 연동시켜 시너지를 내는 사업모델로 고객으로부터 큰 호응을 받았다. 최근 코닥은 온라인 사진 공유 및 디지털 사진과 관련된 새로운 서비스들을 내놓으면서 서비스사업을 중심으로 한 비즈니스 모델을 개발하고 있다.

점핑은 성과의 규모가 크지만 실패 확률도 높다. 따라서 점핑과 관련된 일을 꺼리는 경향도 높다. 이런 경우 점핑을 추진하기 위해서는 독립적인 조직 및 평가시스템을 만들어 구성원들의 재능이 마음껏 발휘될 수 있도록 해야 한다. GE의 제프리 이멜트 회장은 '상상력의 실현(Imagination at Work)'이라는 모토 아래 점핑을 강조했다. 에어택시형 소형 제트엔진 개발 같은 프로젝트를 독자적인 팀이 획기적인 인센티브를 받고 추진하도록 함으로써 GE로 하여금 지속가능한 성장이 가능하도록 했다(윤영수, 2007).

제17장

창의성과 창의조직

1. 마나레이의 기업 창의성을 높이기 위한 네 가지 측면

많은 기업이 계획이나 관리도 힘들고 기존 절차와 구조를 방해하는데다 위험과 실패를 수반한다는 이유로 창의적인 행동을 회피하려는 경향이 있다. 그러나 무한경쟁시대에 마지막 성공 잣대는 창의성이다. 창의성은 미래 기업을 성공적으로 이끌고 성장시키는 가장 중요한 질서이다.

인시아드(INSEAD)의 토마 마나레이에 따르면 기업의 창의성은 크게 개인 아이디어, 창의력 향상절차, 창의력 제고를 위한 환경, 가치가 담긴 제품 등 네 가지 측면에서 결정된다(이호승, 2005).

그는 개인적인 창의력을 구성하는 네 가지 요소로 CORE를 제시하고, 각 요소수준이 높을수록 개인 창의성도 높다고 보았다.

- C(Curiosity): 얼마나 호기심이 왕성한가?
- O(Openness): 새로운 것에 대해 얼마나 개방적인가?
- R(Risk tolerance): 얼마나 위험을 감수하는가?
- E(Energy): 얼마나 에너제틱한가?

CORE 측정방법

창의력은 특별한 사람이나 천재만이 발휘할 수 있는 것이 아니다. 단계적 프로세스에 의해 점진적으로 향상되거나 동기화, 협업 등 결과물로 나타날 수도 있고, 때로는 배짱 좋은 사람들도 달성할 수 있다.

창의력을 향상시키는 절차도 중요하다. 그는 창의적 절차를 향상시키는 네 가지 단계로 관찰, 사고, 즉흥화, 상상력과 돌파구를 제시했다. 경영자들은 빠른 속도로 일하고 움직이기 때문에 생각하는 것을 싫어하는 경향이 있다. 일기를 쓰는 것은 사고력을 키워주는 좋은 수단이다. 브레인스토밍이나 마인드매핑 등 창의성 향상 과정들을 적극 활용해야 한다.

창의력을 키울 수 있는 환경을 조성한다. 개인이나 조직의 창의력 계발도 중요하지만 창의력을 키울 수 있는 환경도 중요하다. 창의력을 기를 수 있는 환경을 마련하려면 집단적 사고, 관료적 분위기, 시간적 압박 등을 경계해야 한다. 남들과 다른 관점에서 사고하는 소수가 다수에게 영향을 미칠 수도 있다. 생각이 다르고 자기의견에 당당한 사람들을 적극적으로 채용해야 한다.

독창적 아이디어를 담은 결과물도 중요하다. 결과물(제품) 자체가 독창적 아이디어를 표방하고 특별한 가치를 담아야 한다. 현재 주류를 최상의 것으로 여기는 것은 금물이다.

개인 창의성을 발휘하기 위해서는 적절한 환경과 프로세스가 제공되어야 하고, 리더십과 지속적인 노력이 필요하다. 작은 창의적 변화도 큰 변화로 이어질 수 있기 때문에 중시해야 한다.

2. 깔때기 방식에서 로켓 엔진 방식으로

브랜드 컨설팅회사인 브랜드짐(Brandgym)의 매니징 파트너인 데이비드 니콜라스가 지은 책 「리턴 온 아이디어즈(Return on Ideas)」는 오늘날 주요 기업이 혁신을 추진하기 위해 도입한 '혁신 깔때기(innovation funnel)' 방식은 아이디어를 죽이고 혁신을 저해하는 장애물로 작용하고 있으므로 아이디어를 키우고 발전시키는 로켓 엔진 방식의 새로운 혁신 패러다임으로 전환할 것을 제시한다(Nicholas, 2007).

실제로 많은 기업들이 혁신의 결과물로 내놓는 신제품들의 실패율은 70%를 넘고 있다. 니콜라스는 기업들의 혁신 노력이 이처럼 실패로 끝나는 것은 대다수의 기업들이 사용하고 있는 혁신 깔때기 방식 때문이라고 주장한다. 1980년대 로버트 쿠퍼가 개발한 혁신 깔때기 방식은 아이디어 추출 과정을 몇 개의 단계로 나누어 단계마다 어떤 아이디어를 죽이거나 다음 단계로 진전시킬 것인가를 결정하고 이 과정을 통해 최종적으로 선정된 아이디어에 자원을 집중시킨다는 것이다.

상업화할 수 없는 아이디어를 빨리 죽일수록 비용을 절감할 수 있고 이렇게 함으로써 소수의 현실적인 아이디어에 보다 많은 자원을 집중할 수 있다고 주장하는 혁신 깔때기 방식은 원칙적으로는 매우 타당해 보이지만 실제로는 좋은 아이디어를 사장시키고 결과적으로 성공적인 혁신을 가져오지 못한다. 이러한 방식은 혁신적 성공을 위한 창의적 사고와 영감 그리고 혁신이 가져올 거대한 폭발력을 저해하고 결과적으로 혁신을 질식시키고 만다는 것이다.

그는 아이디어를 죽이는 이러한 혁신 깔때기 방식 대신, 로켓 엔진 방식이 혁신을 설계하고 운영하는 강력하고 새로운 혁신 패러다임이라고 주장한다. 로켓은 단순한 연료 주입을 통해 엄청난 추진력을 얻어 인간을 달에 올려놓았다. 혁신은 이처럼 강력한 힘을 가지고 있다. 로켓 엔진이 최대한의 추진력을 얻는 것은 효율적으로 작동하여 분사되는 가스가 외부 대기와 같은 압력을 유지할 때이고 이것은 모든 에너지가 추진력으로 전환되는 것을 의미한다.

이와 마찬가지로 혁신의 로켓 역시 어떤 아이디어가 모든 차원에서 충분히 확장되고 발전돼 시장이라는 우주에서 타깃(target) 고객들을 완전히 사로잡을 때 효과를 극대화할 수 있다. 따라서 여기서 혁신의 초점은 어떻게 아이디어를 발전시키고 다른 아이디어와 결합시켜 시장에서 최대의 효과를 거둘 것인가에 맞추어져야 한다. 그는 아이디어 육성 과정을 로켓 발사의 4단계에 맞추어 설명하고 있다.

(1) 목적(destination) — 목적을 명확히 하는 것은 성공적인 혁신을 위한 첫 번째이자 가장 중요한 행동이다.

(2) 연소(combustion) — 지속적인 통찰을 통해 탁월한 수많은 아이디어들을 발생시키고, 이 아이디어들을 효율적으로 관리한다.

(3) 노즐(nozzle) — 엄격한 평가 기준과 함께 직관과 경험에 의해 아이디어들의 우선순위를 결정한다.

(4) 익스팬더(expander) — 아이디어의 문제점을 발견하는 것이 아니라 아이디어들을 키워나가는 데 노력을 집중하고 이를 통해 지속적으로 아이디어들의 시제품을 만들고 다양한 시도를 해본다.

유니레버 아이스크림은 이러한 로켓 엔진 방식을 이용하여 혁신을 성공적으로 이루어냈다. 전 세계 아이스크림 시장을 석권하고 있던 유니레버 아이스크림은 소비자 데이터 분석 결과 10대 청소년들은 어린 아이들과는 달리 아이스크림 대신 청량음료를 선호하고 있음을 발견했다. 유니레버 브랜드팀은 청소년들을 타깃으로 탄산음료를 대체할 신제품을 개발한다는 목표를 세운 뒤 청소년들을 대상으로 아이스크림과 탄산음료를 비교하는 설문조사를 했다. 그 결과 아이스크림은 탄산음료에 비해 먹기가 번거롭고, 끈적거리며 녹기 전에 빨리 먹어야 하고, 먹다가 내려놓을 수 없으며, 어린애들처럼 핥아먹어야 한다는 문제점들이 파악됐다.

브랜드팀은 이러한 문제점들을 해결할 수 있는 '마실 수 있는' 아이스크림을 개발한다는 구체적 목표하에 다양한 아이디어를 모아 기술진과 함께 면밀히 검토했다. 그러던 중 작은 구슬 형태의 아이스크림을 종이컵에 담자는 아이디어에 관심이 모아졌다. 팀은 이 아이디어에 집중했고 이 아이디어에 또 다른 다양한 아이디어들이 결합됐다. 컵을 세워 놓고, 뚜껑을 닫는 아이디어, 내부가 보일 수 있도록 종이컵 대신 투명 플라스틱 용기를 사용해보자는 아이디어 등 다양한 아이디어들이 추가되며 계속해서 시제품이 만들어졌고 마침내 마시는 아이스크림 '칼리포 샷츠(Calippo Shots)'가 탄생되었다. 이 혁신적인 제품이 탄생하기까지 팀원들은 아이디어의 결점을 찾기보다는 문제 해결에 초점을 맞추었고 추가로 도출되는 아이디어들을 반영하여 다양한 맛과 색깔, 용기로 계속 확장해나갈 수 있었다(Nicholas, 2007).

3. 우뇌경영

우젠광에 따르면 레오날도 다빈치의 천재성은 좌뇌와 우뇌의 능력을 모두 극대화함으로써 가능했다. 그는 이미 500년 전에 이미지 사고 트레이닝, 다각도적 사고, 조합적 및 시스템적 사고를 했다(우젠광, 2006).

한국AIG생명 왓슨(G. Watson) 사장은 우뇌(右腦)경영을 강조한다. 오른쪽 뇌를 열심히 사용하라는 것이다. 창의력 등 직원 업무능력을 향상시키기 위해서도 그렇고 감성을 깨워야 고객들의 요구도 즉각 파악할 수 있기 때문이다. 좌뇌(左腦)는 언어·분석·이성적 기능을 담당하며, 좌뇌형 인간은 규칙과 계획에 따라 일을 처리한다. 이에 비해 직관·예술적 기능을 관장하는 우뇌가 발달한 사람은 직관과 통찰력으로 사물을 보기 때문에 복잡한 보험 업무를 해결하기에 적합하다. 그는 일본에서 그림 훈련 전문가를 초빙했다. 상무 이상 임원과 핵심사업 부서장들이 강의실에 모여 유치원생처럼 의자를 그려 제출했다. 하지만 모두 퇴짜를 맞았다. 방석, 등받이, 다리 4개를 갖춘 평범한 의자를 그린 것이다. 고든 사장은 "관성에서 벗어나 네모, 세모, 곡선으로 의자를 해부해서 조립하는 새로운 접근법이 필요하다."라고 직원들에게 충고했다.

이것이 보험업과 어떻게 연결될까? 미국계 금융회사인 AIG의 자회사인 AIG생명은 1987년 한국에 진출한 이후, 방카슈랑스·텔레마케팅·홈쇼핑 등을 통해 지속적으로 성장해왔다. 새로 부임한 왓슨 사장은 직원들의 감성을 깨우는 것이 이 같은 다채널 판매 전략의 핵심이라고 주장했다. 직원들이 고객들의 다양한 요구를 적기에 파악하려면 우뇌경영이 필요하다는 것이다. 우뇌경영은 무표정한 모습을 버리고 생동감을 택한다. 생동감이 있는 조직일수록 우뇌경영이 힘을 발휘한다(이성훈, 2006).

4. 아이잭슨의 창조성 극대화 공식

나아가 상상력만 가지고는 조직 실적으로 연결되지 않기 때문에 평가도 중요하다. 지식의 생성과 이를 바탕으로 하는 상상력(imagination)의 발산을 통해 창조성을 발휘하고 이 창조성이 조직의 성공으로 연결될 수 있는지 여부를 평가(evaluation)함으로써 창조성을 극대화할 수 있기 때문이다.

아이잭슨에 따르면 창조성은 3개의 요소, 즉 지식과 상상, 평가가 결합되어 창출되는 산물이다. 지식의 축적과 상상력의 발산을 통해 창조성을 발휘한 뒤 이 창조성이 조직의 성공으로 연결될 수 있는지 여부를 평가해야 창조성을 극대화할 수 있다는 것이다.

　혁신과 성장의 원천은 개인의 창의력에서 시작하며 그것이 팀, 사업부, 조직 등으로 이어지고 나아가 국가와 문화까지 확장된다. 창조성을 높이기 위해서는 개인, 조직, 사회가 주는 심리적 압박감을 해소하는 것이 중요하다. 스트레스가 없어야 창조성은 배가되며 심리적 안정이 창조성 발휘의 원천이다.

5. 창의성을 죽이는 여섯 가지 상사 유형

　창의성이 중요하기는 하지만 모든 기업이 창의성을 선호하는 것은 아니다. 많은 기업이 계획이나 관리도 힘들고 기존 절차와 구조를 방해하는데다 위험과 실패를 수반한다는 이유로 창의적인 행동을 회피하려는 경향이 있다. 경영자마저 빠른 속도로 일하고 움직이기 때문에 생각하는 것을 싫어하는 경향이 있다. 따라서 기업은 창의성을 높이기 위한 환경을 적극적으로 만들지 않으면 안 된다.

　기업의 경쟁력에 결정적인 힘이 되는 창의성을 저해하는 상사들은 어떤 유형일까. LG경제연구원은 「이런 상사가 창의성을 죽인다」라는 보고서에서 5년 만에 1억 대가 넘게 팔린 애플의 아이팟이나, 13년 만에 1억 대 이상 팔린 소니의 워크맨 등 세계적인 히트상품에는 남들이 생각지 못한 창조적인 발상으로 고객에게 높은 가치를 줬다는 공통점이 있다며 창의성은 기업의 경쟁력을 가늠하는 결정적인 힘이라고 강조했다.

　이어 조직의 창의성을 극대화하기 위해서는 구성원 개개인의 아이디어, 상상력, 호기심을 제대로 이끌어내야 하는데, 여기에 영향을 미치는 핵심 요인이 경영진 등 관리자들의 리더십이라고 지적한 뒤 창의성을 저해하는 여섯 가지 상사 유형을 제시했다(LG경제연구원, 2007c).

유아독존형

부하들의 이야기를 들어주는 인내심이 부족하고 자기 생각을 강요하는 독선적인 성향이 강해 부하들의 입을 닫게 한다. 각 개인의 여러 다른 생각이나 아이디어들이 상호작용해 혁신적인 아이디어가 창출되려면 임직원과의 치열한 토론과 대화가 필요하지만, 유아독존형 상사는 독선적이고 부하들의 이야기를 들어주는 인내심이 없어 상하 간의 긴밀한 대화나 토론이 이뤄지기 어렵게 만든다.

눈뜬 장님형

구성원들이 창의적인 아이디어를 제시해도 아이디어의 잠재가치를 제대로 활용, 성과물로 연결하는 능력이 없기 때문에 무용지물로 만들어버린다. 이들은 시장과 미래를 보는 안목이 없어 "그거 해서 성공하겠냐?", "내 경험으로 보면 성공 못 해.", "쓸데없는 데 시간 낭비하지 마."라는 식으로 반응, 아이디어의 싹을 자른다.

일 중독형

부하의 감정이나 기분 등 내적인 심리상태를 배려하지 못하고 오직 일밖에 몰라 구성원들의 창의성을 죽인다. 이들은 지나치게 일중심적으로 움직여 구성원들을 지치게 하고 피로를 가중시켜 조직 구성원의 탈진 상태를 불러오기도 하며, 감성이 결핍된 언행을 일삼아

구성원들이 직장생활에서 느끼는 재미나 근무의욕을 없애면서 창의
성을 저해한다.

완벽주의형

작은 실수나 실패도 절대로 용서하지 않아 부하들의 생각과 행동
이 실패 위험이 적은 보수적인 방향으로 흘러가게 하면서 새로운 것
에 도전하고 시도하는 창의적인 발상과 행동을 위축시킨다.

복사기형

남들이 하지 않는 새로운 것을 먼저 개척해나가는 선도자적 실험
정신이 부족해 내부에서 좋은 아이디어가 있어도 자신이 없어 실행
을 주저하다가 나중에 다른 기업들이 하는 것을 보고 나서야 따라
한다. 이들은 불확실성을 감수할 수 있는 용기가 없어 구성원들이
기존과 다른 파격적인 아이디어를 제시하더라도 "그런 사례가 있느
냐?", "그것이 성공할 수 있다는 증거를 가져와 봐라."라는 식으로
반응한다.

하루살이형

단기성과지향적인 업무 수행패턴을 갖고 있다. 사업모델이나 전략,
미래준비 등 큰 것을 고민하기보다는 기존의 사업 틀 속에서 당장의
이익과 비용 관리 등 단기성과 개선에 치중, 지시나 통제를 매우 세
부적으로 하며 보고 등 잡무를 늘려 창의성을 저해한다.

6. 창의적 조직이 되기 위한 페퍼의 제안

여섯 가지 유형의 상사가 가진 태도와 생각에도 문제가 있지만 제프리 페퍼는 기업의 관행에 문제가 있음을 지적한다. 기업은 창조적인 잠재력(creative potential)을 최대한 끌어내도록 한다. 직원들은 기본적으로 창의적이기 되기 위해 노력한다. 그러나 회사는 직원들의 창의력을 구속하는 경향이 있다. '창의적이되 실패해서는 안 된다.', '창의적이되 예산을 맞춰라.', '창의적이되 다른 사람들이 하는 것을 해라.' 등 기업의 경영진은 관행적으로 직원들의 창의력에 제약을 가한다. 의사들이 하는 히포크라테스 선서의 첫째는 '해를 끼치지 말라(do no harm).'이다. 사람들의 창의력을 끌어내기 위해서는 그런 관행들을 삼가야 한다.

잠재적 창조역량을 최대화하려면 창조성을 관리할 생각을 하지 말고, 직원들에게 자유를 주어야 한다. 이를 위해서는 의사결정 권한을 아래로 내려 보내야 한다. 중앙에 권한이 덜 집중되는 것이다. 창조성을 관리(manage)하는 것은 불가능하다. 창조성은 대부분 밑에서부터 위로 올라오는 것이기 때문이다. 재능 있고 똑똑하고 잘 교육된 사람들을 뽑아, 그들이 기술(skill)을 사용할 수 있도록 해야 한다. 구글은 어떤 종류의 서비스를 도입할지를 놓고 투표를 한다. 내부시장(internal market)을 형성하는 것이다. 또 구글과 코닥은 종업원들에게 어느 정도의 자유 시간을 준다. 공식적인 회사 일 이외에 자기가 정말 하고 싶은 일을 하도록 하는 것이 경쟁력을 유지하는 비결이다.

구글의 에릭 슈미트 회장의 핵심전략은 기본적으로 좋은 인재를 확보하고 유지하면서 그들을 풀어놓는 것(turn them loose)이다. 그들의 재능과 기술을 이용해서 새로운 제품과 서비스를 만들어 회사를 성공으로 이끄는 것이다. 혁신과 제품서비스의 질을 높이기 위해서는 어떻게 사람을 경영하고 유지하느냐에 달려 있다. 사우스웨스트 항공(Southwest Airlines)과 시스코시스템스(Cisco Systems)는 직원들의 잠재력을 끌어내 탁월한 성과를 거두었고, 멘즈웨어하우스(Men's Warehouse)는 사양산업인 남성용 의류산업에서 인력개발에 집중 투자함으로써 지속적인 성장을 거두었으며, 에스에이에스 인스티튜트(SAS Institute)는 소프트웨어업계의 관행인 스톡옵션제도와 인센티브를 제공하지 않고도 놀라운 성과를 거두었다.

조직구성원들의 창의성을 살리고, 몰입(commitment)하도록 유도하는 직장을 만들려면 고용의 안정성이 필수적이다. 하지만 현실에서는 고용의 안정성을 해치는 대신 유연성을 확보하려는 기업들이 다운사이징과 구조조정을 일삼고, 이게 오히려 기업 경쟁력 회복의 원천으로 간주되고 있다는 것이다. 그는 많은 기업들이 단기적인 성과를 위해 장기적으로 조직에 치명적인 문제를 일으키는 처방을 남발하는 것을 안타까워한다.

페퍼는 핵심인재중심의 시각에서 벗어나 직원 하나하나가 가지고 있는 창조적 본능을 극대화할 수 있는 여건을 조성하는 것이 창조경영의 요체라 주장한다. 이것은 창조경영을 내세운 대부분의 기업들이 글로벌 경쟁에서 승리하려면 핵심인재를 개발하고 이들의 창의성을 활용하는 것이 중요하다고 여기는 것과는 생각이 다르다. 나아가 창조적 경영을 위해 CEO가 갖추어야 할 가장 중요한 덕목으로 그는 '정직함'을 꼽는다. 단순한 정직함이 아니라 어떤 상황에서도 반드시 유지하는 '가차 없는 정직성(brutal honesty)'이다.

페퍼는 이에 대처하기 위해 평범한 사람들에게서 비범한 결과를 끌어내는 리더십을 발휘하도록 권한다. 부즈 앨런 해밀턴의 보고서를 보면 여러 기업들이 많은 돈을 들여 유능한 CEO들을 끌어들이지만 효과는 미미하다. 이것은 비범한 사람들이 좋은 결과를 내지 못하고 있다는 증거다. 따라서 평범한 사람들이 비범한 결과를 만들어낼 수 있는 시스템을 만들어내는 것이 중요하다. 도요타가 성공한 비결도 바로 여기에 있다. 영리하지 못하다 하더라도 좋은 아이디어를 낼 수 있는 환경을 만들어주면 예상치 못한 결과를 얻을 수 있기 때문이다. 이것은 기업이 얼마나 능력 있는 개인과 영웅을 보유하고 있느냐 하는 것과는 다르다.

7. 놀이인과 창의성

루트번스타인은 놀이를 이용한 창조성을 강조한다. 이 방면에서 천재성을 발휘한 인물로 페니실린을 발견한 알렉산더 플레밍을 든다. 플레밍은 사격, 골프, 포커 등 각종 게임광이었다. 게다가 그는 골프를 칠 때 클럽 한 개만으로 한 라운드를 돌거나, 퍼팅을 할 때 클럽을 당구 채처럼 쥐는 등 통상적인 방법을 사용하지 않고 문제를 풀곤 했다. 미생물 연구 역시 그에게는 골치 아픈 과제가 아니라 박테리아와 함께하는 놀이가 되었다. 어렸을 때 우린 모두 그처럼 엉뚱하고 기발한 놀이들을 많이 하지만 성인이 되면서 이런 놀이들은 자취를 감춘다. 기업들이 창의성을 자극하려면 직원들을 엉뚱한 놀이 속으로 몰아넣어야 한다.

경제적인 여유와 늘어난 여가로 놀이에 대한 관심이 높아지고 있다. 최근 조직에서 놀테크라는 말이 번지고 있다. 노는 데도 도가 튼 벗을 찾으면 된다며 잘 노는 법을 소개하고 있다. 심지어 사람은 놀이박사가 되어야 한다고 말한다.

사람에게는 호모 사피엔스(생각하는 인간), 호모 파베르(만드는 인간), 호모 에렉투스(서서 걸어 다니는 인간) 등 여러 단어가 붙여진다. 이 말은 인간이 다른 동물과 그만큼 다르다는 것을 보여준다. 이 별명 이외에 네덜란드의 역사학자 호이징거가 1938년 호모 루덴스(놀이하는 인간)이라는 개념을 추가했다. 그는 독일점령을 비판한 죄로 나치에 붙잡혀 억류생활을 하다가 죽었을 만큼 의식이 뚜렷한 학자이다. 따라서 그가 제시한 놀이인 개념도 단순한 개념이 아님을 알 수 있다.

호이징거는 인간을 놀이하는 존재로 규정한다. 인간은 생각하거나 무엇을 만드는 것보다는 춤추고 놀이함으로써 동물과의 차이를 드러낸다는 것이다. 당시만 해도 학자들은 놀이를 무시했다. 일은 건전하고 생산적이지만 놀이는 시간낭비라는 고정관념을 가지고 있었기 때문이다. 그럼에도 그는 비생산적인 것으로 여기던 놀이를 인간생활에서 필요한 요소이자 생산에 기여하는 중요한 요소라고 주장했다.

그에 따르면 모든 문명은 놀이에서 발생했으며, 문화 자체가 놀이의 성격을 띠고 있다. 제도, 학문, 법률은 물론이고 전쟁이나 예술까지도 그 기원에서 놀이의 성격이 발견된다. 문명이란 권리, 의무, 책임이 균형을 이루면서 거친 세계에서 관리된 세계로 이행하는 과정이며 놀이도 참가자들 모두가 일정한 규칙에 따른다는 전제 아래 성립한다. 놀이는 예의를 지키면서 상대방을 능가하려 애쓰고, 증오심을 품지 않고 상대방과 싸우는 것이다. 만일 누가 실제로 화를 벌컥 내게 되면 놀이는 깨어진다. 이렇게 책임과 의무가 수반된다는 점에서 문명발전과 놀이는 똑같다. 경쟁의 놀이는 스포츠로 발전했고, 모방의 놀이는 연극을 낳았으며, 조합의 놀이는 수학을 탄생시켰다. 그는 두뇌활동 전체가 고도의 놀이라고 말한다. 놀이만큼 지속적인 신경과 주의력 집중을 요구하는 것도 없다.

놀이는 노동을 위한 준비훈련이 아니다. 말 타기 놀이를 하는 아이는 기수가 되기 위해서가 아니다. 놀이는 일상에서 부딪히는 여러 어려움에 맞서고 그것을 극복하는 능력을 증대시킴으로써 일종의 인생안내역 구실을 한다. 보기를 들어 공을 라켓으로 주고받는 것은 실생활에는 전혀 도움이 되지 않지만 근육을 강화시키고 정신을 시원하게 해준다. 그러나 놀이는 기본적으로 여가를 전제로 한 사치스런 행위다. 배고픈 사람은 놀이를 하지 않는다. 노동과 과학의 행위는 결과가 축적되어 세계를 변화시키지만 놀이는 현상적으로 아무것도 만들어내지 않는다(Huizinga, 1971).

8. 창조성은 젊은이의 전유물이 아니다: 창조적 고령화 준비

사람들은 창조성 하면 한창 일할 나이에 있는 사람들만 관계가 있는 것으로 생각한다. 미국창조교육재단의 대표 스티브 달버그는 이 같은 생각에 반대하고, 현재 사업뿐 아니라 퇴직 후 삶까지 창조적으로 준비해야 한다고 주장한다.

퇴직 후 더 이상 일하지 않아 생겨나는 문제 때문에 많은 고령자들이 뒤늦게 정체성 혼란에 빠지게 되고 심지어 자살로 이어지는 사례도 빈번하다. 이는 제대로 된 고령화 준비가 없었기 때문이다.

그럼에도 불구하고 대부분 사람은 퇴직 후 삶에 대해 무관심한 게 현실이다. 퇴직 후 삶을 미리 준비하더라도 케케묵은 방식에서 탈피하지 못하는 사례가 많다. 기존 습관이나 가정, 우리가 항상 했던 방식들에 의존하는 것, 즉 고착된 사고방식에서 탈피하는 것이 중요하다. 창의성과 상상력을 동원해 인생의 다음 단계를 생각해야 한다. 예를 들어 현대 대다수 사람은 퇴직 후 삶을 준비할 때 연금이나 저축 등 재테크만 고려하는 사례가 많다. 또 퇴직 후 모아둔 돈으로 막연히 레저를 즐기며 살겠다는 사람들이 허다하다.

창조적인 사람이란 여러 가지 호기심을 갖고 위험을 감내할 의지가 있는 사람이다. 나이가 들었더라도 여러 가지 새로운 인생의 가능성에 대해 호기심을 발휘하고 공부하는 것이 중요하다.

상상력을 발휘해 현재 알고 있는 지식과 인간관계를 연결하는 것이 창조성을 극대화하는 방법이다. 퇴직 연령대는 풍부한 경험과 지식, 인간관계를 갖고 있는 만큼 종합적으로 연계해 현재의 각자 직업에서 완전히 퇴직할 것인지, 새 방식으로 업무를 재개할 것인지 구체적으로 고민해야 한다.

- 재테크 계획만 세우지 말라.
- 알고 있는 지식과 상상력을 결합하라.
- 인간관계를 활용해 새로운 일을 찾아라.
- 자기 인생의 가능성에 대해 끊임없는 호기심을 가져라.
- 위험을 감내할 의지를 가져라.

기업은 현재 창의적인 인물을 선호하고 있다. 이 문제에 관한 한 예외적인 기업은 없다. 생산현장에서도 창의성이 요구되고, 기업경영자에게도 창의성이 요구된다. 창의력이 필요하지 않다고 말하는 기업은 죽은 기업밖에 없다.

창의성은 그저 얻어지는 것이 아니다. 창의력을 높이는 방법만 사용한다고 아이디어가 척척 나오는 것도 아니다. 기업이 창의성을 바탕으로 한층 성장하려면 집단적 사고, 관료적 분위기, 시간적 압박 등을 경계해야 한다. 남들과 다른 관점에서 사고하는 소수를 중시할 뿐 아니라 생각이 다르고 자기의견에 당당한 사람들을 적극적으로 채용할 필요가 있다. 개인 창의성을 발휘하기 위해서는 적절한 환경과 프로세스가 제공되어야 하고, 창의성을 발휘할 수 있는 리더십이 지속적으로 요구된다. 나비효과처럼 작은 창의적 변화가 큰 변화로 이어질 수 있기 때문에 서로를 중시하고 존중하는 풍토가 이루어져야 한다. 당신의 작은 생각이 기업을 바꾸고 사회에 희망을 줄 수 있다.

제18장

창의적 아이디어 창출과 기업의 창의경영

1. 창의적 아이디어 창출

인터넷 기업으로 일본의 제일부자가 된 재일교포 3세 벤처사업가 손정의는 버클리 대학에 다닐 때 생계를 위해서 발명품을 아주 많이 개발하였다. 그는 발명이 세 가지 패턴으로 구성되어 있는 사실을 발견하였다. 세상에 어떤 문제가 발생하면 그것을 해결하면 된다는 문제해결법을 비롯해서 둥근 것을 사각으로, 하얀 것을 빨갛게 해보는 등 생각을 다른 방향으로 해보는 수평적 사고법, 마지막으로 라디오와 카세트를 조합하면 카세트 라디오가 되는 조합법으로 구성된다는 것이다.

손정의에 의하면, 그런 식으로 자기 나름대로 패턴화하는 방법을 발견해 그것을 파고 들어가면 힌트가 쉽게 떠오르고, 그렇게 되면 자기 자신의 창조력을 자극하게 된다고 한다. 이는 TRIZ의 물질장·기능분석, 다면적(Multi Screening), 진화의 법칙 등과 일치하는 것으로 고의든 아니든 간에 손정의도 자신의 발명에 TRIZ의 일부 원리를 적용했다 할 수 있다(여운동, 2007).

창의적 사고력을 만들어내는 방법

- 모방에서 시작하라. 모방할 수 있는 사람은 창조할 수 있다. (보기: 벤치마킹)
- 정반합으로 생각하라. 고정관념에서 벗어난다. 다른 것을 생각해보고, 이들을 합하여 새로운 것을 생각해낸다.(보기: 디카 폰, 봉고, 김치냉장고)
- 뒤집어보라. 지도를 거꾸로 보면 한국의 미래가 보인다. 발상의 전환이 필요하다.
- 외계인의 눈으로 바라보라. 창조적인 것이란 새로운 것을 찾는 것이 아니라 새로운 눈으로 무엇인가를 바라보는 것이다.
- "왜?"를 사용하라. (보기: 도요타의 5why - 다섯 번 "왜?"를 물으라.)
- '만약'을 사용하라
- 수학 원리를 활용하라.

출처: 이면희(2007).

창의적 아이디어는 작게는 개인적으로는 일기를 쓰거나 메모를 작성하는 습관을 통해 사고력을 키워주는 것에서부터, 크게는 TRIZ를 비롯해 브레인스토밍 등 여러 방법들이 활용되고 있다.

창의적 아이디어를 위해서는 사물을 새로운 눈으로 보는 것이 필요하다. 현대 추상미술의 선구자인 러시아의 화가 바실리 칸딘스키(Wassily Kandinsky, 1866~1944)는 한때 극심한 슬럼프에 시달렸다. 아무리 노력해도 그림이 제대로 그려지지 않자 그는 스스로 그림에 소질이 없다고 비관하며 한동안 그림에서 손을 뗐다. 어느 날 무심코 화실에 들른 그는 벽에 걸려 있는 그림을 보고 깜짝 놀랐다. 바로 자신이 그리다 중단했던 그림을 누군가 거꾸로 걸어놓았던 것이다. 이 사건을 계기로 그는 그림을 상하가 아닌 선과 색상의 변화로, 즉 종전과 다른 시각으로 사물을 보기 시작하여 현대 추상미술의 창시자로 새롭게 태어날 수 있었다.

창의적 아이디어는 멀리 있는 것이 아니다. 새로운 눈으로 새로운 발견을 할 수 있는 기회는 우리 주변에 많다. 새로운 것을 찾기 위해 꼭 멀리 가야 하는 것은 아니다. 생각을 바꾸고 관점을 바꾸어 지금까지 해오던 일을 새로운 눈으로 본다. 일을 재해석하고 다시 정의해본다. 공급자가 힘을 가졌던 시절의 제품과 서비스 감각으로 현재 자기의 일을 제대로 보기 어렵다.

또한 실수를 허용하는 것도 중요하다. 실수를 허용하는 것은 도전성을 기르기 위한 것이다. 일본의 시라카와 교소는 노벨 화학상을 받았다. 전기가 통하는 플라스틱을 발견한 공로를 인정받았다. 이것의 발견은 촉매를 잘못 투입했던 한국 유학생의 실수에서 출발한 것이다.

다양하게 생각해보는 것이 중요한 발견을 위한 길이 된다. 이 방

법으로 여섯 색깔 모자 기법(the six thinking hats)이 있다. 이 기법
은 창조적인 아이디어를 찾아내기 위한 기법 중 하나로 회의를 할
때 순서대로 특정 색의 모자를 지정하고 해당 모자가 가지고 있는
룰에 따라서 이야기를 하는 방법이다. 검정은 경고, 노랑은 장점, 초
록은 발상의 전환, 하양은 객관성, 빨강은 직감, 파랑은 계획 등을
의미한다. 드 보노의 수평적 사고도 이와 같은 방법을 사용한다.

2. TRIZ와 ASIT

1940년대에는 랜드(Rand) 코포레이션의 시스템 분석, 겐리히 알트
슐러의 TRIZ, GE의 가치공학 등이 등장해 문제해결을 위한 기반을
구축해주었다.

미 공군은 장기적인 공중전 연구를 위해 랜드 계획을 세웠는데 이
를 랜드 코포레이션이 관리하도록 했다. 랜드 코포레이션은 군사목적
을 위해 시스템분석을 했다. 제2차세계대전 때 군수물자의 효율적 관
리를 위해 OR 등을 개발했다. 전쟁이 끝난 후 이것이 병원, 철도, 전
기회사, 정유업체 등 각 기업의 경영시스템에 연결되어 신속한 의사
결정을 돕는 데 사용되었다. 산업에서의 OR의 목표는 이미 경영관리
상담원, 품질관리 전문가, 시간 및 동작연구 전문가, 시장분석가, 산
업기사들에 의해 이미 추구되어온 것이기도 하다. 이것은 경영학에
수량적인 접근이 확산되면서 더욱 각광을 받게 되었다(Wren, 1979).

러시아의 겐리히 알트슐러는 문제해결이론인 TRIZ를 개발하여 아
이디어 발상에 관해 체계적으로 정리했으며, 훗날 이스라엘의 호르

위츠는 이를 보다 쉽게 적용하기 위한 방법으로 ASIT를 개발했다

TRIZ(Teoriya Reshniya Izobretatelskikh Zadatch)는 러시아의 창의적 사고 방법으로 '문제해결론'의 약자다. 러시아 과학자 겐리히 알트슐러가 개발한 기법이다. 평소 창의성은 선천적 능력이 아니며 기술발전 역사의 객관적인 법칙에 따라 사고함으로써 누구나 창의성을 개발할 수 있다고 확신한 그는 1946년에서 1963년 사이에 등록된 약 20만 건의 특허를 분석한 후 '발명과정에는 일정한 원리와 패턴이 있다.'라는 사실을 발견하고 이를 바탕으로 문제해결방법을 도출해냈다.

TRIZ는 모순을 정의하고, 이를 이상적으로 해결하는 알고리즘과 프로세스를 제공하고 있다. 모순에는 기술적 모순과 물리적 모순이 있다. 기술적 모순은 하나의 문제를 해결하면 또 다른 문제나 부작용이 발생하는 것이고, 물리적 모순은 문제를 해결하기 위해 동일한 대상이 상반된 성질을 가져야 하는 것이다. 예를 들면, 세상에 존재하는 어떠한 방패도 뚫을 수 있는 창과 동시에 어떠한 창도 막을 수 있는 방패를 만들어야 하는 대장장이는 기술적 모순에 빠질 수밖에 없고, 적을 공격하기 위해서는 창을 길게 만들어야 하고, 빠르게 이동하기 위해서는 창을 짧게 만들어야 하는 무기 설계자는 물리적 모순을 경험하게 된다.

TRIZ에서는 모순을 해결하고 이상적인 시스템을 발명하기 위하여 분리의 법칙, 40가지 발명원리, 물질장 분석, Multi Screening, 기능분석, 39가지 기술적 표준용어와 모순테이블, 76가지 표준해, 진화의 법칙 등 문제해결 방법론과 이들을 가장 바람직한 순서로 활용할 수 있게 하나의 프로세스로 만들어놓은 일반적인 문제해결론인 아리즈를 제공하고 있다. 아래와 같은 표를 토대로 문제를 적용하여 아이

디어를 도출해내는 방식이 그 보기이다.

40가지 발명원리

1. 분할(segmentation)	21. 고속처리(rushing through)
2. 추출(extraction)	22. 전화위복/해로움을 이로움으로
3. 국소적 성질(local quality)	23. 피드백
4. 비대칭(asymmetry)	24. 매개체(mediator)
5. 통합(combining, integration)	25. 셀프서비스
6. 범용성/다용도(universality)	26. 복제(copying)
7. 포개기(nesting)	27. 일회용품
8. 평형추(counterweight)	28. 기계시스템의 대체
9. 선행반대조치(prior counteraction)	29. 공압식/유압식 구조물
10. 선행조치(prior action)	30. 유연한 필름 또는 얇은 막
11. 사전예방(cushion in advance)	31. 다공질 재료(porous material)
12. 높이 맞추기(equipotentiality)	32. 색깔 변경
13. 반대로 하기(inversion)	33. 동종성(homogeneity)
14. 구형화(spheroidality)	34. 폐기 및 재생
15. 역동성(dynamicity)	35. 속성변환
16. 과부족 조치(partial, overdone, or excessive action)	36. 상전이(phase transition)
17. 차원 바꾸기(moving to a new dimension)	37. 열팽창
18. 기계적 진동(mechanical vibration)	38. 산화가속
19. 주기적 작동(periodic action)	39. 불활성 환경(inert environment)
20. 유익한 작용의 지속(continuity of useful action)	40. 복합재료(composite materials)

TRIZ를 배우고자 하는 사람들이 많아지면서 국내에서도 TRIZ협회나 전문기업에서 TRIZ 인증과정을 개설하고 있다. TRIZ는 이해하기는 쉽지만 적용하기는 어렵다는 평가를 받고 있다. TRIZ 소프트웨어를 구입하는 비용도 만만치 않고 업데이트 비용도 드는데다 실무에 적용할 전문적 지식과 이해를 갖추기도 어렵다. TRIZ를 이용한 문제해결에는 창의적 사고가 필수적이고, 단순히 외운 지식만으로는 그동안 길들여진 심리적 관성을 깨기 어렵기 때문이다(여운동, 2007).

창의적 사고기법인 ASIT(발전된 체계적 발명사고, Advanced Systematic Inventive Thinking)는 TRIZ에 바탕을 둔 것이다. TRIZ는 발명 문제해결을 위한 아주 우수한 기법이다. 개념은 비록 간단해 보이지만 적용하기 어렵고 복잡하다. 초보자들이 배우는 데만 최소 3주 이상의 교육이 요구된다. 이 단점을 극복하기 위해 이스라엘의 호르위츠(Roni Horowitz) 교수에 의해 제안된 것이 ASIT다. 그는 배우기 쉬우면서도 창의적인 해결책을 낼 수 있는 방법을 찾으려 노력한 끝에 구조화된 발명사고(SIT, Structured Inventive Thinking)를 개발하게 되었고, 이것을 더욱 체계화시킨 것이 바로 ASIT이다.

ASIT는 발명 및 창조적 문제해결을 위한 포괄적인 일반적 방법론을 지향하는 TRIZ와는 달리 한정된 문제 상황에서 창조적인 해결책을 얻기 위한 방법론이라는 점에서 ASIT와 TRIZ는 지향하는 방향이 다르다.

창의적 해결책에는 다음과 같은 특성이 있다.

- 유사성(similarity): 문제와 해결책의 거리가 가깝다. 해결하고 보니 일반적인 해결책과 거의 유사했다.
- 독특성(uniqueness): 과거의 비슷한 문제를 해결했던 방식과는 다른 방식, 즉 문제의 독특한 특성을 사용한다. 해결하고 보니 문제의 상황만이 처한 독특한 특성을 절묘하게 이용했다.
- 이상성(ideality): 해결책은 필요한 때에만 존재하고 필요 없을 때는 사라진다. 해결하고 보니 꼭 필요한 때와 장소에만 해결책이 자발적으로 나타났다. 이 점에서 일반적이고 포괄적인 해결책을 찾는 TRIZ와 차이가 있고, 시간과 비용 면에서 유용하다.
- 문제점이 곧 해결책(problem is solution): 원치 않는 효과(undesirable

effect)를 해결책으로 이용한다. 해결하고 보니 해고하려던 구성 요소가 도리어 영양가 있게 사용되었다.
- 학력이 높다 해서 다 창의성이 있는 것은 아니다.

TRIZ에서 ASIT으로의 4단계는 (1) 이상적인 해결책에서 한정된 세계의 원리로, (2) 모순의 극복(해결)에서 관계변화의 원리로, (3) 40가지 발명의 원리에서 다섯 가지 기법으로 그리고 (4) TRIZ의 일부 요소 배제이다.

ASIT는 두 가지 원리와 다섯 가지 기술을 이용한 체계적 사고기법이다. 두 가지 원리는 한정된(고립된) 세계의 원리(closed world)와 관계(질적인) 변화의 원리(qualitative change)이다. ASIT에서 추구하는 해결책은 다음의 원리(조건)를 만족시켜야 한다.
- 한정된 세계의 원리란 문제가 포함되어 있는 세계와 해결책이 포함되어 있는 세계는 비슷해야 한다는 것이다.
- 관계변화의 원리란 원치 않는 효과(undesired effect)와 악화 요인(worsening effect) 사이의 관계를 변화시켜야 한다는 것이다.

문제의 세계(problem world)란 문제 주위에 나타나는 모든 객체(object)들의 집합을 말한다. 문제의 세계는 문제객체(problem objects)와 환경객체(environment objects)로 나뉜다. 해결의 세계(solution world)란 모순이 극복된 모든 해결책들의 집합을 말한다. 여기서 '문제의 세계±객체(들)＝해결책의 세계' 관계가 성립한다. 해결의 세계는 새로운 유형의 요소를 포함하지 않지만 기존요소의 제거나 추가 변형은 허용된다.

다섯 가지 기술은 단일화(unification), 증식(multiplication), 분할(division), 대칭파괴(breaking symmetry), 객체제거(object removal)가 있다. 기법들은 한정된 세계 속에서 창조적인 아이디어를 찾도록 도와준다.

- 단일화는 문제 세계 안에 있는 요소(객체)가 문제해결을 위한 행동(action)의 행동대원(agent)이 된다는 것이다.
- 증식은 문제세계 안에 있는 요소(객체)와 같은 유형의 새로운 요소(객체)를 추가하는 것을 말한다. 복제 또는 증식 기술은 문제의 세계에 존재하는 구성요소 가운데 동종의 새로운 요소를 추가 투입하여 활용함으로써 문제를 해결하는 기법이다. 추가된 새로운 객체는 문제해결을 위한 행동의 행동대원이 된다. 창조적 해결책은 가장 전통적인 해결책과 같은 행동을 제안한다. 그러나 행동대원이 다르다.
- 분할은 문제의 세계 안에 있는 요소(객체)를 분할하는 것으로 분할된 부분은 공간 또는 시간 속에서 재구성된다.
- 대칭파괴는 문제에 존재하는 통일된 요소를 변화시켜 각개로 재구성하는 것을 말한다. Breaking unity이다. 객체 내의 대칭(통일된 요소), 시간상의 대칭, 집합적인 대칭을 깨뜨린다.
- 제거는 문제의 세계에서 객체를 제거한다.

ASIT에서의 문제해결기법은 다음과 같다.
- 준비단계: 일반적인 해결책을 떠올린다.
- 1단계: 문제의 세계(problem world)를 구성요소로 정의한다. 문제의 세계는 문제에 포함된 모든 요소(object)의 집합을 말하며 주요(문제)요소와 주변요소로 구분된다.

- 2단계: ASIT기법을 적용하기 위한 준비를 한다. 원하지 않는 결과(undesirable effect)와 행동(action)을 찾는다.
- 3단계: 행동을 수행할 구성요소를 찾는다. 행동은 적용기법에 따라 없는 경우도 있다.
- 4단계: 적절한 ASIT기법을 적용한다. 처음에는 모든 기법을 하나씩 적용시켜 본다.
- 5단계: 아이디어의 핵심을 3~5개 문장으로 간결하게 구체화시킨다.

3. 루트번스타인의 예술과 창조경영

에플의 스티브 잡스는 평소 영국 낭만주의 시인 윌리엄 블레이크의 시를 읊는다. 펩시 CEO 인드라 누이와 버진의 리처드 브랜슨은 수준급 기타리스트다. 빌 게이츠는 수시로 미술 작품과 역사적 유물을 수집한다. 사치 앤 사치의 케빈 로버츠는 틈날 때마다 무용수의 동작에 빠진다. 세계에서 가장 창의적인 CEO로 꼽히는 이들이 예술 세계와 접하는 이유는 예술에서 창의력이 나오기 때문이다(김현진, 2007b).

생리학자 마이클 루트번스타인(M. Root-Bernstein)은 아인슈타인, 다빈치, 피카소, 리처드 파인먼, 마서 그레이엄 등 창의성이 빛나는 천재들을 수집하여 분석한 결과 인류 역사를 바꾼 이들의 공통된 특징은 생각의 도구들을 자유자재로 사용하는 사람들이었음을 발견했다. 그들이 사용한 생각의 도구들은 관찰, 형상화, 추상, 패턴인식, 유추, 몸으로 생각하기, 감정이입 등이었다. 그는 이 연구결과를 창조경영과 연결시켜 여러 기업들을 대상으로 창조 컨설팅을 했다. 그가 주력하는 부분은 조직 구성원들의 상상력 훈련분야다. 창조경영은 조직 내부의 창의적인 괴짜 구성원들을 키우는 데서 시작하기 때문이다. 결국 사람이다. 창조적인 사람 없이는 아무리 창의적인 시스템이 있더라도 효과를 발휘할 수 없다(Root-Bernstein, 1999).

창의성은 일부 천재들에 국한된 것이 아니다. 일반인들도 훈련을 통해 발현할 수 있다. 생각의 도구를 이용하면 자기 안에 있는 창조성을 자연스럽게 발휘할 수 있다. 그가 주로 사용하는 방법은 예술, 놀이 그리고 감정이입이다. 역사학자 마이클 코헨은 감정이입을 통해 역사이해를 한다. 코헨은 자유를 찾아 비밀철도를 타고 도주한 19세기 흑인노예들의 공포와 결핍감을 떠올리기 위해 작은 나무상자 속에 몸을 웅크린 채 일곱 시간 동안 열차를 탔다. 이런 것이 상상력을 극대화할 수 있다.

창의성에서 왜 예술이 중요할까? 시, 음악, 공연이야말로 세상을 보는 다른 눈을 제공하기 때문이다. 예술작품은 창조적 사고의 가장 좋은 도구이다. 예술은 독특한 경험을 제공해 기존사고방식을 뒤흔들어 놓는다. 예술은 수학, 과학, 어학 못지않게 인재들에게 중요한 역할을 한다. 훌륭한 기업이 되려면 예술 진흥을 위해 힘쓰고, 직원들에게 어떻게 자유를 줄까 고민해야 한다. 금요일 오후나 월요일 점심시간에 뭔가 다른 경험을 해보도록 한다. 영화를 보러 간다든지 유희 시간을 주는 것도 좋지만 독특한 업무상황을 주는 것도 한 가지 방법이다. 예를 들어 혁신실험실을 설치해 예상치 못한 프로젝트를 주고 예상치 못한 마감시간을 제시하는 것이다. 이렇게 뭔가 신선한 경험을 줘서 다르게 생각할 수 있는 공간을 열어준다.

창조경영은 누구도 떠올리지 못한 문제를 만들어 이를 속 시원히 해결해주는 것이다. 이것이 다른 기업들을 앞설 수 있는 열쇠다. 이를 위해서는 남들과 다른 생각이 필요하다. 기업의 경영전략은 항상 예상치 못한 돌발상황을 대비해야 한다. 보수적인 기업은 혁신에 대한 계획을 세워두지 않는다는 점에서 문제가 있다. 신제품을 발명할 때 '나는 이런 제품을 만들었으면 좋겠다.'라고 지시하면 그 제품은 성공할 수 없다. 그 정도로 생각해낼 수 있다는 것은 전혀 새롭지 않다는 것을 뜻하기 때문이다. 전혀 사전에 계획이 없는 것들을 떠올리는 것이 진정한 혁신의 힘이다. 기존 방식에 갇혀있으면 이렇게 될 수 없다. 아무도 보지 못한 것을 보게 하려면 일단 구성원들에게 창의성을 허락할 수 있는 분위기를 만들어주어야 한다. 창조성은 허락할 때만 발현이 가능해진다. 혁신을 위해서는 기존의 것을 뛰어넘는 전혀 다른 차원의 사고가 필요하다. 기존의 것을 얼마나 잘 관리하는 수준으로는 혁신이 불가능하다.

창의성은 아무도 생각지 못했던 문제를 스스로 찾아내 해결하고, 뭔가 재미있는 것을 발굴하는 능력이다. 창의적 인재는 미술, 음악, 시 등 다른 영역의 세계도 자유자재로 활용할 수 있는 사람들이다. 다른 세계는 뭔가 새로운 시각을 제공하기 때문이다. 따라서 다른 문화적 배경을 접해보고, 다른 구조의 언어로 생각하는 것도 중요하다. 영어로 생각해 답이 나오지 않으면 스페인어로 생각하면 답을 얻을 수 있기 때문이다.

조직에는 지속적으로 성과를 창출해내는 성실한 사람도 필요하다.

하지만 조직의 운명을 좌우하는 것은 새로운 것을 끊임없이 만들어 내고 틀에 갇히기 싫어하는 사람이다. 이런 사람의 목소리가 클수록 조직에 혁신의 향이 강하게 퍼지게 된다.

창의적 괴짜들을 관리하는 방법은 힘들다. 그들은 "내가 왜 이 일을 하는지?"라는 질문에 대한 답을 먹고 살며, 이 답이 없을 때는 싫증을 내기 때문이다. 이들은 새로운 도전을 스스로 만들고, 새로운 문제를 해결하는 데 관심이 있다. 주의를 지속하는 시간이 짧지만 완전히 몰입할 수 있는 뭔가를 찾았을 때는 무서운 에너지를 발휘하게 된다. 이들은 돈과 같은 물질적 보상 대신 더 많은 기회를 주는 것을 선호한다. 따라서 기업은 그들이 좋아하는 것을 찾을 수 있도록 도와주어야 한다. 그러면 기업의 역사가 바뀔 수 있다.

4. 3M 및 록히드마틴의 스컹크 팀과
보잉사의 창조적 경영

3M과 록히드마틴의 스컹크 팀

3M이나 록히드마틴에는 스컹크 팀들이 있다. 이 팀들은 기본적인 아이디어들을 발전시켜 나간다. 매우 작은 조직이지만 이곳 사람들은 하루 종일 생각만 한다. 리스크는 높더라도 매우 혁신적인 아이디어들을 떠올리는 데 몰두한다. 많은 인원이 있는 것은 아니지만 이들에게는 어마어마한 자유가 주어진다. 그로 인해 조직 전체에 혁신과 괴짜적인 생각을 순식간에 퍼뜨릴 수 있다. 스컹크는 몸집은

작지만 그가 뿜어내는 냄새는 방안을 가득 채운다. 그들은 아무도 생각해내지 못한 자신만의 문제를 발견해낸다. 즉 소비자의 새로운 문제를 해결해주고자 하는 것이다. 이것이 바로 창조경영의 출발점이다.

보잉사의 창조적 경영

보잉사는 창조적 경영을 하는 기업으로 잘 알려져 있다. 휘트니 로켓다인(옛 보잉 로켓다인)은 탄탄대로를 걷던 과정에서 80년대 중반 위기에 부닥쳤지만 혁신 테크닉을 적용해 새로운 제품을 개발함으로써 위기에서 벗어나는 데 성공했다. 휘트니 로켓다인은 로켓엔진을 제조하는 업체로 40여 년 전 특수엔진을 개발해 성공적으로 사업을 벌여왔다. 그러나 86년 챌린저호가 폭발하는 사건으로 최대 난관에 봉착했다. 대단히 어려운 상황이었지만 솔루션을 찾는 데 성공해 델타포로 불리는 새 엔진을 개발했다. 새 엔진은 디자인이 크게 바뀌었고 대기 압력에 따라 최적 출력을 찾는 융통성 있는 시스템을 갖추게 되었다. 회사는 창조적인 방법을 찾기 위해 워크숍을 개최해 여섯 색깔 모자, 트리즈 등 다양한 기법을 활용했다. 자동차 브레이크 시스템에 문제가 생겼을 때 사람들은 대개 브레이크만 보지만 차량 전체를 살피는 것이 더 낫다. 창조세션에서 혁신적인 방법을 찾을 때는 기존사고를 뒤집어 해답을 문제 바깥에서 찾을 필요가 있다.

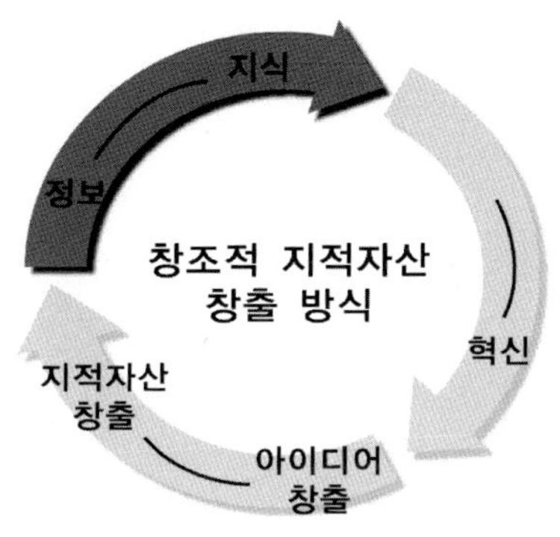

5. 월트 디즈니사의 창의성

"파란 코끼리를 꿈꾸라!" 월트 디즈니사의 이매지니어(imaginer)들은 어린 시절의 상상력을 잃지 않고 어른이 된 지금에도 끊임없이 아이디어를 쏟아낸다. 이들은 1955년 꿈의 나라인 디즈니랜드를 꾸미고, 놀이기구 롤러코스터를 만들어냈다. 그리고 디즈니랜드를 통해 수억의 방문객으로 하여금 꿈을 꿀 수 있는 기회를 준다. 디즈니 이매지니어들은 다음과 같이 말한다(월트 디즈니 이매지니어, 2005).

'난 못 해.'라는 환상을 깨라.

창의력을 키우고 발휘하기 위해 무엇보다 필요한 것은 '난 못 해.'라는 환상을 깨는 것이다. 이를 위해 두려움을 없애는 작업부터 시작한다. 그들 모두 남보다 창의력이 뛰어난 인물은 아니다. 우리 모두는 무한한 창의력을 갖고 태어나지만 부정적인 현실에 부딪혀 창의성을 점점 잃게 된다. 하지만 그들은 다르다. 그들에게 있어 한계란 없고 도전에 대한 두려움도 없다. 어린 시절의 자유로운 상상을 마음껏 얘기하고 실현시킨다.

그들은 한 번씩 길을 잃어보라고 말한다. 스스로를 끊임없이 놀라운 세상에 투입시키라는 것이다. 무엇인가 경험해보지 못한 새로운 것, 낯선 것을 평소와 전혀 다른 방식으로 해본다. 무모하지만 자유로운 꿈이었고, 이제는 약간의 용기가 필요한, 무엇인가 새로운 일에 도전해보는 것이 무기력한 우리의 삶에 활력을 준다.

스스로에 대해 강한 믿음을 갖는다.

우리는 도전해보지도 않고 먼저 실패할 것을 예상하고 두려워한다. 이 때문에 쉽게 꿈을 접는다. 그러나 어떤 사람들은 다른 사람에 비해 도전하고 일을 해낸다. 이것은 그들의 능력이 특출해서가 아니다. 스스로에 대한 믿음을 가지고 있기 때문이다. 스스로 예술가라고 생각하고 이를 받아들이면 남은 일은 실제로 예술을 하는 것뿐이다. 간단하다. 변명 따위는 하지 않는다. 진정 예술가가 되고 싶다면 그냥 그렇게 되어버리면 된다. 아무거나 내키는 대로 결과물에 대해 아무 걱정하지 말고 그냥 그리기 시작하라. 늘 종업원으로 머물러 있지 말고 내가 사장이라 생각하고 행동해보라. 그러면 아이디어가 나온다.

올바른 해답은 없다. 흰 종이를 도전정신으로 가득 채우라.

아무것도 쓰여 있지 않은 흰 종이가 있다고 가정해보자. 어떤 사람은 내가 그 종이에 무엇을 어떻게 쓸 수 있을까 또는 내가 틀리지 않을까 고민한다. 어떤 사람은 흰 종이에 채워 넣을 많은 생각에 기대가 부푼다. 종이는 그냥 종이일 뿐이다. 그곳에 나의 뜻대로 무엇인가를 채워 넣기만 하면 된다. 정답은 없다. 내가 바로 정답이고, 최선을 다하면 그것이 최고가 되는 것이다. 획일적인 틀에 맞추어 사는 것에 익숙해져 있어 주도적이고 새로운 것에 대해 두려움을 가지고 있기 마련이지만 백지 위에 내 마음대로 내 손이 생각이 가는 대로 그려보면서 억눌려 있던 창의력을 되살리는 것도 좋을 것이다.

오늘의 허우적거림은 내일의 경쟁력이다.

경험이 최고의 교사이다. 오늘 실패했다면 좌절하지 말고 내일은 어떻게 살까 꿈꾸면 된다. 오늘 실패했다고 앞으로의 인생이 모두 실패하는 것은 아니기 때문이다. 남들이 성공한 그날, 나는 실패했지만, 언젠가 다른 사람들도 실패하는 그날, 나는 과거의 실패를 밑거름 삼아 남들보다 하루 더 앞서 나가면 된다.

누구든 상상할 수 있고, 누구든 꿈꿀 수 있다.

꿈꿀 수 있는 사람이 꿈꾸지 못하는 것은 실행할 수 없기 때문이다. 우리가 꿈꿀 수 있다면 실행할 수 있음을 알라. 더 나은 내일을 기대하면서 매일 꿈을 꾸라. 그 꿈의 실현성에 대해 자신감을 가져라. 나의 꿈을 현실로 실현시키는 것은 바로 당신이다. '나도 할 수 있다.'라는 믿음이 당신의 미래를 밝게 이끌어줄 것이다. 확신과 적극적인 자세를 잃지 말라. 그것이 당신을 움직여 성공으로 이끌 것이다.

6. 창의적 디자인 경영으로 성공한 기업들

모터사이클 제작업체인 일본 스즈키는 2003년 배기량 50cc짜리 스쿠터 '초이노리'를 대당 5만 9000엔(약 50만 원)이란 파격적인 가격에 선보였다. 이 제품은 운전거리 10㎞ 미만의 자전거 이용자들을 끌어들이며 9개월 만에 5만 5000대를 팔아치웠다. 중국의 저가공세에 맞서 배기량 '1cc＝1000엔'이란 목표를 내건 스즈키의 창의적 경영혁신 산물이었다.

스쿠터 뼈대에 엔진을 달아놓고 필수불가결한 부품만 채워나가는 방식으로, 부품 수를 기존의 30%로 감소시키고, 볼트·너트 사용도 절반으로 줄였다. 창의성을 강조한 글로벌 기업들의 움직임이 경영혁신운동의 주류로 떠오르고 있다. 이제 단순한 지식경영을 벗어나 창의경영을 하지 않으면 생존이 불가능해졌다는 판단 때문이다.

톰 피터스도 "디자이너를 CEO 옆자리에 앉혀라." "틀에 박힌 기획인사를 해고하고 괴짜를 고용하라."라는 창의적 경영혁신을 주창했다. 또 '스컹크(관료주의에서 벗어나 혁신을 도모하는 인습타파 주의자)'를 키우는 '미친 조직(창의력과 열정을 장려하는 조직)'이 돼야 한다고 강조하고 있다. 이것은 창의적 디자인 경영이 얼마만큼 중요한가를 보여준다.

디자인을 강조한 P&G

창의경영의 선두주자는 P&G다. 최고경영자 레플리는 2000년 부임과 동시에 디자인 부서를 확장했다. 기존보다 디자인 인력을 4배나 증가시키고 '혁신체육관'과 '디자인 이사회'도 가동했다. 그 결과 포천지가 발표한 '2006년 세계에서 가장 존경받는 기업' 순위에서 3위에 오름으로써 P&G의 저력을 보였다.

종신고용제와 성과보상제를 결합한 캐논

일본식 종신고용 시스템을 그대로 두고 미국식 성과 보상제를 결합시킨 독특한 제도를 운영해 주목을 받고 있다. 캐논은 디지털 카메라를 일본에서 가장 먼저 개발했지만 1990년대까지만 해도 시장에서 잊혀진 기업이었다. 그러나 2000년대 들어서면서 몰라보게 실적이 달라지기 시작했다. 우선 액정디스플레이, 광디스크, PC사업을 정리하고 프린터와 카메라 반도체에 집중시켰다. 이 과정에서 디지털 카메라에 재도전, 성공을 거뒀다는 평가를 받았다.

창의성의 모토로라

한때 휴대폰시장에서 노키아와 선두를 다투던 모토로라는 한국의 삼성, LG의 추격으로 3위 자리도 위태로운 때가 있었다. 한국 휴대폰이 중국의 고가 시장을 장악하며 승승장구하자 모토로라는 새로운 전략을 채택했다. 중저가 휴대폰을 중심으로 시장에 파고들면서 동시에 사용편의성을 염두에 둔 디자인으로 승부수를 던진 것이다. 작년엔 삼성과 차이를 벌리며 2위를 고수하더니 올 들어서는 20%를 넘어서 1위 노키아를 맹추격 중이다. 미국 포천지는 "편리한 디자인과 함께 직원들의 창의성을 발현해준 팀워크에 있다."라고 분석했다.

2위에서 1위로 올라선 펩시

펩시가 코카콜라를 2005년 매출액과 순이익, 시가총액 등에서 모두 이긴 것은 혁신이론가 사이에선 일대 사건이었다. 펩시의 성공은 1970년대부터 '다음 세대의 선택' 프로젝트를 대대적으로 펼친 것이 주효했다는 평가다. 청소년층을 타깃으로 삼아 마케팅을 벌인 것인데, 이들이 사회에 속속 진출하면서 펩시에 큰 힘이 됐다. 2위 기업이 자신의 시장 위치를 파악하고 적절히 이용해서 성공한 이번 사례는 '브랜드 포지셔닝(Brand Positioning) 혁신'이다(호경업, 2006).

포장만 바꿔서 히트한 롯데 자일리톨 껌

형태 혹은 크기를 바꾸어 새로운 히트상품을 만들어낸 대표적인 사례가 자일리톨 껌이다. 처음 롯데는 자일리톨 껌 7개들이 소포장으로 판매하였다. 그런데 개발을 하다 보니까 연구원들이 품질검사를 마치고 남은 껌을 시약병 속에 모아놓고 하나씩 꺼내먹는 모습을 보게 되었다. 여기서 아이디어를 얻은 개발팀은 100개들이 플라스틱 포장제품을 추가로 발매했고, 이 대용량 제품 덕분에 자일리톨 껌의 매출은 20%나 오르게 되었다.

제19장

고객중심의 경영

1. 고객, 기업의 존재이유

기업이란 무엇인가? 사람들은 대부분 영리를 추구하는 조직이라 말한다. 틀린 말은 아니지만 교과서적인 대답이다. 그러나 현대경영학의 아버지 드러커는 다르게 대답한다. 영리 추구란 말은 틀렸고, 이 말은 기업이란 조직을 설명하는 데 적합하지도 않다고 주장한다. 기업이란 무엇이며 무엇을 해야 하는가? 그 대답의 출발점은 고객에 있다. 기업의 존재 이유는 고객이며 기업의 목적은 시장이다. 기업이 목적을 이루기 위해서는 우리가 지금 하고 있는 사업이 무엇인가부터 구체적으로 파악해야 한다. 그리고 고객이 그 회사 제품 또는 서비스를 구매함으로써 해결하려는 욕구가 무엇인지에 따라 사업의 내용을 규정해야 한다. 이 같은 주장은 새로운 것이 결코 아니다. 그가 이미 1954년 「경영의 실제」에서 주장한 말이다(드러커, 2006). 이 책은 경영학의 바이블로 불릴 만큼 세계적으로 널리 알려져 있다. 고객중심의 사고는 지금 더욱 철저하게 진실로 받아들여지고 있다.

드러커가 본 고객

드러커는 고객이 기업의 중심이라 믿는다. 컨설팅 의뢰인들에게 "당신의 고객은 누구인가?", "고객은 무엇을 가치 있는 것으로 생각하는가?"부터 물었다. 질문은 간단해 보이지만 그렇지 않다. 제품이나 서비스를 구매하는 사람이 아니라 구매결정을 내리는 사람이 실질적인 고객일 수 있다.

고객은 더 이상 수동적이지 않다. 어떤 환자들은 임상실험이나 치료결과를 검색하고 연구한 뒤 병원이나 약을 선택하고 있다. 슈퍼마켓에서 카트를 채우는 여자들보다는 그들 뒤에 있는 아이들, 식이요법을 권하는 의사들, 헬스클럽 트레이너들이 더 중요한 고객일 수 있다(에더사임, 2007).

드러커는 거의 한 세기에 걸쳐 오스트리아·독일·영국·미국에서 증권분석사, 펀드매니저, 컨설턴트, 저술가, 신문기자, 교수 등 다양한 커리어로 경영학에 큰 업적을 남겼다. 그가 현대경영학에 남긴 가장 큰 업적은 기업경영의 중심에 고객을 자리매김한 것과 근로자를 비용이 아니라 자산으로 인식했다는 점이다. 그는 '과연 누가 고객인가?', '기업이란 무엇인가?', '경영자의 역할과 리더십은?', '근로자는 어떻게 관리해야 하나?' 등 여러 질문을 스스로에게 던지며 그 답을 찾아갔다.

이 물음에 답하기 위해 그는 먼저 기업 현장으로 달려갔다. '경영의 실제'를 쓰기 위해 그가 간 현장은 미국의 유통혁명을 이끌었던 시어스 백화점, 20세기 미국 산업의 견인차였던 포드자동차와 IBM이었다. 국내외 공장과 연구소 수십 곳을 돌며 CEO와 근로자 수백 명을 인터뷰했다. 이를 통해 그가 내린 결론은 "고객이 기업을 만들기도 죽이기도 한다."라는 것이었다.

시어스는 고객들을 하나로 묶는다면 미개척의 엄청나게 큰 시장이 될 것이라는 선견지명을 가지고 있었다. 시어스는 농부들이 필요로 하는 상품, 품질과 수량 등을 면밀히 파악해 미국에서 처음으로 카탈로그를 만들었다. 도시형 '수시 쇼핑'이 힘든 농부들을 위해 대규모 우편주문 및 배달 시스템을 만들었다. 이에 맞는 재고관리 기술과 회계 시스템도 고안했다.

시어스는 19세기에서 20세기로 바뀔 무렵 미국의 농부들을 겨냥해 등장한 회사다. 농촌은 독특한 시장이었다. 농부들은 기존의 유통망이 파고들 수 없을 정도로 고립·분산돼 있고 도시 근로자와는 전혀 다른 소비 패턴을 갖고 있었다.

사업가는 곧잘 단 하나의 옳은 목표(one right objective)를 찾는데 몰두한다. 그러나 드러커는 충고한다. "그것은 '현자의 돌'을 찾아 헤매는 것만큼이나 부질없다. 경영이란 다양한 욕구와 수많은 목표 사이에 균형을 맞추는 것이다. '단 하나의 목표'를 찾는 것은 판단(의사결정)을 필요로 하지 않는 마법의 공식을 찾는 것과 같다." 경영을 알려면 현장으로 달려가라. 그리고 고객을 만나라. 이것이 경영이다.

김인호도 최근 고객중심의 경영이 경영의 일반이론이 되어야 한다고 주장하는 한편 고객의 니드도 진화(customer needs evolution)하므로, 이 니드에 잘 적응하는(adaptive goodness) 기업만이 살아남는다고 보았다(김인호, 2006). 제프리 페퍼도 진정으로 고객중심이 되라고 말한다. 고객중심이라는 구호가 난무하지만 대부분 기업은 형식적으로 임한다. 제품을 디자인할 때 실제 고객들의 니드보다는 공급자 시각에서 '고객들이 이런 것을 원할 거야.'라는 가정에서 출발하는 것이 그 보기다. 고객중심의 디자인이 강한 디자인 컨설팅 업체 아이데오(IDEO)는 디자이너를 현장에 보내 고객들을 관찰하게 하고, 고객들이 실제 무엇을 필요로 하는지 배우게 한다.

2. 포터의 고객중심 경영전략

열심히 만든 경영전략 왜 번번이 실패할까? 경영전략의 대가 마이클 포터 교수도 똑같은 질문을 한다. 대부분 기업은 나름대로 최적의 경영전략을 수립하기 위해 혼신의 노력을 한다. 최고의 인재를 투입하기도 하고 굴지의 컨설팅 회사에 의뢰하기도 한다. 그러나 많은 투자를 해서 정교하게 만든 경영전략도 정작 성공하기는 어렵다. 포터도 같은 생각이다.

여러 조사도 이를 뒷받침해주고 있다. 지난 10년간 '포천(Fortune)' 500대 기업의 경영전략을 조사해본 결과 성공률이 고작 25% 정도밖에 되지 않았다. 2006년 일류기업 CEO(최고경영자) 796명을 대상으로 조사한 맥킨지도 경영전략의 실패확률이 60%를 넘었다. 아무리 잘나가는 글로벌 일류기업이라 할지라도 경영전략을 당초 목표대로 성공적으로 추진하는 것은 매우 어려운 일이다. 도대체 애써 만든 경영전략은 왜 실패하는 것일까? 포터 교수는 크게 세 가지 핵심요인을 들면서 해결책을 제시하고 있다. 이것은 경영전략을 성공시키는 3대 요소에 해당한다.

1) 경쟁을 위한 경쟁을 추구하는 전략일수록 실패할 확률이 크다. 경쟁사를 의식하지 말고 고객을 우선하라.

많은 CEO들이 고객지향경영을 주장한다. 그러나 실제로는 그들 중 상당수가 고객보다는 경쟁사를 앞서기 위한 경영전략을 펼친다. 쫓아오는 경쟁사들의 행보가 당장 눈앞에 보이기 때문이다. 그런데 경쟁의식에 사로잡히면 현실을 냉정하게 바라보기 어렵다. 그래서 결과적으로 성장성과 수익성 같은 객관적인 지표는 외면한 채 당장의 위협만 바라보고 엉뚱한 경영전략을 수립하는 우를 범하게 된다.

또 경쟁사를 앞서기 위해 무리한 투자나 출혈경쟁을 시도해서 시장 전체를 황폐화시키는 결과를 초래하기도 쉽다. 경영전략의 효과를 평가해주는 것은 경쟁사가 아닌 고객이다. 따라서 경영전략을 수립할 때는 경쟁사에 집착하려는 유혹을 뿌리칠 수 있어야 한다. 경쟁사를 제치는 데만 치중하는 전략은 오히려 같이 망하는 지름길이 될 뿐이다.

호주의 카셀라 와인은 경쟁 와인들과 정면으로 대결하는 대신 새로운 고객가치를 창출해서 성공한 사례다. 대부분의 와인업체들은 포도의 품종, 수확연도 등을 전면에 내세우며 서로 자신의 와인이 경쟁 와인보다 괜찮은 맛을 가졌다고 홍보해왔다. 그런데 카셀라 와인은 '콘셉트(concept)' 와인이라는 개념으로 경쟁사와 차별화하며 소비자의 마음을 사로잡는 데 집중했다.

경쟁 와인들처럼 품종과 수확연도를 내세우는 대신 '누구나 즐겁게 마시는 와인'이라는 콘셉트를 소비자들에게 홍보했다. 초보자들도 부담 없이 즐길 수 있는 '친밀함'과 '참신함'의 이미지를 내세운 것이다. 그 결과 일반 대중들이 와인에 대해 가졌던 '특별한 때에만 마시는 술'의 이미지를 깰 수 있었고, 새로운 고객을 창출했다. 이제 카셀라 와인의 경영전략은 하버드 경영대학원에서 모범사례로 다뤄지고 있을 정도다.

2) 현재 고객에 안주하는 경영전략은 죽은 전략이다. 현재 고객에 안주 말고 미래 고객을 잡아라.

고객에는 두 종류가 있다. 하나는 현재의 고객이고 다른 하나는 잠재고객, 즉 미래의 고객이다. 기업의 성장에 있어서 가장 큰 적은 역설적이게도 우리 기업을 한참 먹여 살려주는 현재의 고객이다. 성공을 맛본 기업일수록 기존 고객에만 몰두하는 경향이 있다. 화려한 현재를 유지하게끔 해주는 원동력인 현재의 고객들만 쳐다보게 되고, 그 결과 과감한 변화를 두려워하게 된다. 그러나 끊임없이 변화하는 비즈니스 세계에서 안주는 곧 쇠퇴를 의미한다. 과거의 성공방식은 경쟁사도 쉽게 모방하기 마련이다. 현재 고객에 안주하는 전략을 고집한다면 결국 시장을 잃게 될 뿐이다.

이를 잘 보여주는 기업이 델(Dell)이다. 델은 지난 20년간 승승장구하며 전 세계 PC시장을 장악해왔다. 그런 델이 2006년에 이르러 판매성장률이 급격하게 하락하면서 경쟁업체 HP에 1위 자리를 빼앗겼다. 마이클 델 회장은 비즈니스위크지에서 2006 최악의 경영자 중 한 사람으로 꼽히는 수모까지 당하기도 했다.

델의 추락 이유는 바로 기존 고객에 대한 집착이었다. 그동안의 주요 고객이었던 데스크톱 사용자들에게 집착하다가 새로운 시장인 랩톱 사용자들을 놓쳐버린 것이다. 무선인터넷처럼 이동 중에도 PC를 100% 활용할 수 있는 기술들이 속속 개발되면서 경쟁업체들은 보다 가볍고, 보다 편리한 최첨단 노트북 PC 개발에 열을 올렸다. 그러나 여전히 델은 어떻게 하면 소비자에게 좀 더 싼 가격에 데스크톱을 공급할 수 있을지에만 몰두했다. 결과적으로 새로운 변화와 시장으로부터 외면을 당하게 된 것이다. 지속적인 성공을 위해서는 현재의 고객에 안주하지 않고, 끊임없이 새로운 고객을 발굴해야 한다는 점을 잊어서는 안 된다.

반면 세계 최대 호텔 체인 중 하나인 메리어트호텔은 지속적인 신규 고객 창출로 성공한 사례다. 메리어트호텔은 본래 워싱턴 근교의 기사식당에서 출발했다. 기사식당 사업의 성공 이후에도 메리어트호텔은 여기에 안주하지 않고 계속해서 새로운 변신을 시도했다. 표준화된 조리기술을 만들어 공항 레스토랑으로 진출하는가 하면 비행기 기내식까지 확장했고 마침내 글로벌 호텔체인으로 성장했다. 이것은 메리어트호텔이 자신의 고객을 운전기사에만 한정하지 않고 끊임없이 새롭게 정의했기 때문에 가능한 일이었다.

3) 자신감과 성공에 대한 확신이 없는 경영전략은 말잔치에 불과하다. 자신감을 갖고 일관되게 경영전략을 추진해야 한다.

아이디어의 탁월성보다 중요한 것은 실행의 일관성이다. 많은 경영자들이 경영상 발생하는 문제에 대해 외부의 평가에 민감하게 반응하면서 충고와 비판을 무조건 수용한다. 그러나 모든 이해 당사자를 만족시킬 수는 없다는 점을 기억해야 한다. 경영전략은 기업의 방향을 결정하는 나침반이고, 조직을 지탱하는 뿌리이다. 항해 도중에 나침반의 방향이 바뀌면 목적지에 도달할 수 없게 된다. 따라서 전략의 일관성을 유지하는 것은 매우 중요한 일이다.

콘티넨털항공은 1994년 심각한 경영위기에 빠졌다. 당시 월가를 비롯한 투자자들이 콘티넨털항공에 항공노선 축소 등 비용절감을 강력하게 주문했다. 하지만 CEO 고든 베튠의 관심사는 한결같았다. 바로 고객 편의였다. 고객 편의를 지향하는 콘티넨털항공이 고객을 불편하게 하면서까지 비용을 줄인다면 그것이야말로 실패의 지름길이라고 생각한 베튠은 오히려 항공노선을 늘렸다. 무수한 비난이 쏟아졌지만 그는 소신을 굽히지 않고 전략을 추진해나갔다. 결국 콘티넨털항공은 이듬해 기적 같은 흑자전환에 성공했다.

일관성은 브랜드 전략에서 특히 중요하다. 전 세계 담배시장의 절반을 차지하고 있는 필립모리스의 대표 브랜드 말보로의 경우를 보자. 우리나라 담배 브랜드의 평균 수명은 약 7년인 데 비해 말보로는 70년 이상 같은 브랜드를 지켜오고 있다. 말보로가 장수브랜드의 입지를 굳혀온 이유는 무엇일까? 말보로의 광고 담당이었던 레오 버넷은 "말보로에는 서부의 자유로운 영혼과 남자들의 고향, 카우보이의 맛이 담겨 있다. 그리고 말보로의 성공은 그 맛이 변하지 않는 데 있다."라고 말한다. 말보로의 장수비결은 1950년부터 세웠던 남성적 이미지라는 브랜드 콘셉트를 굳건히 지켜온 일관성에 있는 것이다.

P&G도 3C라고 불리는 브랜드 전략을 고수하고 있다. 3C의 첫 번째 C는 일관성(consistency)이다. 그리고 두 번째와 세 번째 C도 마찬가지다. 일관성을 세 번이나 강조한 이유는 다른 데 있지 않다. 한 번 시작한 전략은 일관성 있게 추진해야 조직원의 공감을 얻을 수 있고, 효과를 창출할 확률도 커지기 때문이다. 경영전략을 일관성 있게 추진하려면 무엇보다 경영자의 용기 있는 결단과 뚝심이 필요하다.

우리 기업도 현재 추진하고 있는 경영전략을 다시 한 번 점검해 볼 필요가 있다. 첫째, 경쟁사보다 고객을 우선순위에 두고 있는가? 둘째, 현재 고객이 아니라 미래의 새로운 고객을 상정한 전략인가? 그리고 끝으로, 지금의 전략이 이 두 조건을 충족시킨다면, 일관성을 가지고 자신 있게 추진하라(김상범·정두희, 2007).

3. 크로스 셀링과 업 셀링

드러커는 「미래의 기업」에서 미래의 마케팅에 관한 글을 통해 싸면 팔린다는 지금까지의 경제이론과는 달리 메이커 측에 의한 저가공세 혹은 계속적인 가격인하가 소비자들에게 '그 정도밖에 안 되는 물건'이라는 인식과 '앞으로 더 내려갈 것'이라는 기대효과를 주어 결국 매출량 확대에 실패하게 될 것을 말하고 있다. 그는 경쟁이 격화될 미래의 마케팅에서 가장 중요한 교훈은 이제는 더 이상 소비자를 싼 가격으로 매수할 수 없게 되었다는 점이라고 주장한다. 이 같은 미래의 마케팅에 관한 교훈과 관련해서 실패의 보기로 한국 현대자동차가 만든 엑셀의 좌절과 미국 빅스리 자동차 회사들이 가격인하로 비참하게 실패한 것을 들었다.

고객만족경영의 키워는 감성관리이다. 감성관리란 고객의 가치를 창출하고 고객의 성장을 돕는 것을 말한다. 크로스 셀링(cross selling), 업 셀링(up selling)에 관심이 높아지는 것은 이것을 반영한다.

크로스 셀링이란 삼성전자의 핸드폰 제품을 사용하는 고객이 삼성전자 벽걸이용 TV제품을 또 구매하게 되는 경우를 말한다. 업 셀링은 LG전자의 일반TV를 사용하던 고객이 다시 LG전자의 벽걸이용 TV를 구입하는 경우이다. 그러나 기능적인 만족만을 안겨줄 경우 크로스 셀링은 될지언정 업 셀링은 안 된다. 그것은 고객과 그 기업과의 감성적 교류가 없었기 때문이다. 고객으로 하여금 자기회사의 제품에 유착되도록 하는 것, 고객이 제품에 대해 프라이드를 갖게 하는 것은 고객과 더불어 고객의 가치를 창조하겠다는 감성관리에 의해서만 가능하다. 제품의 기능적 만족은 물론 고객의 감성적 만족을 이끌어내야 한다.

4. 롱 테일 법칙

지금까지 우리는 '80 대 20'으로 유명한 파레토의 법칙을 비즈니스 세계의 황금률처럼 생각해왔다. "매출의 80%는 20%의 우량고객이 만든다."거나 "생산량의 80%는 20%의 우수사원이 이룬다."라는 것이다. 그래서 기업들은 우량고객 20%에게 당근을 제공하고, 80%의 개미 고객은 무시한다. 직원 관리도 마찬가지다. 20%의 우수사원에 대해서는 연봉을 올려주지만, 80%의 보통사원은 구조조정 대상이다.

하지만 요시히로는 디지털 세상이 되면서 파레토의 법칙은 생명을 다했다고 주장한다. 온라인서점 아마존은 전체 수익의 절반 이상이 1년에 겨우 한두 권 살 뿐인 80% 고객에게서 나온다. 인터넷의 발달로 이들 80%에게 들어가는 비용이 거의 제로(0)에 가까워졌기 때문이다. 많이 팔리는 상품과 판매량을 그래프로 그리면 공룡의 긴 꼬리(Long Tail)처럼 가파른 L자 곡선을 나타낸다. 긴 꼬리에 해당하는 매출이 몸통을 능가한다는 것이다. 요시히로는 롱테일 법칙을 마케팅에 어떻게 이용하느냐에 따라 기업의 성패가 좌우될 것이라고 말한다. 이제까지 관심 밖에 두었던 사소한 80%의 개미고객에 주목할 필요가 있다(요시히로, 2006).

5. 브랜드 이미지 구축

디즈니사는 사원들은 모두 캐스팅된 배우, 고객은 초대 손님, 대
중은 관객, 근무는 공연, 일은 역할, 업무기술서는 대본, 제복은 의
상이라는 개념을 가지고 고객만족을 꾀했다. 이러한 고객만족 전략
은 세계인을 대상으로 디즈니의 브랜드를 각인시키는 데 성공했다.

필립 코틀러는 소비자들이 기꺼이 웃돈을 지불할 수 있는 프리미
엄 브랜드 이미지를 구축하라고 주장한다. 10년 후 신성장 동력을
고민하는 기업이라면 프리미엄 브랜드를 구축하는 것이 중요하다.
그는 기업들이 10년 안에 직면할 가장 중요한 문제로 저비용 국가
의 도전을 들었다. 중국에 이어 인도·베트남 등 저비용 국가들이 늘
어나면서 고비용 국가에서 활동하는 기업들이 가격경쟁력을 잃어버
리게 된다는 것이다.

최근 글로벌 경쟁의 격화로 경쟁업체 간 모방속도가 빨라지면서
차별화 전략을 유지하는 것이 점점 힘들어지고 있다. 저비용 국가들
의 도전을 극복하기 위해서는 소비자들에게 월등한 제품과 서비스를
제공해 고비용과 높은 가격을 정당화할 수 있어야 한다.

그 대표적인 실패 사례가 바로 GM이다. GM은 미국의 의료보장
과 연금이라는 고비용에 발목이 잡혀있었다. 하지만 미국생산을 중
단하지 못하고 저비용 국가로 생산 공장을 옮기는 결단을 내리지 못
했다. 그렇다고 브랜드 파워가 강하지도 않기 때문에 고비용을 상쇄
하지 못하는 어정쩡한 상태에 처했다.

이와 반대로 필립 코틀러는 하겐다즈, 스타벅스, 태양의 서커스

등을 프리미엄 브랜드 구축에 성공한 기업으로 분류했다. 아이스크림 산업은 하겐다즈에 의해, 커피산업은 스타벅스에 의해 그리고 서커스산업은 태양의 서커스가 재탄생시켰다. 이 회사들은 높은 가격을 책정하고 있지만 월등하고 차별화된 제품과 서비스를 제공하기 때문에 고객들이 불평하지 않는다. 스타벅스는 스스로를 좋은 커피를 파는 회사가 아니라 더 나은 경험을 창출하는 곳으로 규정했다. 스타벅스 매장은 사람들의 제3의 공간이 된 것이다. 가정이 첫 번째 공간이고, 사무실이 두 번째 공간이라면 스타벅스는 세 번째 공간이 될 정도다.

제20장

관리적 리더십, 멘토링 그리고 코칭

1. 유클의 관리적 리더십

알버니 소재 뉴욕주립대 교수 유클(G. A. Yukl)은 리더십 분야에서 독창성을 보인 학자로 「조직의 리더십(Leadership in Organization)」을 썼다(Yukl, 1989). 그는 피들러의 컨틴전시 리더십에 관심이 많았으나 행위적 리더십에 더 관심을 가지고 연구했다. 그가 리더십을 '관리행위(managerial behavior)'라 표현한 것은 이 때문이다. 그는 경영자의 역할 가운데 지도자로서의 역할이 있음을 강조했는데, 이것은 민츠버그(H. Mintzberg)의 경영자 역할론에 영향을 받은 것이다. 그는 리더십의 이론을 경영자의 관리행동에 관한 이론으로 정립했다. 리더십에 관한 정의가 다양하지만 그가 경영자의 관리적 리더십(managerial leadership)에 초점을 맞춘 것은 이 때문이다.

그는 관리적 리더십을 다룸에 있어서 조직의 업무수행·조직목표의 달성·조직의 생존·조직의 성장·위기에 대처하는 조직의 능력·지도자에 대한 조직성원의 만족·조직목표에 대한 조직성원의 몰입도·조직 내 지도자의 지위 및 유지·조직성원의 심리적 만족감 등을 지도성의 효과를 파악할 수 있는 주요변수로 보았다. 그는 이러한 문제를 다룸에 있어서 지금까지 권한 및 영향중심, 행동중심, 특성중심 그리고 상황중심 등 여러 접근방식들이 있어왔지만 보다 통합적이고 연계성이 있는 연구가 없었음을 지적하고 이러한 쪽의 연구방법을 제시했다.

그에 따르면 리더십의 핵심은 부하에 대한 영향력의 행사다. 그러나 그 영향력을 미치는 과정은 결코 일방적이 아니다. 상사와 부하가 서로 영향을 주고받는 관계로 보기 때문이다. 영향력을 행사하는 행사자(agent)는 영향력을 받는 대상자(target)로부터 커미트먼트(commit-ment)나 복종(compliance) 또는 저항(resistance)이라는 반응을 얻게 된다. 가장 바람직한 것은 대상자가 행사자의 결정 및 요구를 마음속으로 믿고 따르는 것이다. 그렇지 않을 경우 마지못해 복종하거나 저항하는 태도를 보인다.

조직 내에서 권한의 유형은 권한이 생기는 원천에 따라 합법적 권한·인적 권한·정치적 권한 등으로 구분된다.

- 합법적 권한은 공식적 권위·자원이나 보상에 대한 통제·처벌에 대한 통제·정보에 대한 통제·생태학적 통제 등을 통해서 얻어진다.
- 인적 권한은 전문지식·우정·카리스마 등을 통해 얻어진다.
- 정치적 권한은 의사결정에 관한 통제·포섭(cooptation)·담합(coali-tion) 등을 통해서 얻어진다.

권한은 정지된 것이 아니라 시간에 따라 변한다. 사회적 교환이론은 시간이 흐름에 따라 쌍방적 영향력 행사가 상사와 부하 사이에 권한이 어떻게 얻어지고 상실되는가를 잘 보여주고 있다. 사회적 교환 대상에는 물질적인 것뿐 아니라 승인·존경·사랑의 표시 등 심리적인 것까지 포함되어 있다.

유클은 권한이 보상성·강압성·합법성·준거성·전문성에 따라 보상적 권력·강압적 권력·합법적 권력·준거적 권력·전문적 권력으로 나눌 수 있다는 프렌치(J. French)와 레이븐(B. Raven)의 권력원천에 따른 분류방식을 소개한 뒤 이러한 분류도 중요하지만 우리는 영향력 행사의 방식, 곧 어떻게 그것들을 사용해서 대상자에게 영향을 주는가 하는 것을 살펴볼 필요가 있다고 주장했다.

그는 영향력 행사 방식으로 합리적 설득·교환책(exchange tactics)·합법적 요구·압력행사(pressure tactics)·개인적 호소(personal appeals) 등 다섯 가지를 들었다.

- 합리적 설득은 논리적 논의와 사실적 증거를 통해 설득하는 것을 말한다.
- 교환책은 어떤 보상을 주겠다고 약속하고 대신에 대상자에게 어떤 요구를 하는 것을 말한다.
- 합법적 요구는 행사자가 조직 내 규범·정책·방침에 따른 지위와 역할에 맞추어 요구를 하는 것이다.
- 압력행사는 위협적인 방법을 사용한다.
- 개인적 호소는 사정을 한다든지 개인적 친분관계를 이용하는 것이다.

지도자가 얼마나 많은 권한을 가져야 효과적인가? 유클에 따르면 그것은 지도자가 달성하고자 하는 기술이 무엇인가 그리고 권한을 사용하는 데 있어서 어떤 기술을 사용하는가에 달려 있다. 효과적인 리더십을 발휘하기 위해 보다 많은 권한을 필요로 하겠지만 그것은 상황에 따라 다르며, 특히 영향력 행사에 있어서 상사와 부하 사이에 서로 영향을 주고받는다는 점을 인식하고 권한을 행사할 때 더욱 효과를 거둘 수 있다.

관리업무(managerial works)는 지도자의 역할 가운데 중요한 부분이다. 관리자의 업무라 하면 흔히 쾌적한 사무실에서 보고서를 읽고 계획하고 조직하며 문제해결을 하는 것으로 생각하기 쉽지만 사실 계획이나 생각을 할 수 있는 충분한 시간을 갖지 못한다. 유클은 민츠버그가 말한바 관리자의 역할 가운데 대인관계 역할·정보처리 역할·의사결정 역할을 강조하고 있다.

- 대인관계 역할이란 조직의 대표자이자 부하를 지휘 감독하는 지도자로서 많은 사람들 사이의 관계를 연결시키는 연결자(liaison) 역할을 말한다.
- 정보처리 역할은 여러 정보를 찾아내는 모니터(monitor)로서, 조직의 방침·목표·정책·특정 정보를 부하에게 전달하는 정보전달자(disseminator)로서, 정보를 조직 밖에 내보내는 대변인으로서의 역할을 말한다.
- 의사결정 역할은 상황에 맞춰 조직을 꾸려가고 설계하는 기업가로서, 위기를 해결하는 해결사(disturbance handler)로서, 노조 등 조직의 여러 환경 요소들과 협상하는 협상자로서의 역할을 말한다.

리더십에 있어서 상황변수가 중요하듯 관리자의 행동에도 상황변수가 중요하다. 그는 효과적인 관리자 행동에 관한 이론을 제시하면서 리더십에 있어서 컨틴전시 이론을 소개함은 물론 자신이 개발한 리더십에 관한 다중연결모형(multiple linkage model)을 상황변수와 연결시켜 설명하고 있다. 그는 관계유지·후원·갈등관리 및 팀 빌딩·동기부여·인정 및 보상·계획 및 조직·문제해결·자문 및 권한위임·작업 및 감독·정보통지·역할 및 목표의 명시 등 11가지의 관리자 행동을 제시하였다. 그는 다중연결모형에 바탕을 두어 이 11가지의 관리자 행동은 상호작용을 하면서 관리의 효과성을 결정한다고 주장했다. 그러나 관리자의 행동이 관리의 효과로 나타나기까지는 관계되는 여러 상황 변수들이 그 과정을 조절하게 된다. 따라서 경영자들은 관리자로서 그러한 상황에 대처할 수 있는 단기적 또는 장기적 대책을 마련할 필요가 있다.

유클은 경영자의 행동을 결정짓는 상황변수들을 거시변수(macro variable)와 미시변수(micro variable)로 나누었다. 거시변수는 경영자가 조직 내에서 가지는 지위수준, 자기부서의 기능, 자기부서의 크기, 다른 부서와의 수평적 독립성, 환경의 호의성 또는 위기 등이 있다. 미시변수에는 과업의 특성 및 부하들의 능력과 수행성과 등이 있다.

어떤 지도자가 성공적인가 하는 것은 리더십에서 중요한 위치를 차지한다. 일찍부터 성공한 지도자는 어떤 특성을 가지고 있을 것이라는 생각이 주도를 이루어왔고, 이러한 생각이 리더십의 특성이론으로 발전해왔다. 따라서 경영자를 선발할 때 지원자가 경영자로서 바람직한 속성을 어느 정도 가지고 있느냐에 초점을 맞춰 필기시험을 통해 그 능력을 측정하고자 했다.

이 방식이 별로 성공을 거두지 못하자 경영자로서의 잠재능력을 식별해내기 위한 표준화된 방법으로 종합평가센터법(assessment center method)이 도입되었다. 이 방식은 경영자의 성공을 예측하는 데 상당한 효과를 거두었다. 그러나 아무리 성공적인 지도자가 되기 위한 특성이 무엇이며 그 특성에 맞는 사람을 선정한다 해도 하나의 상황에서 지도자와 비지도자 사이에 뚜렷이 드러나는 특성이 다른 상황에서는 그렇지 않다는 것이다. 즉 어떤 특성이 가지고 있는 중요성이 상황에 따라 다를 수 있다. 그렇다고 해서 어떤 개인적인 특성이 리더십을 발휘함에 있어서 전혀 효과가 없다는 것은 아니다.

이런 인식이 커짐에 따라 리더십에 있어서 상황적응이론이 중시되었다. 이 이론은 지도자의 특성이 상황변수에 의해 효과적인 리더십으로 나타날 수도 있고 그렇지 않을 수도 있음을 밝혀주었다. 이 이론들 가운데 피들러는 상황변수로서 지도자와 구성원의 관계, 지도자의 지위에 따른 권한, 과업구조 등을 고려하였다. 그러나 막상 경영자의 효과성을 예측하는 이론에서는 특성과 상황을 동시에 결합하는 이론이 별로 나오지 않았다.

유클은 1980년대부터 경영자들이 카리스마 리더십, 조직문화의 확립, 조직의 변혁 또는 조직의 활성화에 관심을 두고 있음에 주목하였다. 그는 이를 카리스마 리더십과 변혁적(transformational) 리더십으로 설명하였다. 이것은 미국의 기업들이 다른 나라에 뒤떨어짐을 자성하는 가운데 카리스마 리더십이나 기업의 체질을 근본적으로 바꾸는 변혁적 리더십을 통해서만이 조직성원의 태도를 바꾸고 조직의 목표에 몰입할 수 있다고 판단한 데서 나온 것이다.

카리스마 리더십에 있어서 카리스마는 천부의 재능, 곧 하나님으로부터 주어지는 특이한 은총적인 것으로 이것은 지도자의 능력과 행동에 대해 추종자들이 어떻게 지각하느냐에 따라 달라진다. 하우스(R. House)에 따르면 지도자의 카리스마는 지도자의 신념이 옳다고 보는 추종자들의 신뢰도, 추종자들의 신념과 지도자의 신념의 유사성, 추종자들이 지도자를 의문 없이 받아들이는 정도, 지도자에 대한 추종자들의 사랑, 지도자에 대한 추종자들의 자발적인 복종, 추종자들의 정서가 조직의 목표에 몰입되는 정도, 수행목표에 대한 추종자들의 고양됨의 정도 그리고 조직의 목표를 달성함에 있어서 그것에 공헌할 수 있다고 믿는 추종자들의 신념에 달려 있다.

번즈(J. M. Burns)는 변혁적 리더십을 가리켜 지도자와 추종자가 서로를 보다 높은 수준의 도덕성과 동기유발 상태로 부양시키는 과정으로 보았다. 그에 따르면 변혁적 리더는 추종자들에게 보다 높은 이상과 도덕성을 호소하여 의식수준을 높인다. 이 리더십은 추종자들의 이해관계에 호소하여 동기를 유발하는 거래적(transactional) 리더십과는 성격이 다르다. 변혁적 리더십은 조직문화를 바람직하게 구성함에 있어서 크게 도움을 준다. 그 문화는 조직의 성원들이 공유하는 가치관과 신뢰로 이어지며 변혁적 지도자는 그 문화를 바람직한 방향으로 이끌어가고자 한다.

2. 멘토링

멘토링은 공식적 멘토링(formal mentoring)과 비공식적 멘토링(informal mentoring), 동료멘토링(peer mentoring), 감독자 멘토링(supervisory mentoring), 전문성이 높은 아랫사람으로부터 배우는 역멘토링(reverse mentoring) 등 다양하다. 멘토링은 경력개발기능과 심리사회적 기능을 가지고 있으며, 멘토십(mentorship)이 발휘되어야 효과를 거둘 수 있다.

멘토링은 회사나 업무에 대한 경험과 전문지식을 갖고 있는 사람(mentor)이 신참자(mentee) 한 명을 일대일로 전담해 업무에 관한 문제나 고민을 조언하고 지도해주는 활동을 말한다. 미국 기업에서는 보편화되었지만 우리나라의 경우 대기업을 중심으로 신입사원의 조기정착을 돕고, 그들의 잠재능력을 발굴하기 위한 제도의 하나로 도입하는 회사가 늘고 있다.

전문가들은 멘토 제도를 단순한 신입사원용이 아니라 모든 직장인에게 필요한 자기계발 수단이라고 강조한다. GE의 잭 웰치 전 회장도 전문경영인으로 성장할 때까지 수많은 멘토의 도움을 받았다. 멘토로 삼을 만한 닮고 싶은 상사, 각 분야 전문가를 찾는 노력 자체가 스스로를 한 단계 업그레이드하는 첫걸음이다. 다음은 효과적인 멘토링을 위한 팁이다(염강수, 2005).

첫째, 분야별로 다양한 멘토를 찾는다. 사내에서 내가 존경하는 사람이자 닮고 싶은 사람이어서 멘토가 돼 달라고 부탁한다. 멘토는 함께 일하며 친분을 쌓은 관계도, 자신의 인사와 직접 관련이 있는 인물이 아닐 수도 있다. 부서 이동이나 승진 등과 관련된 문제와 직면하면 멘토에게 자문을 구한다. 닮고 싶은 사람의 조언은 판단을 내리는 데 큰 도움이 된다.

IBM은 관리자에게, 부하 직원들에게 분야별로, 직급별로 적절한 멘토를 구해주는 것도 중요 업무의 하나로 요구할 정도로 멘토 제도가 보편화돼 있다. 부하 직원과의 커뮤니케이션 능력이 뛰어난 선배, 육아 방법을 조언해줄 여자 선배도 멘토로 삼아 조언을 받는다. 저런 것도 일일이 조언을 받나 하는 생각이 들지 모르지만 그들의 조언은 모두 실전용이어서 곧바로 효과를 볼 수 있다.

둘째, 훌륭한 멘토도 소극적인 멘티에겐 무용지물이다. 의외로 멘토들이 멘티의 요구 사항이 뭔지 몰라 뭘 조언해야 할지 모르겠다고 말하는 경우가 많다. 멘티들이 스스로 '이런 것까지 물어봐도 되나.'

하고 움츠러들면 멘토의 역할도 그만큼 줄어든다. 회사에서 공식적으로 정해준 멘토에게도 명확하게 자신의 요구사항을 전달 못 하면 회사 내에 무수히 존재하는 또 다른 멘토의 지식과 경험을 활용할 수 있는 가능성을 스스로 차단하는 결과를 낳게 된다. 개인에게도 회사에도 마이너스다. 멘토 제도를 도입한 것은 회사 전체 조직원이 보유한 경험과 지식자원을 최대한 공유하자는 취지이다. 적극적인 멘티 활동은 멘토의 업무역량을 업그레이드하는 역할도 한다.

셋째, 멘토링을 부탁할 때 지켜야 할 에티켓이 있다. 멘토링은 멘토 역할을 하는 사람에게 어느 정도 시간적, 정신적으로 부담이 된다. 특정인에게 멘토를 부탁할 땐 '몇 개월간, 월 몇 회, 몇 시간씩' 하는 식으로 멘토링 기간과 정규적인 만남 일정을 사전에 확정해야 멘토의 부담을 줄일 수 있다. 멘토링 과정에서 오고 간 개인적인 이야기를 제3자에게 옮기는 것도 금물이다. 또 멘토와 만나면서 인간적으로 친해졌다는 이유로 '그만두고 싶다.'라는 말을 자주 하는 것도 멘토의 의욕을 떨어뜨리는 것으로, 멘토에 대한 예의가 아니다.

3. 코칭과 자기코칭

코치는 업무 당담자로서의 전문가, 팀 내 업무의 조정자 및 업무 관련 조언자, 후배육성을 위한 교수, 팀장을 보좌하는 스태프 및 차기 팀장 역할자로서의 리더, 조직 내 지식 창조자 역할을 한다(신원동, 2005).

코칭은 구성원 간에 이루어지는 쌍방향 커뮤니케이션이다. 단계적이고 지속적인 대화가 이루어져야 한다. 경청의 스킬이 중요하다. 솔루션을 제공하는 것보다 스스로 답을 찾을 수 있게 한다. 해답을 실천할 수 있도록 동기를 부여한다.

경력관리에 있어서 가장 중요한 것 중에 하나는 자기 개발이 결코 끝나지 않는다는 것을 이해하는 것이다. 자기개발을 위해서 필요한 것은 자기코칭(self-coaching)이다. 자기코칭은 우리가 생각하는 것보다 훨씬 간단한 방법으로 작동할 수 있다. 그러나 그 과정이 상당한 수준의 자기점검을 필요로 한다는 것을 잊어서는 안 된다.

자기코칭은 자기 자신의 스케줄에 맞추어 이 과정을 수행해나갈 수 있으며 그 비용은 자신의 순수한 노력이다. 자기코치 과정에 쏟는 매 순간의 노력이 더 큰 성공으로 나갈 수 있다. 자기코치를 위해서 필요한 지침은 다음과 같다.

첫째, 당신은 혼자가 아니다. 대부분의 사람들도 당신과 똑같은 문제를 안고 살아간다. 문제는 행동이다. 다른 사람들과 차이가 있다면 그것은 당신이 지금 그런 노력을 기울이겠다며 스스로 선택을 했다는 것이다. 자기 점검과 더 나은 자기코치를 실행할 수 있는 능력에 따라 성공에 이르는 정도도 다르다.

둘째, 극단성보다 지속성을 띤다. 자기코치의 성공비결은 좋은 목표와 테크닉을 갖춘 지속성이다. 고대 철학자 헬비티우스는 "천재란 지속적인 주의력이다."라 했다. 유익하고 생산적인 결과를 경험한 다음에는 그 가치 있는 일을 지속하는 것이다.

셋째, 자기훈련을 한다. 훈련이 성공했을 때 얼마나 기분이 뿌듯했는가를 생각해본다. 열심히 일하고, 급한 문제들을 해결하고 집에 돌아왔을 때 그런 기분이 들 것이다. 누군가 대단해 보이는 사람이 있는가? 그 사람도 언제나 자기개발을 위해 노력하고 있다는 사실을 잊지 말라. 성공을 한 사람들일수록 자기 점검을 꾸준히 해왔다. 꼭 그 누구의 지침에 따르는 것이 아니라 자신의 내면에서 나오는 목소리에 귀 기울이는 것, 이것이 자기훈련이며 지속성이다. 당신은 당신 자신이 생각한 것 이상으로 많은 것을 가지고 있다. 문제는 당신 스스로 자신에 대해 잘 모르고 있다는 점이다. 그래서 자신에 대한 재인식이 필요하다. 자신에 대해서 객관적이고 냉정하게 평가할 수 있는 사람이 자기 훈련에서도 성공할 수 있다(조인스HR통합자료실, 2006).

4. 효과적인 리더십에 필요한 것들

1) 의사소통

리더는 효과적인 의사전달자가 되어야 한다. 이것은 유창한 웅변가가 되라는 의미는 아니다. 탁월한 의사전달자는 팀원들에게 창조적인 능력을 주며 연합을 촉진시키고 목표를 향해 나아가는 뜨거운 헌신을 불러일으킨다. 그때 팀원들은 진정으로 리더들의 말을 이해하고 순종하게 된다. 서투른 의사소통은 대체적으로 오해와 혼란과 불평과 좌절, 창조성의 상실, 비전이나 목표를 왜곡하는 결과를 초래한다.

의사소통을 가로막는 리더는 리더라 할 수 없다. LG경제연구원은

「인식의 차이를 만드는 리더의 유형」이라는 보고서를 내고, 부하와 의사소통을 제대로 하지 못하는 리더의 유형과 행태에 대해 지적했다. 특히 조직에서 귀머거리형, 유아독존형, 과묵형 리더가 상하 간 커뮤니케이션을 가로막는다고 주장했다(LG경제연구원, 2007a).

커뮤니케이션을 가로막는 첫 번째 유형은 부하 직원의 생각에 귀를 기울이지 않는 귀머거리형 혹은 자신의 생각만을 강요하는 유아독존형 리더다. 톰 피터스도 경영자들이 사소하게 여기는 생각의 차이가 사실은 매우 중요한 문제라고 지적했다. 직원들의 의견에 귀를 기울일 때, 리더와 부하 간 신뢰를 쌓을 수 있다.

두 번째 유형은 자신의 의도를 부하 직원에게 이야기하지 않는 지나치게 과묵한 리더다. 리더가 부하 직원에게 불필요한 걱정이나 불안감을 주지 않기 위해 의도적으로 정보를 숨기는 경우, 부하 직원들은 나름의 정보를 가지고 추측할 수밖에 없다는 것이다.

세 번째는 부하 직원에 비해 지식, 경험, 역량 등에서 우위에 있는 리더가 부하 직원과 눈높이를 맞춰 의사소통을 시도하지 않으면 오해가 생길 수 있다.

마지막으로 커뮤니케이션이 미숙해 자신의 의도를 제대로 전달하지 못하는 리더도 종종 오해를 사곤 한다. 리더들은 부하 직원이 리더가 말하고자 하는 바와 그 숨어 있는 의도까지 100% 이해할 것이라 생각하겠지만 현실은 그렇지 못하다.

보고서에 따르면 상하 간 인식의 차이를 제때 고쳐나가지 않으면 조직에 큰 문제로 번질 수 있다. 생각의 차이는 종종 사소한 문제로 치부되지만 현실은 그렇지 않다.

꿈 꾼 끼 끈 깡 꾀 꼴 리더십

꿈, 꾼, 끼, 끈, 깡, 꾀, 꼴은 흔히 'ㄲ'을 딴 일곱 자의 리더십으로 회자된다. 이것은 리더라면 이 요소를 갖춰야 한다는 것을 우리말에 빗댄 것이다.

첫째, 꿈이 있어야 한다. 경영자는 무엇보다 미래를 향한 꿈과 비전을 가지고 있어야 한다. 아무 생각 없이 하루하루를 살아가는 것이 기업이 아니다. 1달 후 1년 후 아니면 10년 후라도 반드시 이루고 싶은 목표가 있고, 그것을 하나씩 이뤄나갈 때 보람이 있다(비전과 목표의식).

둘째, 꾼이 되어야 한다. 자신의 분야에서는 전문가가 되어야 한다는 뜻이다. 자신의 분야에서조차 제대로 알지 못하면서 꿈을 이루려 하면, 그것은 꿈이 아니라 망상이다. 자신의 분야뿐만 아니라 적어도 한 가지 분야에서는 전문가로 인정받는 분야가 있을 때, 성공하는 데 도움이 된다(전문성).

셋째, 끼가 있어야 한다. 전문 지식만 가지고는 성공하기가 쉽지 않다. 미칠 듯 매달리는 열정이 필요하다. 나아가 다른 사람의 기를 살려주는 끼도 있어야 한다. 조직에서 자신의 열정과 함께 상대방을 일으키고, 살려주는 사람이 끼가 있는 사람이다(살리는 힘).

넷째, 끈이 있어야 한다. 아무리 실력이 좋고 끼가 넘쳐도 끈이 없으면 일하기 힘이 든다. 학연, 지연, 혈연 등 연줄도 끈이지만, 보다 중요한 것은, 내 일에 도움이 될 수 있는 사람을 알고 그 사람과 연결될 수 있어야 한다. 많은 사람을 아는 것이 재산이라고 하지만, 보다 더 중요한 것은 필요한 사람을 아는 것이다. 한발 더 나아가 필요한 사람끼리 연결시켜 줄 수 있는 능력이 있는 사람이 되면 더욱 좋을 것이다(네트워킹 능력).

다섯째, 깡이 있어야 한다. 끈이 아무리 좋아도 깡이 없으면 일을 할 수 없다. 깡이란 추진력이다. 어떤 어려움이 있어도 물러서지 않고 목표를 달성하기 위해서 돌진하는 행동력이 있어야 한다. 한두 번 시도해보고 포기하는 것이 아니라, 계속적으로 노력하는 것이 깡이다. 사람 좋다는 평만 받는 물러터진 사람이 되어서는 성공할 수 없다(추진력).

여섯째, 꾀가 있어야 한다. 추진력도 좋지만 막무가내로 달려들어서는 안 된다. 난관을 돌파할 수 있는 지혜, 다른 사람과 상생할 수 있는 지혜가 필요하다. 내 목적 달성도 좋지만 타인의 입장도 헤아리는 타산지석의 지혜, 곧 꾀가 있을 때 성공할 수 있다(지혜와 배려).

일곱째, 꼴이 좋아야 한다. 단정한 외모가 첫인상을 좌우한다. 다른 사람에게 신뢰감을 주는 용모를 가지면 일하기가 훨씬 쉽다. 인상을 좋게 한다고 성형 수술이 유행이지만, 진정한 꼴은 수술로 만들 수 없다. 얼굴이나 몸매도 중요하지만 마음가짐이 중요하다. 마음이 아름다워야 한다는 상투적인 말이 아니라, 평상시 사람을 대하는 태도나 일을 하는 태도가 쌓여 몸 전체에서 풍기는 기운이 진정한 꼴이다(단정한 용모와 마음가짐).

2) 균형 잡힌 시각

기원전 5세기 투키디데스(Thukydides)가 지은 「펠로폰네소스 전쟁사」는 리더십에 대해 많은 것을 생각하게 만든다. 특히 개혁과 보수의 대립이라는 영원한 주제에 대해 뛰어난 통찰력을 제공한다. 권민 등은 한 사람에 집중된 리더십을 나누고 공유하는 '양손잡이 리더'가 되라고 한다. 그러면 약점을 보완하고 강점을 극대화할 수 있다는 것이다. 양손잡이 리더가 될 때 경영이 주는 고독감에서 벗어날 수 있고, 서로의 네트워크를 결합해 보다 탁월한 네트워크를 만들 수 있으며, 입체적이고 균형 잡힌 시각을 가지고 의사를 결정할 수 있다(권민, 2006).

래프팅에서 중요한 것은 균형

큰 물살을 맞으면 아예 눈을 감거나 비명을 지르기 일쑤다. 롤러코스터를 타는 것보다 상쾌하고 짜릿하다. 이것은 그동안 구미의 레포츠로만 여겨져 왔으나 산이 높고 계곡이 깊은 우리나라의 래프팅 조건은 어느 외국에 못지않다. 철원의 한탄강, 정선의 동강, 영월의 남한강, 인제의 내린천, 산청의 경호강 등이 적지로 알려져 있다. 내린천은 험하고 급박하며, 동강은 여유롭고 아기자기해 기량과 취미에 따라 다양한 코스를 택할 수 있다.

래프팅의 요령은 간단하다. 안전헬멧과 구명조끼를 착용하고 노를 저어가면 그만이다. 따라서 나이나 성별에 관계없이 즐길 수 있다. 래프트 한 대에 탈 수 있는 인원은 6~10명이다. 리드 한 명이 합세해 힘을 다해 저어나가지만 쏜살같이 감돌아나가고 휘몰아치는 물살 앞에선 추풍낙엽에 불과하다.

중요한 것은 균형이다. 사람과 배가 물결에 따라 전후좌우, 상하로 요동쳐 자칫 균형을 잃고 뒤집히기 일쑤다. 배가 뒤집힌다 해도 래프터들의 표정은 밝고 대개 금세 다시 출발을 서두르게 된다. 그만큼 안전하다는 증거이다. 한순간의 격랑이 지나고 강이 잔잔해지면 래프터들의 눈앞에는 깊은 계곡이 다가서고 그간 숨겨진 비경이 펼쳐진다. 이때가 래프터와 강 모두에 휴식시간이며 비로소 경치를 감상할 여유가 생긴다. 이 시간은 곧이어 닥칠 위기에 대비하는 시간이기도 하다. 긴장과 이완, 스릴과 낭만이 반복되는 가운데 어려운 환경을 어떻게 이겨나갈 수 있는가를 배운다.

3) 리더십의 본질 추구

다음은 리더십의 본질을 가르쳐주는 여러 인물들의 말이다. 이것을 잊지 않는 지도자가 현명한 지도자다.

- 리더란 제대로 된 일을 하는 사람이고, 관리자는 일을 제대로 돌아가게 하는 사람이다(워렌 베니스). 베니스는 성공적인 리더 90명을 인터뷰한 뒤 이처럼 리더와 관리자를 구분 지었다.
- 성공적인 리더십의 열쇠는 권위가 아니라 영향력이다(캔 블랜차드).
- 제때에 결단을 내리는 것이 리더의 숙명이다(앤드류 그로브).
- 리더는 밀지 않는다. 오직 당길 뿐이다. 실을 당기면 이끄는 대로 따라오지만 밀면 움직이지 않고 그 자리에 있을 뿐이다. 사람들을 이끄는 것도 이와 마찬가지다(아이젠하워).
- 경영진이 구성원들에게 관심이 없다고 느끼게 되면 구성원들도

경영진에게 관심을 기울이지 않는다(샘 월튼).

- 상대방을 존중하지 않으면 그도 당신을 존중하지 않는다. 훌륭한 리더는 말없이 목표를 이루었을 때 "우리가 이것을 해냈다."라고 말하게 하는 사람이다(노자).
- 모든 비즈니스의 핵심은 학습이다. 월마트 창업자 월튼과 바디샵 창업자 로딕은 초창기 실수에서 얻은 교훈으로 수정에 수정을 거듭하여 성공을 거뒀다(톰 피터스).
- 비즈니스의 성공은 얼마나 거창하게 예측을 잘 하느냐에 달려 있지 않다. 오히려 수시로 직면하는 변화들에 얼마나 빠르게 대처해나갈 수 있느냐에 따라 성공 여부가 결정된다.
- 조국이 당신을 위해 무엇을 할 수 있는지 묻지 말고, 당신이 조국을 위해 무엇을 할 수 있는지 물으시오(케네디 대통령 1961년 취임사).

4) 팀워크

조직은 한 사람의 힘으로 이뤄지는 것이 아니라 모두의 힘으로 움직인다. 리더십은 한 사람의 스타를 만드는 데 초점을 맞추는 것이 아니라 모두가 리더가 되도록 하는 것이 중요하다. 오히려 스타 직원이 팀 분위기를 망친다면 해고할 수 있는 용기가 필요하다.

멘즈웨어하우스(Men's Warehouse)는 '모든 것은 팀워크로 귀결된다.'라는 기본철학을 가지고 있다. 이 회사를 설립한 조지 짐머(G. Zimmer)는 1973년 24세의 젊은 나이에 단돈 7,000달러를 쥐고 남성 의류 사업을 시작했다. 오늘날 멘즈웨어하우스는 미국 전역에 600여

개가 넘는 점포를 보유한, 연 매출 8억 달러의 기업으로 성장했다. 사양업종인 의류산업에서 성장을 거듭하는 이 기업엔 비결이 있다. 바로 가치중심의 경영철학이다. 멘즈웨어하우스의 판매 직원들은 기본 연봉 외에 1인당 손님 수와 매출을 기준으로 인센티브를 받는다. 그러나 공평하지 않은 무조건적인 경쟁은 벌칙을 받는다. 개인의 능력을 발현하는 것도 중요하지만, '결국 모든 것은 팀워크'라는 원칙을 앞세우고 있기 때문이다. 짐머 사장은 "모든 직원들은 동료들의 잠재력을 최대한 계발할 수 있도록 도와줄 책임이 있다."라는 사실을 각종 교육을 통해 강조한다.

이런 원칙을 지키기 위해 멘즈웨어하우스는 매달 모든 판매 직원이 작성한 전표의 수를 확인한다. 만약 한 점포에서 특정 직원이 다른 직원들보다 훨씬 많은 전표를 작성한 것으로 나타나면 일단 다른 직원들의 고객을 가로챈 것으로 보고 면담을 한다. 그래도 고쳐지지 않으면 과감하게 해당 직원을 해고한다. 실제로 멘즈웨어하우스는 자사 직원 중 판매 실적이 가장 높은 스타 직원을 해고한 적이 있다. 다른 직원들의 고객을 가로채고 회사의 경영철학과 방침을 따르지 않았다는 게 그 이유였다. 그 결과 해당 점포에서 그 어느 누구도 해고당한 직원만큼의 실적을 거두지 못했지만 점포 매출은 오히려 30% 정도 증가했다. 개인의 실적보다 팀을 앞세운 경영이 기업의 성과에 더욱 도움이 되고 있는 사례다.

팀워크를 위해 리더는 무엇보다 격려하는 리더가 되어야 한다. 리더는 팀, 조직으로 하여금 목표를 성취할 수 있도록 힘을 더해주고 격려하는 사람이 되어야 한다. 리더는 계획에 초점을 맞출 뿐 아니라 거기에 우선권을 둘 수 있도록 사람들에게 힘을 불어넣어주고 격려해준다.

연합을 도모한다. 팀이 어떤 일을 하는 데 성공의 열쇠는 연합이다. 리더들은 모든 멤버들에게 연합의 개념과 개개인의 중요성 그리고 각자의 기능의 중요성에 대해 주지시킬 필요가 있다. 똑같은 수의 인원이라 할지라도 헌신, 의사소통, 연합이라는 세 가지 요소가 잘 갖추어져 있지 않으면 목표를 성취할 수 없다. 물론 팀이 연합을 하기 위해서는 먼저 리더가 효과적인 의사전달자여야 하며, 공동목표에 헌신되어 있어야 한다. 어떤 사역을 하든지 연합은 매우 중요하다. 나아가 팀원을 보호한다. 우리는 사람들을 안전하게 보호하기 위해 보호자와 방어자들이 필요한 시대에 살고 있다. 용기 있는 리더는 옳은 것, 즉 진리와 자유, 비인간적인 행위 등에 반대하면서 자신의 생명과 성공까지도 위험에 내던진다.

5) 다른 사람을 꽃피우게 함

진정한 지도자는 많은 추종자를 거느리는 것이 아니라 자신과 같은 지도자를 만들어낸다. 지도자의 최대의 기쁨은 이끄는 데 있는 것이 아니라 재생산하는 데 있다. 진정한 리더십은 다른 사람들을 꽃피우는 사람이 되는 것이다. WTB의 대표인 브루스 윌킨슨은 다른 사람을 꽃피우게 하는 다섯 단계를 다음과 같이 제시하였다(윌킨슨, 1995).

1단계: 꽃피워주고 싶은 사람을 탐색한다(Examine). 다른 사람들을 꽃피워주기 위해서는 먼저 눈을 떠야 한다. 그리고 꽃피우기 원하는 사람들을 살펴야 한다. 그러면 그들을 격려하거나 칭찬할 수 있는 기회가 도처에 널려 있음을 발견하게 될 것이다.

2단계: 그 사람이 행한 것을 드러낸다(Expose). 누군가 어떤 행동을 했을 때 그 장면을 보고 그 행동이 그에게 유익하도록 잘 선용될 수 있다고 생각되면 그 행동을 직접 목격했다는 사실을 그로 하여금 알게 한다. "자네가 방금 00을 했군요." 그에게 말로 표현함으로써 그의 행동을 드러낸다.

3단계: 그가 행한 일에 대해 자신의 감정을 표현한다(Express). 그를 탐색하고 그의 바람직한 행동을 말로 표현한 다음에는 그가 방금 행한 것에 대해 어떻게 느끼는지 이야기해준다. 방금 일어난 일에 대해 자신의 감정과 반응을 그에게 표현한다.

4단계: 미래에 그에게 기대하는 것을 말하라(Expect). 3단계까지로만은 그 누구도 꽃피우게 하지 못한다. 칭찬은 흐뭇한 느낌을 주기는 하지만, 완전히 미래지향적으로 만들지는 못한다. 따라서 "나는 자네가 00이 되리라고 믿는다."라고 말함으로써 당신이 기대하는 바를 알리면 그로 하여금 새로운 꿈을 갖게 할 것이다.

5단계: 적절한 접촉을 통해 그에게 사랑을 준다(Endear). 이제는 당신의 기대를 그 사람의 가슴에 접착시킬 때다. 때로는 팔꿈치로 툭 치면서 애정을 나눌 수도 있다. 부드럽게 손을 잡아줄 수도 있다. 어깨에 손을 올려놓고 친근감을 표현할 수도 있다. 직접 터치할 수 없는 관계라면, 적절한 말과 미소, 시선을 통해서도 우리는 얼마든지 사랑을 전달할 수 있다. 바로 이 단계를 통해서 당신은 꽃피우는 사람이 될 수 있다.

6) 높은 위기극복 지수

리더십이 가장 빛을 발하는 시기는 조직이 심각한 위기 상황에 처해있을 때다. 그래서 흔히 "전쟁이 영웅을 만들어낸다."라고 한다. 위기 상황에서 더욱 빛을 발하는 이들에게는 어떤 특징들이 있었을까? 스톨츠에 따르면 위기 극복의 리더들은 '안 될 거야.', '더 나빠질 거야.'라는 비관적인 말보다 '피하지 말자', '최선을 다해 한번 해보자.'라는 표현을 즐겨 쓴다(스톨츠, 1997). 그들에게는 위기 극복 지수(Adversity Quotient)가 높다. 리더십은 단지 명령을 내리는 것에 있지 않다. 리더 스스로 위험상황에서 적극적으로 대처하고자 하는 마음가짐이 중요하다.

5. 기업 리더십의 보기

PSS 월드 메디컬: 전 직원의 리더화
PSS 월드 메디컬의 성공 열쇠 가운데 하나는 '전 직원의 리더화'다. 켈리 사장은 어떤 일을 할 때, 단순히 상사의 허락을 기다리는 것보다 과감하게 모험을 할 줄 아는 정신이 있어야 한다고 확신한다. 따라서 그는 직급에 상관없이 모든 임직원들이 자기 스스로 결정하고 자신의 결정에 대해 스스로 책임질 줄 아는 태도를 장려하고 있다. 직원이 실패하더라도 최선을 다했을 경우 실패했다는 이유만으로 징계를 하지 않는다. PSS는 새로운 것을 배우려면 항상 과감하게 모험할 수도 있어야 한다는 사실을 그 어느 기업보다 잘 알고 있는 것이다.

잭 웰치 GE: 4E 리더십

성공적인 리더십에 포커스를 맞출 때 가장 많이 언급되는 사람 가운데 하나로 잭 웰치 GE 전 회장을 든다. 페퍼는 그가 리더십이 있는 것이 아니라 자기선전에 강하다며 그를 강도 높게 비판하기도 한다. 웰치는 1981년 GE 최연소 회장에 올라 "고쳐라, 매각하라, 아니면 폐쇄하라."는 구호 아래 10만 명 이상의 직원을 해고하며 '중성자탄 잭'이란 별명을 얻을 정도로 냉혹하게 구조조정을 밀어붙인 인물이다. 인간중심의 경영을 강조하는 페퍼에게 비난의 표적이 아니 될 수 없다. 애초 120억 달러에 불과하던 GE의 시장가치는 그가 회장에서 물러난 2001년 4,500억 달러 규모로 커져, 세계 1위의 기업이 되었다.

웰치가 말하는 좋은 리더는 어떤 사람일까? 4E 리더십을 발휘하는 사람이다. 그는 비범한 리더들에게는 네 가지 특징을 공유하고 있다. 그는 이것을 4E로 집약하고 있다.

- 활동과 변화를 좋아하는 적극적인 활력(Energy)을 가지고 있을 것.
- 만약 산을 옮겨야 한다면 사람들이 그렇게 할 수 있다는 신념을 갖게 할 만큼 동기를 부여(Energize)할 수 있을 것. 이것이 조직에 활기를 불어넣는다.
- 예와 아니오의 결정을 내릴 수 있는 날카로운 결단력(Edge)이 있을 것.
- 온갖 장애를 뚫고 실행(Execute)할 수 있는 능력이 있을 것.

보잉 CEO 제임스 맥너니도 웰치 밑에서 4E 리더십을 훈련하고
실천했다(크레임스, 2006). 나아가 좋은 리더가 되기 위해서 리더는
회의주의자에 가까울 정도로 집요하게 의문을 던지고 그것을 반드시
풀어야 한다고 주장한다. 의사결정·제안·시장정보 등에 관한 모든
대화에서 리더는 "왜 그렇습니까?", "만일 ~면 어떡하지요?"와 같은
질문을 던져야 실패를 방지할 수 있다는 것이다(웰치·웰치, 2005).

닛산 자동차의 카를로스 곤: 솔선수범과 과감한 보상

카를로스 곤은 13조 원의 적자로 침몰 위기에 섰던 일본 닛산 자
동차를 2년 만에 3조 원의 흑자 기업으로 부활시킨 인물이다. 그는
오전 7시에 출근하고 밤 11시에 퇴근한다고 해서 '세븐 일레븐'이란
별명을 가지고 있다. 곤 회장 리더십의 요체는 행동으로 지시, 솔선
수범, 채널 집중, 분명한 목표 제시와 달성, 과감한 보상과 동기 부
여 등으로 집약된다.

**스티브 발머, 크레이그 배럿, 위스롭 스미스 등: 2인자의 역할이
중요하다**

레너드 번스타인에 따르면 오케스트라에서 가장 연주하기 힘든 악
기는 제2바이올린이다. 1등만이 기억되는 세상이지만, 바로 그 1등
의 신화를 만들기 위해 1인자의 그늘에서 온갖 노력을 아끼지 않은
2인자들을 잊어서는 안 된다. 빌 게이츠의 협력자 스티브 발머, 인
텔 그로브 회장을 도운 크레이그 배럿, 금융회사 메릴린치의 찰스
메릴 회장을 보좌한 위스롭 스미스 등은 세계적 명성을 지닌 CEO
를 지원한 위대한 파트너들이다.

제21장

감성경영과 감성리더십

1. 감성경영, 화성형에서 금성형으로

21세기는 여성시대라 말한다. 이것은 단지 여성의 등장만 말하지 않는다. 여성이 가진 풍부한 감성이 표출되는 시대라는 것이다. 과거 공학은 효율성을 바탕으로 한 효율성(effective) 공학이 중심을 차지했다. 그러나 현대 공학은 감성과 인간의 행복을 중심으로 한 감성(affective) 공학에 대한 관심이 높아지고 있다. 기업의 경영도 감성경영으로 가고 있다.

명화로 장식된 냉장고, 패션 디자이너가 디자인한 전자제품, 그림엽서가 담긴 과자, 이렇게 사람의 감성에 호소하는 마케팅이 한창이다. 기술 진보에 따라 갈수록 경쟁제품과 뚜렷한 품질 차이를 내기 어려운 만큼, 제품의 차별성은 감성과 독창성에서 찾을 수밖에 없기 때문이다. 현대 경영자가 가져야 할 핵심요건 가운데 하나가 감수성이다. 사람이나 기업의 모든 활동은 주고받음에 기반을 두고 있다. 주고받음이 제대로 이뤄지기 위해서는 상대의 필요와 기호에 대한 이해가 필요하고 바로 그 이해에서 기업의 제품과 서비스 생산이 탄생한다. 기업의 입장에서는 상대, 즉 소비자의 필요와 기호를 잘 감지하는 것이 무엇보다 중요하다. 윤석철은 그 능력을 감수성이라 말하고 이것은 21세기 경영자가 가져야 할 핵심요건의 하나로 꼽았다. 그에 따르면 감수성은 후천적으로 길러질 수 있으며 가장 손쉬운 방법은 소비대중과 직접 접촉하는 것이다(윤석철, 2005).

감수성 못지않게 중요한 것이 창조적 상상력이다. 이 상상력은 감성의 영역이다. 이것은 일부 소수만이 타고나는 것이 아니다. 따라서 누구나 창의성을 기르고 발휘할 수 있는 방법을 찾아야 한다. 기업이 지켜야 할 가치는 양보다 질에서 더 큰 가치를 추구해야 한다는 것이다. 질을 추구하다 보면 창의성은 기본이다. 종업원이 갖춰야 할 기본으로 지식, 기술, 태도, 역량(competency) 등이 있다. 자질은 태도가 어떤가에 달려 있으며, 역량은 기본 역량 외에 리더십 역량, 전문역량 등 다양한 역량이 존재한다. 이러한 것들은 평소 준비를 게을리 해서는 안 될 것들이다. 그러나 그것이 얼마만큼 효과를 거두는가는 창의적 감성에 달려 있다.

이를 위해 기업들마다 직원들의 감성지수를 높이는 작업에 투자를 늘리고 있다. LG그룹은 임직원 사이버 교육센터인 LG사이버아카데미에 '감성마케팅의 미래, 감성커뮤니케이션'이란 과목의 강좌를 개설, 제품 개발 전반의 감성 마케팅과 고객과의 감성 커뮤니케이션 방법을 높였다. LG전자 우면동 R&D캠퍼스는 연구원들을 대상으로 '맘 풀이(Mind Free)' 심리상담소를 운영하며 분노 조절 테크닉, 스트레스 관리법 등을 교육받고 스트레스를 풀 수 있는 향기요법(아로마 테라피), 음악 감상 등을 통해 감성지수를 높인다. LG이노텍은 연구원들에게 일 년에 두 차례씩 보약을 제공한다. 밤낮으로 심리적 압박을 받고 있는 연구원들이 몸과 마음의 안정을 통해 최고의 바이오리듬 상태를 유지해야 뛰어난 감성 제품이 개발될 수 있기 때문이다.

GE의 잭 웰치 전 회장은 무자비한 감원과 인수합병으로 유명하다. 그는 폐수로 뉴욕의 허드슨 강을 오염시킨 것으로 환경운동가들은 기억하고 있다. 그러나 후계자인 제프리 이멜트 회장은 신경영 방침에서 에너지절약과 환경보호를 위한 기술투자를 두 배로 늘리는 환경친화산업에 주력하겠다고 했다. 파이낸셜타임스 컬럼니스트 리처드 톰킨스는 최근 기업CEO가 화성형(Mars)에서 금성형(Venus)으로 바뀌고 있다고 주장했다. 로마신화에서 마르스는 남성적인 군사의 신을, 비너스는 여성적인 미의 신을 의미한다. 톰킨스는 상품제조 중심의 산업사회가 지나고 서비스업이 주도하는 후기산업사회가 도래하면서 거친 남성적 CEO 대신 개방적이고 자상한 여성적 CEO가 주도권을 쥐게 되었다고 말한다. 명령과 통제를 핵심으로 하는 경영 시스템도 융통성과 협조, 팀워크를 중시하는 스타일로 대체되고 있다. 그는 일류기업들이 시장에서 팔고 있는 것은 상품 자체보다는 차별화된 감성, 아이디어, 신념이라며 기업이 점점 여성화되고 있다고 규정했다. 그는 오늘날 좋은 기업은 금성형이고, 나쁜 기업은 화성형이라 강조한 뒤 금성형 기업이 더 발전하면 사랑이 근로와 소비 등 사회활동의 원동력이 될 것이라 예측했다.

이 때문에 경영자들도 감성지수를 높이는 데 앞장서고 있다. 삼성생명 이수창 사장은 부임 후 경영진과 계층별 대표가 참석하는 '한마음 미팅'을 월 1회 정례화시켰고, 사이버 공간에서도 '하이파이브', '소리샘', '이야기 나눔터' 같은 의사소통 채널을 사업부별로 만들었다. 매일 오후 3시면 5분 동안 간단한 스트레칭 시간을 갖는다. 동료의 어깨를 두드리면서 마음의 벽까지 허문다. 삼성네트웍스 영업팀 직원들의 책상 앞엔 일기 예보 판 같은 표지판이 붙어 있다. 이 표지판엔 '조금 우울', '아주 맑음', '우울하다가 갬', '종일 비' 같은 항목이 있다. 직원들끼리 서로의 마음 상태를 알고 배려하자는 뜻이다. 푸르덴셜생명은 입사할 때 장미꽃 한 송이씩을 받게 된다. 1994년부터 신입사원이 입사할 때 사장을 비롯한 모든 임원들이 참석, 신입사원 가족을 초청해놓고 '웰컴 파티'를 열어준다(김덕한, 2006).

지금 우리는 풍부한 감성시대를 열어가고 있다. 이 흐름에 얼마만큼 부응하는가에 따라 기업의 성패도 달라질 것이다.

2. 두려움에 의한 경영으로부터의 자유

세계화로 인해 다양한 문화적 배경을 가진 구성원들이 많아진 현실에서는 직원들의 기술관련 학습도 중요하지만 이보다는 직원들의 가슴 속에 민감하게 자리잡고 있는 부분을 집중적으로 교육해야 한다. 일단 다른 문화권 사람들과 함께 일할 수 있도록 하는 학습이 중요하다. 감성적이고 정서적인 모델을 구축하는 것이다. 사람들을 극한에 몰아넣고 스트레스를 받게 하고 걱정덩어리들을 양산하는 것은 바람직하지 않다. 리더들의 역할은 각각의 직원들이 가진 재능과 지식을 효율적으로 한데 모으는 것이지 무작정 일을 더 열심히 하도록 만드는 것이 아니다.

이 같은 환경을 만들기 위해서는 두려움에 의한 경영(management by fear)을 없애야 한다. 통제를 너무 강조한 나머지 사람들이 실수하기를 두려워하고 서로 눈치 보는 환경을 조성한다면 문제가 생긴다. 통제에 성공할지 몰라도 더 큰 것을 잃을 수 있다. 계획과 통제도 물론 중요하다. 그러나 아무도 도발하지 않는 조직은 가장 위험한 조직이다. 깊은 곳에 문제점이 있는데도 자칫 계속 문제를 썩힐 수 있기 때문이다. 건강한 조직은 서로 속을 터놓고 얘기하기 때문에 문제를 실시간으로 파악하고, 이를 해결할 수 있다. '이런 얘기를 하면 누군가 나를 비웃으면 어떡해.' 이런 걱정들로 가득 찬 조직은 희망이 없다. 겉으로 잘 통제가 되는 것처럼 보이기 때문에 CEO를 흐뭇하게 만들 수 있지만 수면 아래에는 문제들이 그득하다.

두려움에 의한 경영을 하는 조직은 방어적 사고(defensive reasoning)에 의해 억압된 조직이다. 이런 조직 속에선 모든 사람들이 항상 다른 사람에게 '내가 그 문제에 대한 답을 갖고 있다.'라는 확신을 주기 위해 노력한다. 어떤 상황 속에서도 자신감에 찬 모습만을 보이기 위해 노력한다. 자기 자신이나 다른 사람을 부끄럽게 만드는 이슈들을 제기하는 것을 매우 꺼린다. 정작 중요한 이슈이긴 하지만 어렵거나 당황스러운 주제에 대해 얘기하는 것을 피한다. 그래서 IQ 130인 구성원들을 모아놔도 결국 전체 IQ는 60인 조직이 되는 것이다. 이러한 현상을 만드는 가장 결정적인 원인은 대부분의 조직들이 극도로 정치적이기 때문이다. 우리는 모두 조직 속에서 자신이 존재하는 이유와, 이에 따른 조건을 갖고 있다. 그래서 한 조직에서도 늘 편을 가르는 데 익숙하다.

피터 셍게는 이런 문제를 해결하기 위해 조직 전체적인 팀워크를 강화하는 것이 필요하다고 주장한다. 자기 부서만의 이익을 앞세우는 사람들로 이뤄진 팀은 진정한 의미의 팀이 아니다. 같이 모여 있기만 하지 실질적으로 함께 일은 하지 않는다. 그들은 그저 자신이 맡고 있는 부문의 이익과 성과를 위해, 또 자신들의 조건을 보호하기 위해 일한다. 그렇기 때문에 공통점을 찾지 못하고 점점 멀어진다. 훌륭한 팀을 만들기 위해선 같이 머리를 맞대고, 함께 살아남기 위해 노력한다는 정신을 심어줘야 한다(정동일·김현진, 2007b).

3. 섬김의 리더십

섬김의 리더십(servant leadership)은 로버트 그린리프(Robert K. Green-leaf)가 제시한 것이다. 그에 따르면 섬기는 리더는 우선 자기 자신이 종인 사람이다. 섬김의 리더십이란 사람을 섬기기 원하는, 먼저 섬기고자 하는 자연스러운 감정에서 시작된다. 그 후에 의식적인 선택을 통해 지도하고 싶은 열망을 갖는다. 섬김의 리더십은 다른 사람들의 최우선적인 필요를 먼저 섬기는 데서 증명된다. 진정한 섬김인지에 대한 시험은 당신이 섬기고 있는 사람들이 성장하고 있느냐는 것이다.

1970년 그가 「섬김의 리더십」을 쓰게 된 것은 헤르만 헷세의 「동방순례」에 나오는 주인공 레오의 중요성에 자극받은 데 있다. 레오는 순례자들의 잡일을 도맡아 섬기는 하인이다. 레오는 여행 중에 일행이 힘들어할 때마다 노래를 불러 활기를 불어넣어주곤 했다. 그러나 레오가 사라지면서 여행단은 혼란에 빠지고 결국 여행 자체를 포기하기에 이른다. 그들은 충직한 심부름꾼이었던 레오 없이는 여행을 계속할 수 없었던 것이다. 그들은 레오가 사라진 후에야 그가 없으면 아무것도 할 수 없다는 것을 깨달았다.

섬김의 리더십은 감성 리더십이다. 이 리더십에서 진짜 리더는 군림하는 사람이 아니라 사랑을 실천하는 사람이다. 사랑을 통해 조직을 융합하고 문제를 해결한다. 다른 사람을 돕고 섬기는 과정에서 자연스럽게 리더십을 발휘한다. 직원들 위에 군림하기보다 사랑과 헌신으로 조직의 문제와 갈등을 풀어간다.

최근 감성경영이나 관계를 중시하는 우뇌적 리더십, 섬김의 리더
십이 인기를 얻고 있다. 이것은 현대 사회의 큰 흐름이기도 하지만
과거 권위주의 시대를 거치면서 생긴 반작용이라는 측면이 없지 않다.

4. 여성 리더십

21세기는 감성시대다. 이 시대에 맞게 등장한 것이 여성 리더십이
다. 여성 리더십은 감성 리더십과 맥을 같이하고 있다. 여성이 각
분야에 진출하고, 높은 지위를 차지하는 비율이 높아가고 있지만 아
직 여성이 편하게 리더십을 발휘할 만한 환경은 갖춰지지 않고 있다.
　여성의 리더십은 현재 여러 차원에서 선호하고 있다. 다음은 여성
상사와 일할 때 좋은 점들이다.
- 합리적이고 술자리를 강요하지 않는다.
- 일처리가 빠르고 꼼꼼하다.
- 섬세하게 잘 챙겨준다.
- 권위적이지 않다.
- 배울 점이 많다.

여성상사의 장점을 인정하면서도 껄끄러운 이유도 있다.
- 감정기복이 심하다.
- 남성 심리를 잘 이해하지 못한다.
- 쉽게 친해지기 어렵다.
- 리더십이 부족하다.

남자들은 여성 상사에 대해 역지위 갈등을 갖고, 여성은 역할 딜레마에 빠진다. 역지위 갈등이란 남자가 우위에 있어야 하는데 여자가 우위에 있어서 느끼는 갈등이다. 대부분의 남자직원은 여자가 상사일 경우 이런 역지위 갈등을 느낀다. 역할 딜레마는 여성이 조직에서 인간관계를 중시하는 리더십을 보이면 '리더답지 못하다.'라는 소리를 듣고, 추진력을 보이고 명령하면 '여성답지 못하다.'라는 말을 듣는 데서 나온다. 이때 여성은 조직에서 역할 딜레마에 빠지기 쉽다. 따라서 여성성을 살리며 리더십을 발휘하는 조화가 필요하다.

앞으로 여성인력을 어떻게 활용하느냐에 따라 조직의 질과 경쟁력이 높아지는 만큼 여성 자신뿐 아니라 기업과 국가가 이를 뒷받침해야 한다. 여성 관리자를 위한 리더십 교육 등 시스템적으로 이를 보완해줄 필요가 있다.

여성 리더십은 단지 여성이 리더십을 발휘하는 것에 국한되는 개념이 아니다. 그동안 리더십 하면 강한 남성형으로 인식되어왔다. 그러나 시대가 바뀌면서 감성, 섬세한 배려의 리더십을 바라게 되었다. 따라서 여성 리더라 할지라도 감성적 배려 없이 군림하려 한다면 그것은 여성 리더십이라 할 수 없다.

5. 스토리텔링과 감성문화 만들기

영속하는 기업, 성공한 기업의 CEO들의 공통된 특징은 기업문화에 관심이 크다. 그들은 최우선 순위를 기업문화를 세우는 데 둔다. 기업문화를 제대로 세우면 나머지는 따라오기 때문이다. HP 전성기의 빌 휴렛과 데이비드 패커드가 이런 경우다. 구글의 래리 페이지는 회사가 성장할 때 가졌던 마치 대학교 같은 문화를 상장 후에도 지속적으로 유지하기 위해 노력한다. 인텔의 앤디 그로브는 진실을 얘기하고, 다른 견해를 듣는 이른바 '건설적 마찰(constructive confrontation)' 문화를 만들었다. 최근 스토리텔링과 연관해 조직의 감성문화를 만들어가는 작업이 크게 각광을 받고 있다.

뮤리엘 루케어서에 따르면 세상은 원자가 아니라 이야기로 구성되어 있다. 현대는 그 이야기를 이야기로 그치지 않고 조직문화를 활성화시키고 변화를 이끌어내는 데 활용하고 있다. 이른바 스토리텔링(storytelling)이 그것이다.

스토리텔링은 감성적인 조직문화, 감성적 리더를 만드는 데 유익하다. 스토리텔링은 단순히 어린이들에게 들려주는 전통적인 이야기를 의미하지 않는다. 그것은 전 세계 기업들에서 현실 목표를 달성하느라 분주한 경영자들이 날마다 입에 올리는 이야기를 가리킨다. 스토리텔링은 조직을 떠받치고 있는 구성원 개개인의 마음속에 들어가 그들의 사고방식을 바꾸고 결국에는 그들이 몸담은 조직을 재창조하는 역할을 한다. 다음은 톰 켈리와 조너던 리트맨이 본 스토리텔링이다. 이것은 기업이 더 좋은 스토리텔러가 되어야 하는 이유가 된다(켈리/리트맨, 2007).

- 스토리텔링은 신빙성을 구축한다.
- 스토리텔링은 강력한 정서를 환기시켜 팀을 결속시킨다.
- 스토리텔링은 논쟁적이거나 불편한 주제를 탐구하도록 허용한다. 어려운 주제를 쉽게 이해하게 만든다.
- 스토리텔링은 그룹의 관점에 영향을 미친다.

- 스토리텔링은 영웅을 창조한다.
- 스토리텔링은 당신에게 변화의 어휘를 준다.
- 스토리텔링은 혼란으로부터 질서를 이끌어낸다.

나이키에서는 많은 임원들이 회사 내 스토리텔러 역할을 하며 시간을 보낸다. 그들의 스토리는 나이키가 어떤 회사인가에 대한 내용이다. 그들은 공동창업자 빌 바우먼이 더 좋은 운동화를 만들기 위해 녹인 고무를 자기 부인의 와플 기계에 부었다는 이야기를 들려주면서 나이키의 혁신정신에 대해 말한다. 신입사원들은 오리건의 육상스타 스티브 프레폰페인이 육상을 프로페셔널 스포츠로 만들고 더 나은 장비를 구하기 위해 노력한 이야기를 들으면서 나이키가 운동선수들을 돕는 데 헌신한다는 것을 배운다.

이러한 이야기들은 많은 조직에서 전해지고 있다. 이야기의 소재는 대부분 조직의 창업자에 관한 사건, 규칙을 어긴 사건, 가난에서 부를 일군 금전적 성공, 직원감축 사건, 직원을 다른 지역으로 옮긴 사건, 과거 실수에 대한 반응 그리고 조직이 어려움에 어떻게 대처했는가에 관한 내용이다. 이런 이야기들은 현재를 과거와 연결시켜주고 현재의 관행에 대한 설명과 정당성을 부여한다.

스토리텔러는 팀을 한데 결속시킨다. 스토리 텔러는 신화를 직조하고 사건들을 재구성하여 더 높은 리얼리티로 승화시키고 멋진 교훈을 이끌어낸다. 현대의 스토리텔러는 구전에만 의존하지 않고 비디오, 이야기, 애니메이션, 만화 등 다양한 미디어를 활용하여 멋진 이야기를 전한다. 그들은 또한 다양한 사람들의 이야기를 잘 들어주는 모습을 가지고 있다(켈리/리트맨, 2007).

테닝에 따르면 기업의 당면 목적에 따라 어떤 종류의 이야기가 필요한지 이해할 필요가 있다. 목표가 다르면 이야기와 형식도 달라져야 한다. 이야기에도 7가지 종류가 있다(데닝, 2007).

스토리텔링의 7가지 종류

종류	성격
• 행동을 촉발하는 이야기	흔히 긍정적인 분위기의 실제 이야기를 필요로 하며 아무런 꾸밈없이 전달된다.
• 지식을 공유하는 이야기	흔히 부정적인 분위기의 실제 이야기로, 한 가지 문제에 집중하며 그 맥락과 해결책 그리고 해결책에 관한 설명을 제시한다.
• 사람들의 협력을 이끌어내는 이야기	감동적인 이야기로, 청중에게서 그와 유사한 이야기들을 촉발한다.
• 사람들을 미래로 이끄는 이야기	방향을 불러일으키는 이야기로, 세부사항은 최대한 배제된다.
• 나쁜 소식을 중화하는 이야기	나쁜 소식 자체나 나쁜 소식의 장본인을 풍자하는 실제 이야기다.
• 자신이 어떤 사람인지를 알리는 이야기	흔히 배경과 등장인물, 플롯을 지닌 전통적인 형식의 이야기다.
• 가치를 전수하는 이야기	흔히 기업리더들이 역경에 어떻게 대처하는지를 묘사하는 믿을 만한 이야기다.

이 유형 가운데 기업변화를 촉발하는 이야기 만들기는 새로운 조직문화를 창출하는 데 중요하다. 기업이 변화의 필요성에 직면할 경우 대부분의 경영자들은 변화를 수행해야 하는 직원들로 하여금 새로운 개념을 이해하며 신속하고 열정적으로 실행하게끔 만드는 데 어려움이 있다. 이를 위해 스프링보드 스토리(springboard story)는 한

단계 발전된 이해를 통해 듣는 이로 하여금 기업이나 공동체가 변화할 수 있는가를 파악하도록 해준다.

스프링보드 스토리는 어느 한 상황에서 이루어진 변화에 관한 이야기를 통해, 듣는 이들로 하여금 그와 유사한 상황에서 변화를 수행하는 데 필요한 생각과 행동을 구체화하도록 해준다. 그리하여 그 변화는 듣는 이들 자신의 생각으로 자리잡게 된다. 다음은 스프링보드 스토리를 만들어내는 단계이다.

- 기업에서 실행할 변화의 개념을 구체적으로 규정한다.
- 그 변화의 개념이 실행에 옮겨져 전체적으로 또는 부분적으로 성공했던 사례를 확인한다.
- 그 사례를 대상청중의 전형이 될 만한 한 주인공의 시점으로 이야기한다.
- 그 사례가 언제 어디서 있었던 일인가를 이야기 속에서 구체적으로 밝힌다.
- 변화의 개념을 이야기 속에 충분히 구체화시키고, 필요하다면 이야기에서 그 개념을 추론해낸다.
- 이야기를 통해 만약 변화의 개념이 없었더라면 어떻게 되었을까를 분명하게 밝힌다.
- 이야기에서 불필요한 세부 사항을 제거한다.
- 그럴듯한 해피엔딩으로 이야기를 끝맺는다.
- 이야기의 결론 부분에서 "만일……이라면 어떨까요?" 또는 "한번 상상해보세요." 같은 표현을 사용하여 그 이야기와 개념을 연결시킨다.

　스토리텔링은 리더가 다른 개인들, 즉 단지 대상이나 부하직원이 아니라 공동참여자인 다른 개인들과 함께 일하는 데 도움을 준다. 스토리텔링은 리더가 세상과의 유대감을 강화하는 데도 도움을 준다. 자신이 이끌고자 애쓰는 사람들과의 유대감은 모든 리더들에게 필요하다. 특히 미래 지식경영 전문가들이라면 이 문제를 조직혁신, 조직문화 차원으로 발전시킬 필요가 있다.

제22장

스피드 경영과 유연조직

1. 스피드 경영

1917년 처음으로 선정된 미국의 100대 기업 가운데 유일하게 GE 만이 건재할 수 있었던 것은 발 빠른 변화능력 때문이다. 한국도 50년대 100대 기업 가운데 2004년까지 살아남은 곳은 7개뿐이다. 기업을 구할 수 있는 유일한 길은 과감하고 빠르게 변화하는 것이다. 대기업들이 효율성을 높이기 위해 노력하지만 변화 없이는 죽게 되어 있다. 따라서 CEO도 변화를 위해 최고파괴전문가(CDO, Chief Destruction Officer)가 되어야 한다.

비즈니스 환경이 급변하고 소비자의 기호가 쉴 새 없이 바꾸는 시대에 필요한 것은 스피드 경영이다. 시스코 시스템즈의 존 챔버스 회장은 "덩치가 큰 기업이 항상 작은 기업을 이기는 것은 아니지만 빠른 기업은 언제나 느린 기업을 이긴다."라고 말한다.

최근 신상품 출시 시간이 빨라지고 있다. 닛산 자동차는 과거 21개월 걸리던 신차 개발시간을 10개월 이내로 줄였다. 노키아나 모토로라, 삼성전자 같은 휴대전화 제조업체들의 경우 과거 18개월 정도 걸리던 것이 6개월 이내로 단축되었다. 스피드가 중요한 경쟁력이 되고 있는 것이다. 스피드를 높이기 위해 필요한 사항은 다음과 같다(강한수, 2007).

첫째, 무엇보다 의사결정의 속도를 높여야 한다. 이를 위해서는 기업 내의 관료주의를 타파하고 민첩성을 유지해야 한다.

둘째, 여러 업무를 동시에 처리할 수 있는 멀티태스킹(multi-tasking) 능력을 키워야 한다. 최근 멀티태스킹 효과를 높여 시간을 단축하는 수단으로 아웃소싱이 많이 활용되고 있다. 아웃소싱 기업들은 특정 업무를 싸게 수행해주기도 하지만 빠르고 완성도 높게 과업을 수행한다.

셋째, 빠르고 멀리 달리기 위해서는 힘을 모았다가 한꺼번에 발산하는 동작이 필요하다. 기업이 어떤 프로젝트를 시작할 때 이를 밀어줄 수 있는 동작, 곧 모든 역량을 결집시키는 장치를 만들 필요가 있다.

끝으로, 성공의 경험을 적용한다. 버진(Virgin) 그룹은 영국에서 처음 모바일 휴대전화 서비스를 시작할 때 네트워크를 새로 구축하지 않고 기존의 네트워크 사업자와 제휴하는 방법을 택했다. 일단 성공한 모델을 다시 활용하는 것은 개척에 드는 시간을 줄이고, 실패 위험도 줄일 수 있다.

2. 가치공학(VE)의 정신

GE사의 마일즈(L. D. Miles)는 가치공학(VE: Value Engineering)을 내놓았다. 가치공학은 원가절감을 위한 새로운 접근방법으로 최소의 자원비용으로 가치를 창출하고자 한 것이다. 기능을 비용으로 나눈 것을 가치로 보고, 고객만족을 위해 최소비용으로 혁신적 기능을 창조하고자 했다. 마일즈는 원래 가치분석(VA: Value Analysis)이라는 이름으로 제시되었으나 미 국방부가 VA를 도입하면서부터 VE로 개칭되었고, 군과 거래하는 모든 기업은 기본적으로 VE를 도입하도록 하였다. 한국의 경우 능률협회가 원가절감의 일환으로 한국화된 VE 기법을 발전시켰다.

VE의 핵심은 유연성(flexibility)과 창조성(creativity)을 업무에 적용함으로써 기능을 향상하고 비용을 절감하는 것이다. 유연성과 창조성의 발휘는 합리적인 인간행태 또는 조직행태의 기본요소 가운데 하나이다. VE는 비단 공공부문 건설 사업에 적용되는 특정 방법론이라기보다는 모든 활동에 공통적으로 적용될 수 있는 원리의 하나이다. 이런 의미에서 VE는 어떤 절대적인 방법이나 규칙의 모음이라기보다는 일종의 철학으로 볼 수 있다.

3. 플렉시큐리티 경영

덴마크 경제의 성공요인으로 흔히 플렉시큐리티(Flexicurity)라는 노동모델을 든다. 유연안정성으로 번역되는 이것은 플렉서블(flexible, 유연성)과 시큐리티(security, 사회안전망)의 합성어로, 노동시장의 안정성과 유연성을 함께 추구하는 정책이다. 노동시장의 유연성은 해고, 근무시간, 임금, 업무재배치에 대한 것이며 안정성은 직장, 소득, 구직활동에 대한 것이다. 덴마크의 플렉시큐리티는 기업이 해고는 자유롭게 하되 실직자에게 실업 급여와 다양한 직업훈련을 제공해 소득을 보장하고 재취업을 도와주는 방식이다. 노동시장을 유연하게 하는 대신 사회안전망을 튼튼하게 하는 것이다.

덴마크식 노동모델이 우리에게 가능할까? 한국이 덴마크식 모델을 도입하기 위해서는 여러 걸림돌이 있다. 그중에 가장 큰 걸림돌은 증세부담이다. 덴마크에서 기업이 해고를 쉽게 할 수 있는 것은 정부가 실직자에게 이전 소득의 70~90%에 해당하는 높은 실업 급여를 주기 때문이다. 2000~2001년 덴마크의 재취업 지원 비용은 국내총생산(GDP)의 1.58%였지만 한국은 0.31%에 불과했다.

또 한국 노동시장의 구조는 덴마크와 크게 다르다. 한국 노동시장이 경직되어 있기는 하지만 정규직과 제조업 직종이 그렇고 비정규직과 서비스업은 지나칠 정도로 불안정하다. 이런 상황에서 유연성 강화를 추진하면 저항이 높아질 가능성이 있다.

대기업과 중소기업 근로자 간에 소득격차가 큰 현실에서 해고를 쉽게 하고 직장 이동을 보장하는 식의 개혁이 잘 통하지 않을 것이라는 지적도 있다. 덴마크는 기업 대부분이 중소기업으로, 노동시장이 비교적 균질하지만 한국은 대기업에서 해고되어 중소기업으로 옮기면 생활수준이 현격히 떨어지게 된다.

꼭 덴마크식 모델만을 활용해야 성공하는 것이 아니므로 우리 실정에 맞게 적용하는 것도 바람직하다. 예를 들어 고용을 보장하되 근로자의 임금이나 근무시간에 대한 기업의 권한을 확대하는 식의 조합을 고려해보는 것도 한 방법이다(이병기 외, 2008).

4. 오른손잡이 조직에서 양손잡이 조직으로

유연성은 조직에서도 요구된다. 기업은 혁신을 강조한다. 혁신을 잘 하기 위해서는 양손잡이 조직(ambidextrous organization)이 되어야 한다는 주장이 높게 일고 있다. 조직은 생리적으로 성공한 제품·기존 기술 경로에 집착하기 십상이다. 당연히 단기간에 쉽게 성공할 수 있는 '존속적 혁신(sustaining innovation)'에 안주한다. 존속적 혁신은 기존 제품의 품질 향상·원가 절감에만 초점을 맞춘다. 안타깝게도 신성장 동력 개발은 어렵다. 우리는 신성장 동력을 개발하기 위해서 존속적 혁신에 머무는 조직을 '오른손잡이 조직'이라 부른다.

진짜 성공적인 혁신을 하려면 여기에 와해적·급진적 혁신을 주도하는 왼손잡이 조직 개념이 덧붙여져야 한다. 왼손잡이 조직은 CEO의 확고한 지원 아래 보다 창의적이고 도전적인 인력, 개방적인 문화, 장기적인 평가 시스템 등을 통해 오른손잡이 조직과는 차별적으로 설계돼야 한다. WAP(Wireless Application Protocol)기술을 개발한 노키아 벤처스 오거니제이션(Nokia Ventures Organization·NVO), 삼성종합기술원 등이 대표적인 왼손잡이 조직이다(송재용, 2007). 오른손뿐 아니라 왼손까지도 자유자재로 구사할 줄 아는 조직이 바로 미래의 바람직한 조직이다.

5. 양파조직에서 오렌지 조직으로

글로벌기업들에 글로벌 아웃소싱은 선택이 아니라 필수다. 맥도날드 햄버거에 들어가는 재료들은 사우디아라비아·호주·멕시코 등 전 세계 각지로부터 조달되고 있다. 그렇다면 글로벌 아웃소싱은 월드클래스 기업으로 발돋움하는 지름길인가? 답은 '조건부 예스(conditional yes)'다. 즉 글로벌 아웃소싱을 통해 경영의 효율성을 높이는 것도 중요하지만 아웃소싱을 충분히 수용할 수 있는 유연한 조직 구조가 반드시 전제돼야 한다. 시장의 변화에 맞춰 제품과 서비스를 개선하고 신속한 의사결정을 내리기 위해서는 유연한 조직구조가 필요하다.

미 사우스웨스트 항공사 허브 켈러허 창업자는 "양파보다 오렌지 같은 조직이 되자."라는 경영철학을 통해 조직의 유연성, 신속한 의사결정의 중요성을 강조했다. 껍질을 벗겨내도 또 다른 껍질이 나오는 양파 같은 조직보다는, 한 번만 벗기면 금방 먹을 수 있는 오렌지처럼 의사결정이 단순한 조직이 되자는 것이다. 사우스웨스트 항공은 조직의 총책임자인 CEO부터 일선 관리자 사이의 관리자층을 4단계 이하로 유지하고 있다(정동일·나지홍, 2007).

6. 팀 조직과 팀 리더십

조직의 유연성을 통해 보다 높은 성과를 거두려면 효과적인 팀 활동이 필요하다. 삼성그룹 반도체 채널팀은 팀장의 무리한 목표, 팀장의 돌격대식 관리방식, 팀원들의 사기저하와 끝이 보이지 않는 업무, 각자 맡은 일만 수행한 등 냉랭한 분위기, 팀원들이 부서를 옮기거나 퇴사를 하게 되는 현상 등으로 팀 조직에 문제가 있었다. 이 해결책은 무엇일까? 채널팀은 이 문제를 다음과 같이 극복해 세계적인 팀으로 성장했다(신원동, 2005).

- 팀장과 팀원의 사이에 있던 과장이 먼저 마음의 문을 열고 팀원들에게 다가갔다.

- 팀장과 팀원 사이의 대변인으로서 서로의 마음을 하나로 만들려 노력했다.
- 목표 있는 업무 분담과 사소한 일은 직접 처리했다.

생산부서의 생산기획 시스템은 선진 시스템 도입에 따른 많은 문제점이 도출했고, 본사와는 다른 영업방식으로 인한 시스템 도입으로 많은 수작업이 발생했다. 그리고 잦은 야근과 막중한 업무로 인해 직원들의 불만이 발생했다. 이를 위해 다음과 같은 방법을 택해 새로운 시스템의 놀라운 성과를 보았다.

- 팀을 새롭게 정의했다. 팀(Team)은 '함께 모여 모두가 조금씩 이루어내는 것(Together Everyone Achieve More)'이다.
- 선진시스템의 장점만을 채택해 부서만의 맞춤형 시스템을 구축했다.
- 워크아웃 기법을 이용해 부장의 아이디어가 직원의 입에서 나오게 했다.

첼시 구단 사장 피터 케니언(P. Kenyon)은 프리미어리그 경영학을 내세운다. 맨유를 키우면서 축구 클럽 경영의 귀재라는 수식어가 따라붙은 그는 몇 년 전 맨유를 떠나 경쟁클럽인 첼시에 새 둥지를 틀었다. 그리고 2년 연속 영국 최고의 프리미어리그 우승컵을 안았다.

영국 축구계는 20개의 잉글랜드 최고 팀이 경쟁하면서 각 클럽도 경기와 운영수준을 세계 최고로 끌어올렸다. 그리고 티켓 판매 수익금, 스폰서십, 방송중계권 판매 등으로 프리미어리그의 수익구조도 커지고 있다. 더 중요한 것은 팀의 성적이다. 팀이 이겨야 경기장을 찾는 관중도 늘어나고 상품 매출도 확대되어 스폰서를 좋은 조건으로 유치할 수 있기 때문이다.

케니언에 따르면 프리미어리그 우승컵을 안기 위해서 혼자서는 아무것도 할 수 없다. 축구도, 기업도 결국은 팀워크가 핵심이다. 경영진이든 티켓을 파는 사람이든 각 분야에서 가장 적합한 최고의 플레이어가 가장 중요하다. 팬은 고객이고 승리는 곧 고객만족경영이다. 어느 조직에서든 주어진 분야에서 모두가 최고의 플레이어가 되고자 할 때 우승컵을 안을 수 있는 확률이 높다.

제23장

사회적 책임과 윤리경영

1. 도덕적 인간과 비도덕적 사회

클린턴 대통령은 자신의 가치관 형성에 도움을 준 책 5권을 소개하였다. 그는 성경과 함께 미국의 신학자 라인홀드 니버(Reinhold Niebuhr)가 1932년에 쓴 「도덕적 인간과 비도덕적 사회」를 꼽았다.

니버는 이 책을 통해 개인적으로는 도덕적인 사람들도 사회 내의 어느 집단에 속하면 집단적 이기주의자로 변모한다고 주장했다. 개인적으로 볼 때 인간은 자기 자신의 이익을 희생시켜 가면서 다른 사람의 이익을 고려할 수 있다는 점에서 도덕적이다. 이런 도덕심은 교육에 의해 증진될 수 있다. 그러나 사회는 종종 민족적, 계급적, 인종적 충동이나 집단적 이기심을 생생하게 보여준다는 것이다.

니버는 이들이 사회조직의 테두리 안에서 벌어지는 자선의 문제와 경제적 집단 사이의 역학관계를 구별하지 못하고 있다고 비판했다. 집단 간의 관계는 윤리적이기보다 힘의 역학관계에 의해 규정되는 정치적 관계이며 따라서 사회집단 사이에 작용하는 운동의 강제성을 주목해야 한다. 특히 특권계급의 집단적 이기심으로부터 발생하는 사회적 부정의는 조정이나 타협에 의해 해결될 수는 없다. 이러한 사회집단의 악을 견제하기 위해 폭력이나 강제력을 사용할 경우에는 이에 대해 다른 폭력이 나타나는 악순환이 계속된다고 말하고, 쉬운 일은 아니지만 개인의 도덕과 사회—정치적 정의가 양립하는 방향에서 그 해결이 모색되어야 한다고 주장했다.

니버는 디트로이트에 있는 벧엘 교회의 목사였다. 그 교회의 교인들 대부분은 포드자동차 회사에 다니는 사람들이었다. 교인들은 교회에 출석하면서 나름대로 열심히 그리고 신앙적으로 살려고 노력하였다. 그러나 번번이 넘어지는 교인들을 보게 되었다. 목회자 니버는 그 이유를 알고 싶어 했다. 그럴 사람이 아닌데 넘어지는 이유는 과연 무엇인가? 그가 쓴 이 책은 이러한 고뇌에서 나온 해답서이다.

당시 포드회사는 우리가 알고 있는 바와 같이 항상 자비롭고 정의로운 회사는 아니었다. 그 속에는 다른 조직과 마찬가지로 조직적 강제와 착취가 있었다. 개인은 종교적 설득과 합리적 사고로 도덕적이고자 함에 비하여 그 개인이 조직사회에 발을 들여놓는 순간 조직의 집단적 이기주의에 지배되어 자신도 모르게 비도덕적 인간으로 전락하고 만다. 집단의 이익을 위해서는 부도덕한 행위도 서슴없이 저지르게 된다. 조직의 비도덕성이 개인의 도덕성을 함몰시키는 것이다. 그는 이 글을 통하여 도덕적 인간이 비도덕적인 사회에서 어떻게 살아남을 수 있는가를 말함으로써 인간 됨을 회복하고자 하였다. 그의 이러한 인간적 고뇌의 작업은 그를 교수로 만들었다. 뉴욕에 있는 유니온신학교의 교수가 되면서 그의 지적인 작업은 더욱 심화되었다.

「도덕적 인간과 비도덕적 사회」는 인간과 사회, 사회생활을 위한 개인의 합리적 원천들, 민족의 도덕성, 혁명을 통한 정의, 개인의 도덕과 사회의 도덕 사이의 갈등 등 10개 장으로 나뉘어 있다. 이 책에서 저자가 내건 명제는 개인의 도덕성과 집단의 도덕성 간의 기본적 구별에 관한 것이다. 사람은 일개 개인으로서는 윤리적일지 모르나 경제적으로나 민족적으로 집단을 이루면 비도덕적으로 변하게 마련이라는 것이 저자의 주장이다. 다시 말해 크든 작든 집단은 개인이 모인 단순한 집합체가 아니라 그 자체가 자기 이익을 추구하는 중요한 생리를 지닌다는 설명이다. 국가와 계급의 이기주의와 위선을 고발하고 있는 국가 이익의 추구에도 윤리적 목표를 지녀야 한다는 말이 된다. 바로 이 한 가지 주장만으로도 그의 사상은 사후 20여 년이 지난 지금까지 높은 평가를 받고 있다. 그는 특히 이데올로기의 경직성에 따른 공산주의의 몰락을 정확히 예견해 지난번 동구권 붕괴 때 새롭게 평가받기도 했다.

책 제목의 '사회'는 바로 이런 모든 집단을 일컫는 말이다. 단체의 비도덕성은 민족이나 국민 등 그 단위 규모가 커질수록 더욱 악화된다. 니버는 미국이 필리핀을 식민지화하면서 필리핀 국민에 대한 교육과 개화를 내세워 식민지화를 정당화하려는 위선을 보였던 역사적 사실을 통해 국가의 비도덕성을 드러내 보이고 있다. 이처럼 국가가 이기적이고 비도덕적이기 때문에 국제사회에서는 다른 나라의 폭력을 응징하기 위해 또 다른 폭력이 동원되는 악순환이 계속된다. 이런 현상을 가리켜 니버는 한마디로 '사회는 끊임없는 전쟁상태'라고 단언한다.

그러면 비도덕적이게 마련인 사회에서 정의구현은 어떻게 이룰 것인가. 이런 물음에 대해 그는 신학자이면서도 '한쪽 뺨을 때리면 다른 쪽 뺨도 내주라.'라는 기독교적 가르침을 과감하게 내팽개친다. 간단히 말해 지배계층의 착취에서 벗어나 사회정의를 되찾기 위해서는 힘의 대항이 불가피하다는 것이다. "예수는 원수를 사랑하라고 했는데 그것은 원수를 사랑하는 도덕적 행위가 초래할 사회적 결과나 영향을 전혀 고려하지 않은 것이다. 톨스토이는 차르정부에 반기를 든 러시아 농민들을 향해 비폭력을 호소했다. 그런 톨스토이의 정치 강령은 매우 비현실적이었다. 즉 사랑이라는 종교적 이상만 강조했지 강제력이라는 정치적 필요조건을 결합시키려는 노력이 없었던 것이다. 톨스토이의 가르침은 지배집단의 정치, 경제적 억압에 대항해 일어나는 저항세력을 무마시켜 결과적으로 러시아가 피동성의 구렁텅이에서 헤어나지 못하도록 하는 데 일조했을 뿐이다.” 그는 아울러 힘의 불균형에 따른 사회모순을 타파하기 위해서는 그 불균형 상태를 그대로 두어서는 안 된다고 주장하면서 힘의 불균형이 생기게 된 배경과 원인을 규명하는 일도 중요하다고 역설하고 있다.

니버는 변증법적 사고를 가지고 있으며 문제를 변증법적 차원에서 현실적으로 해결하고자 한다. 그의 변증법은 인간, 사회 모두에 적용된다. 그가 변증법을 택한 것은 그의 문제해결 방법이 극단논리가 아니라 종합, 균형, 조화에 있음을 보여준다. 이것은 또한 그의 접근 방법이 합리적 중용에 있음을 가리켜준다.

니버는 인간관에 있어서도 '의로우면서도 죄 속에 있는' 인간을 상정함으로써 대립되는 면모를 제시하고 있다. 인간은 하나님의 형상을 가지고 있다. 그에 따르면 인간이 하나님의 형상을 가지고 있다는 것은 인간이 자기의 능력을 충분히 발휘할 수 있는 창조적이고 건설적인 면이 있음을 가리킨다. 이런 의미에서 인간은 매우 긍정적이다. 그러나 인간은 죄인이다. 이것은 인간을 절대화할 수 없으며 인간은 파괴적일 수밖에 없음을 보여준다. 이로 미루어볼 때 인간이 하나님의 형상을 가지고 있다는 것은 망상적 유토피아에 해당한다. 이에 반해 인간이 죄인이라는 것은 패배주의에 해당한다. 그는 망상적 유토피아라는 테제와 패배주의라는 진테제 사이에서 기독교적 현실주의라는 진테제를 제시한다. 그가 제시하는 진테제는 테제와 안티테제 사이에 균형을 이루는 것으로 인간이 비록 죄 속에 있지만 더 나은 미래를 지향해야 한다는 것이다. 피조물인 인간이 죄인임에도 불구하고 창조적인 활동을 통해서 종교적인 요소, 곧 그리스도의 사랑으로 일보 접근함으로써 현실적으로 문화적 패배주의나 도덕적 냉소주의를 극복할 수 있게 된다.

조직사회에는 개인윤리와 사회윤리가 맞서 있다. 개인은 도덕적임에 반하여 사회는 비도덕적이다. 사회는 이처럼 도덕적인 개인과 죄악의 요소로 가득한 조직사회의 양면성을 지니고 있다. 대립되는 두 요소가 공존하고 있는 것이다. 그는 이 두 요소의 조화와 균형을 위해 정치적 방법을 제시한다. 그가 말하는 정치적 방법은 권력을 균형화시키는 현실적인 방법이다. 정치권력을 균형화시켜 권력의 남용이나 악용을 막아 사회정의를 실현시키는 것이다. 권력을 균형화시키면 사회윤리에 억눌린 개인의 힘이 커지게 된다. 그러므로 그의 균형화는 상대적 차이를 균등화하는 방법임을 알 수 있다. 한 집단이 다른 집단으로부터 차별을 당하지 않으려면 힘을 키워야 한다. 상대방에게 압력을 가할 수 있는 대등한 힘이 길러질 때 사회정의가 실현될 수 있다. 문제는 그 힘이 무엇인가 하는 것이다. 자칫 그 힘을 폭력으로만 생각한다면 우리 사회는 더욱 혼란스러울 것이다. 지식사회에서 그 힘은 각자의 전문성을 높이는 일이 될 것이다.

인간 공동체 속에는 이기심이 강하게 자리잡고 있다. 사회윤리는 개인윤리와는 달리 본질적으로 개인의 양심에 호소할 수 없는 모습으로 나타나고 있다. 이러한 때에 우리가 할 수 있는 것은 보다 정의로운 사회가 될 수 있도록 사회를 개혁하는 일이다. 그 방법은 바로 종교적인 사랑을 잃지 않는 것이며 악의 요소를 견제할 만큼 힘을 기르는 것이다.

니버는 1920년대부터 50년대까지 미국 최고의 지성으로 군림하면서 미국 사회 전반에 걸쳐 막강한 영향력을 행사한 인물이다. 1915년에 예일대에서 석사학위를 받은 그는 13년 동안 디트로이트에서 목사로 활동하다가 1928년 유니온신학교에서 교수로 재직하면서 20여 권이 넘는 저서를 남겼다. 석사학위가 전부였지만 그의 뛰어난 업적으로 인해 18개의 명예박사학위를 받았다.

니버는 예일대를 졸업하던 해 박사과정을 팽개치고 곧바로 디트로이트에 있는 벧엘 복음교회 목사로 들어가 13년을 지낸다. 이때 그가 디트로이트로 가지 않고 신학수업을 계속 했다면 지금 알고 있는 것과는 전혀 다른 인물로 남았을지 모른다. 미국 자동차산업의 본거지인 디트로이트에서의 목회활동이 그의 생애를 바꿔놓는 계기가 되었다는 의미에서 신학과 사회문제의 접목이라는 니버 특유의 철학이 이때 배태되었다.

1928년 목사에서 유니온신학교 기독교윤리 교수로 자리를 옮긴 그는 미국 내 대학캠퍼스에서 가장 많이 불려 다니는 존경받는 강연자의 명예를 누리기도 했다. 한스 모건소 같은 유명 정치학자들까지도 당시 니버에 대해 '미국에서 살아 있는 최고의 정치학자'라는 평가를 내리는 데 주저하지 않았을 정도로 그는 정치학계에서까지 추앙을 받았다.

독일에서 이주해온 니버의 아버지 구스타프 니버도 목사였으며 두 살 아래인 동생 헬무트 리처드 니버 역시 형에 버금가는 신학자로 미국 현대윤리 사상사를 지배했던 인물이다. 1892년 미주리 라이트 시티에서 출생한 니버는 디트로이트에서 목회활동을 할 때만 해도 여느 목사와 다름없이 폭력사용에는 반대하는 평화주의자였다. 그러나 디트로이트에서 노동자들의 궁핍한 생활 등 사회현실을 경험하면서 그의 성향은 과격하게 변해갔고 현실주의로 급선회했다. 이런 그의 현실주의적인 신학관은 대학으로 옮기고부터 활짝 피어났다.

독일에 나치정권이 들어섰을 때 니버가 미국 기독교인들에게 히틀러와의 전쟁을 지지하도록 설득한 것도 바로 그런 맥락이다. 당시 니버의 판단으로는 나치야말로 전쟁이란 악보다 더 위험한 존재라는 것이었다. 그는 행동주의 신학자로 알려진 본회퍼를 유니온신학교 교수로 초빙한 사람이었다. 그러나 본회퍼는 2차세계대전이 일어날 기미가 보이자 다시 독일로 돌아갔다. 편안하게 미국에 남아 있을 수 없다는 것이 그 이유였다. 본회퍼는 히틀러를 암살하려는 그룹에 연루되어 사형에 처해졌다.

제2차세계대전 후 니버는 미 국무부의 정책입안에도 커다란 영향을 미쳤다. 미국의 반공정책이 그의 영향에서 나온 것이라 해도 과언이 아닐 정도다. 1952년에 발표된 「미국 역사의 아이러니(The Irony of American History)」도 미국의 반공정책을 정당화하는 내용을 담고 있다. 그러면서도 그는 이 저서에서 '미국은 특별한 미덕을 지녔다.'라는 우월주의와 자기 정당화를 위한 전쟁에 대해서는 경고하는 것을 잊지 않았다. 베트남전쟁에 대해서도 그는 뒤에 태도가 바뀌긴 했지만 초기에는 '제2차세계대전 후 신생독립국들에 대한 미국적 해결 방법'이라고 맹비난을 퍼부었다.

니버는 정치활동에도 꽤 적극적이었다. 초기의 정치활동은 순전히 사회주의적인 신념에서 비롯된 것이었다. 사회주의자당(Socialist Party)의 당원으로서 공직에도 몇 번 출마했던 그는 미국 대외정책에 대한 사회주의자당의 불개입원칙과 평화주의적 입장에 반발, 탈당했다. 그 후 40년대에는 좌익성향의 반공정치조직을 결성하기도 했으며 한때 뉴욕주의 자유당(Liberal Party) 부의장 직을 맡기도 했다.

1952년 뇌졸중으로 쓰러져 공적활동에는 많은 제약을 받았으나 그는 학생을 가르치는 일과 저술활동만은 계속했다. 독설가로 이름이 높지만 학생 사랑만은 지극해 말년에 한쪽 다리를 질질 끌면서도 학생들의 논문을 일일이 지도한 그의 일화는 지금도 전설로 남아 있다. 불편한 몸을 이끌고도 유니온신학교에 10년을 더 몸담았던 그는 유니온신학교 재직 33년 만인 60년에 은퇴했다. 지난 1971년 79세를 일기로 매사추세츠 주 스톡브리지에서 숨을 거두었다. 니버가 남긴 저서는 「도덕적 인간과 비도덕적 사회」, 「미국 역사의 아이러니」 외에도 「기독교와 권력정치」, 「인간성과 인간의 운명」 등 20여 권을 헤아린다.

2. 기업의 사회적 책임: 방어적 CSR에서 전략적 CSR로

시장주의 경제학자였던 밀턴 프리드먼(M. Friedman)은 기업의 책무는 이윤창출이라 주장했다. 이로 인해 이윤추구가 기업의 존재이유가 되어왔다. 그러나 오늘날의 기업은 이윤추구와 사회봉사 두 마리 토끼를 잡고자 한다. 이것은 기업의 사회적 책임, 곧 CRS(Corporate

Social Responsibility)로 집약되고 있다.

CRS는 현대 경영의 주요 화두가 되어 있다. 많은 기업들이 지속가능성(sustainability)이라는 항목을 담은 보고서를 내고 있고, 사회적으로 책임 있는 투자(SRI)에 대한 관심도 커지고 있다. 관리자금이 10조 달러 이상인 금융기관들은 이미 유엔의 '책임 있는 투자 원칙'에 서명했다.

윤리는 에토스(ethos)다. 에토스란 우리가 지켜야 할 규범(norm)이 있다는 것을 말한다. 기업도 조직도 규범을 가지고 있다. 우리는 기업을 가리켜 이윤을 추구하는(profit-seeking) 조직이라 말한다. 그러나 지금은 기업에 거는 사회적 기대가 높아짐에 따라 기업도 다르게 평가한다. 특히 기업은 바르게 벌어야 할 뿐 아니라 이익을 바르게 사용해야 할 것을 요구한다. 기업의 사회적 책임을 기업윤리의 한 중요한 장으로 설정하는 것도 이 때문이다. 기업의 에토스가 변하고 있는 것이다.

CRS은 원래 회사들이 좋은 평판을 유지하고 사업 환경을 보호하기 위한 자구책이었다. 엔론 같은 대기업 부정 스캔들은 기업의 도덕성을 도마에 올려놓았다. 정부 규제가 강화되었고 NGO도 기업에 대한 감시도를 높였다. 이들이 각종 평가와 순위 발표 때문에 회사들은 재무 외의 성적에도 관심을 두지 않을 수 없게 되었다. 맥킨지의 조사에 따르면 글로벌 기업의 95%가 기업의 공적 책임에 대한 사회의 기대가 5년 전보다 훨씬 높아졌다.

마크스&스펜서의 CRS 활동 보기

기업	CRS 기업전략명	활동 사례
마크스&스펜서	플랜A	·우간다 아동 1만 5천 명 교육지원 ·CO_2배출 연 5만 5천 톤 감축 ·옷걸이 4,800만 개 재활용

CRS를 원하는 사내의 요구도 높아지고 있다. 사원들에게 동기를 부여하거나 재능 있는 인재를 확보하기 위해 경영자는 CRS에 관심을 높여야 한다. 그래서 기업들은 CRS를 새로운 기회로 본다.

2006년 하버드비즈니스리뷰(HBR)에 발표된 가장 뛰어난 글은 무엇일까? 1959년부터 맥킨지재단의 후원으로 해마다 HBR에 실린 글 중 두 편을 골라 시상하는 맥킨지상이 제48회 수상작을 발표했다. 기업과 학계의 저명인사들로 구성된 심사위원단은 1등에 CSR를 전략적 차원에서 접근한 마이클 포터 교수의 "전략과 사회", 2등에 게리 하멜 교수의 "경영 혁신이란 무엇인가"를 선정했다.

포터는 전략적인 방식으로 접근하면 CSR은 기업의 경쟁적인 이점의 일부가 될 수 있다고 주장한다. 그에 따르면 더 많은 사회적 책임을 요구하는 목소리에 기업들이 땜질식 처방을 하고 있지만 오히려 "기업성공과 사회복지는 전략적 윈-윈 게임이다."라는 공유가치(shared value)를 창출해야 한다고 주장한다.

기업의 사회적 책임은 최근 글로벌 기업들의 우선 과제로 떠오르고 있다. 아프리카 AIDS 문제 해결에 나서라는 요구가 제약회사에 날아들고, 패스트푸드회사에는 비만과 불량한 영양 상태에 대한 책임을 지라는 소비자 단체들의 항의가 빗발친다. 그러나 CSR에 대한 잘못된 인식 때문에 기업이 사회에 공헌함과 동시에 이익을 도모할 호기를 놓치는 경우가 많다. 대부분의 기업들은 '책임'을 요구하는 사회의 목소리에 눈 가리고 아웅 식의 땜질 처방에 급급하다. 홍보부서와 언론 담당부서가 나서서 적당히 윤색하고 그치는 경우도 많다.

기존에 알려진 CSR은 기업과 사회를 긴장 관계로만 해석한다는 데 근본적인 문제점이 있다. 기업 성공과 사회 복지는 제로섬 게임이 아니다. CSR이 기업과 사회 간의 긴장을 강조하다 보면 대응적 CSR에 그치게 된다. 선한 기업이 되기 위해 혹은 기업 활동으로 인한 역효과를 완화하기 위해서만 CSR에 투자하는 것이 대응적 CSR의 예로 볼 수 있다.

GE는 공립고등학교를 돕기 위해 25만~100만 달러를 5년간 기부했다. GE 직원이 학생들을 직접 가르치기도 했다. 이러한 선행은 지역자치단체와의 관계를 증진시키고, 자사 직원들의 자부심을 고양할 수 있다. 그러나 효과가 내적으로만 한정돼 있다는 게 문제다. 아무리 유익하더라도 실제 회사의 사업에 미치는 긍정적 영향은 미미하다.

스포츠용품 전문업체 파타고니아와 자연주의 화장품업체 더바디샵 등 일부 기업은 사회적 책임에 관심을 갖고 꾸준한 노력을 기울였다. 그러나 투자의 실제 이익을 계량화하기 힘들기 때문에 경영진이 바뀌거나 경기 순환 흐름이 나빠지면 CSR 프로그램이 흔들리기 쉽다는 약점을 가지고 있다.

그렇다면 CSR을 혁신과 경쟁 우위를 차지하기 위한 원천으로 활용할 수 있는 방법은 어떤 것이 있을까. CSR을 제대로 발전시키기 위해서는 기업과 사회의 상호연관성에 주목해야 한다. 걸려 있는 명분이 얼마나 가치 있느냐가 아니라 얼마나 공유 가치를 창출할 수 있느냐에 중점을 둬야 한다. 이제는 단순 방어적인 CSR을 넘어 '전략적 CSR'로 나아가야 할 때다. 전략적 CSR은 이렇게 선한 회사를 만들거나 해로운 영향을 완화시키는 수준을 뛰어넘는다. 공유 가치를 증진시키기 위한 열쇠가 전략적 CSR이다.

도요타가 자동차 배출가스에 대한 우려를 씻기 위해 선보인 하이브리드카(전기와 휘발유를 번갈아 동력으로 이용하는 차) '프리우스(Prius)'는 도요타의 기술을 세계 표준으로 확립하고 경쟁 우위를 확보하는 초석을 닦았다. 하이브리드 엔진은 유해 오염물질을 기존 차량의 10% 정도만 배출해 환경에도 긍정적이다.

멕시코 건설업체 우르비는 '플렉시블 모기지(flexible mortgage)' 등 신종 금융 상품을 이용해 형편이 넉넉지 않은 이들을 위한 주택 공급에 성공했다. 프랑스 최대 은행 크레디 아그리콜은 에너지 절약을 위한 주택 개조나 유기농 인증 검사에 소요되는 비용 등 환경에 특화된 대출 상품을 내놓아 차별화에 성공했다.

전략적 CSR은 기업의 경쟁력을 강화하면서 사회와 상호연계성을 강화할 수 있다. 마이크로소프트(MS)가 미국 커뮤니티칼리지(community college·지역초급대학)와 함께 펼친 '워킹 커넥션스 파트너십(working connections partnership)' 프로그램은 공유 가치를 어떻게 창출해야 하는지를 잘 보여준다. 정보기술 인력이 부족했던 MS는 커뮤니티칼리지의 1,160만 학생에 눈을 돌렸다. 또한 이들 학교의 IT과목에 체계적 과정이 부족하다는 점에 주목했다. MS는 교육 지원을 위해 5년간 5,000만 달러를 투자했으며, 직원들 중 자원자를 보내 교과과정 개발에 참여하도록 독려했다. 이 프로그램을 통해 MS는 사회에 확실하게 기여할 수 있었을 뿐 아니라, 회사를 위한 잠재적이고 직접적인 이익을 창출할 수 있었다.

전략적 CSR은 회사의 일상 업무에 자연스럽게 녹아들기도 한다. 네슬레는 개발도상국들의 중소 농가들과 공동 작업을 펼쳤다. 해당 지역 기반시설에 지속적으로 투자하고, 회사가 보유한 세계적 수준의 지식과 기술을 개도국에 이전했다. 그 결과 지역 보건위생이 향상되고 교육환경도 월등히 나아졌다. 네슬레는 우유·커피·코코아 등 필수 상품을 직접적으로 안전하게 확보할 수 있었다. CSR은 '이미지'가 아니라 '내용'에 초점을 맞춰야 한다. '우리(기업) 대 그들(사회)'로 양분화된 개념을 가져서는 안 된다. 공유 가치를 창조하는 것은 회사의 미래 경쟁력에 대한 장기적 투자다. 궁극적으로는 CSR을 넘어 'CSI(corporate social integration)', 즉 기업과 사회의 통합으로 나아가야 한다(Porter, 2006).

CSR가 이제 선택이 아니라 필수요 방법의 문제만 있을 뿐이라는 주장이 강하다. 하지만 회사의 슬로건과 행동 사이에는 여전히 간극이 있다. 도요타는 환경친화형 신차를 선전했지만 연료규제 강화 법안에는 반대했다. 결국 CSR은 실행에 성공적일 경우 미래 기업 활동의 중추가 될 수 있지만 잘못될 경우 기업의 부도덕성과 같은 악취를 막는 마개로 전락할 수 있다는 우려마저 있다.

3. 윤리적 리더십

미래 리더십의 코드는 윤리적 리더십이다. 성공적인 리더는 윤리 및 도덕의 높은 기준을 고수해야 한다. 리더가 윤리적 존재로서 존재하는 것만으로도 기업은 바르게 설 수 있다.

하워드 가드너는 급변하는 시대에 걸맞은 리더십의 세 요소로 우수한 기술적, 전문적 자질과 능력, 윤리적 사고방식 그리고 적극적인 성취의식과 진실성을 들었다. 우수한 리더는 이 요소를 가지고 있다는 것이다. 탁월성이 결여된 리더십은 선의에서 우러난 리더십이라 해도 평범한 결과를 면치 못하고, 윤리성이 결여된 리더십은 정, 재계 그리고 비영리 업계에 이르는 각 계층에서 문제와 맞닥뜨린다. 또한 적극성이 결여된 리더십은 꾸준한 유지가 불가능한 탓에 기력이 소모되거나 적당히 타협된 어중간한 결과를 낳게 된다.

레이 앤더슨은 비즈니스가 공동의 선(common good)을 추구하는 것이어야 한다고 말한다. 그에 따르면 성공은 옳고 그름에 대해 확고한 마인드를 가지는 것이다. 성공에 대한 새로운 개념이 아닐 수 없다. 그는 특히 환경에 대한 윤리적 의무를 강조한다. 이 의무는 어느 누구에게만 해당되는 것이 아니라 모든 구성원의 의무이다. 이런 의식을 가진 조직은 소모와 고갈의 자원을 벗어나 지속가능성(sustainable)을 높일 수 있다.

데이비드 시걸은 인류공동의 이익을 위해서는 분야를 초월해 협력할 필요가 있음을 강조한다. 기업, 사회단체, 대학 등 분야 간의 간극을 초월한 협력이 이뤄져야 한다. 조직도 파트너십의 중요성을 인지하고, 상호간의 관계를 새롭게 설정할 필요가 있다. 조직이 자신의 고유성을 유지하면서 다른 조직과의 공동자원의 개발에 효과를 발휘하기 위해서는 광범위한 사회적 배경과 체계에 속해있는 자신의 모습을 바라볼 줄 알아야 한다. 이를 위해서는 대학교육에서부터 분야를 초월한 협력의 윤리적 고려사항을 다루는 데 익숙해져야 한다(냅, 2007).

4. 윤리적 소비

윤리에 대한 관심은 경영자에게 국한되지 않는다. 소비자들도 윤리적 소비를 한다. 뉴요커들 사이에서는 요즘 100% 공정무역 커피를 내세운 '고릴라 커피'를 들고 다니는 것이 스타벅스 커피를 마시는 것보다 쿨한 모습으로 자리잡고 있다. 현대백화점에서도 과테말라와 멕시코 등에서 생산된 공정무역 커피를 판매하고 있다.

최근 윤리적 소비(ethical consumption) 운동이 세계적으로 번지고 있다. 이 운동은 1950, 60년대부터 일어나기 시작한 공정무역(fair trade) 개념을 근간으로 1990년대 말 개념이 확립된 것으로, 의식 있는 소비(conscious consumption) 운동이다. 공정무역이란 원래 국가 간에 혜택이 공정하게 분배되는 무역을 의미하는데, 구체적으로 노동 착취나 미성년자 노동 등 비윤리적 행위로 생산된 제품을 거부하거나, 원재료를 생산하는 국가에 정당한 가격을 지불하는 것 등을 말한다. 초콜릿·커피·설탕 등을 공급하는 제3세계 국가와 개발도상국 노동자들의 열악한 노동·복지환경을 개선하자는 취지이다.

영국의 공정무역 제품 사주기가 대표적 보기이다. 영국의 앤도버, 런던 등지에서 세계적인 빈부격차를 막기 위해 커피·옷·설탕 등 제3세계 생산자의 제품을 사주는 운동이다. 이 제품들은 다른 경쟁상품보다 비싸지만 윤리적 소비자들은 자발적으로 사준다. 현재 이 운동은 다음과 같이 다양한 형태로 전개되고 있다.

- 어린이 노동력을 착취해서 만든 카펫이나 티셔츠, 축구공 사지 않기

- 노동자에게 제대로 품삯을 주지 않고 채취한 커피나 화장품 원료를 쓴 제품 사용하지 않기
- 지속가능하며(sustainable) 생분해되는(biodegradable) 친환경제품 사용하기

영국잡지 「윤리적 소비자(Ethical Consumer)」는 아디다스, 로레알, 월마트 등을 소비거부 운동 리스트에 올렸다. 아디다스는 캥거루 가죽으로 일부 축구화를 만든다는 이유로, 로레알은 화장품을 제조할 때 동물실험을 한다는 이유로, 심지어 월마트는 기후변화협약(교토의정서)에 반대하는 부시 대통령의 공화당에 기부를 많이 하는 기업이라는 이유로 리스트에 올랐다.

윤리적 소비 운동으로 인해 소비자의 기업에 대한 요구와 기대가 급격히 높아지고 있다. 맥킨지 조사에 따르면 기업 최고경영자의 90% 이상이 기업의 사회적 책임에 대한 소비자 기대치가 최근 5년 새 급격히 높아졌다고 보고 있다. 맥도널드, 스타벅스, 던킨 등 대형업체들도 공정무역 상품의 거래 비율을 높이고 있다. 기업들이 공정무역에 관심을 보이는 것은 비단 윤리적 이유 때문만은 아니다. 이를 통해 기업이미지를 높이고 윤리적 소비를 선호하는 고객을 붙잡기 위한 것이다. 그러나 소비자들의 윤리적 구매가 기업 활동을 변화시키고 있는 것은 확실하다.

윤리적 소비를 강조하는 것은 좋으나 부작용도 만만치 않다. 일부 악덕 기업들이 아무런 근거 없이 자사제품이 공정무역이나 친환경제품임을 내걸며 잇속을 채우고 있기 때문이다. 자본주의 반성에서 시작된 윤리적 소비가 소비 행태만 살짝 바꿔줌으로써 소비를 부추

겨 이익만을 거두려는 것은 문제다. 따라서 윤리적 소비에 대한 국
제적 인증이 필요하게 되었고, 1997년에 설립된 FLO(Fairtrade Labelling
Organization)가 세계공정무역인증기구로 활동하고 있다.

5. 환경을 생각하는 로하스 소비자

얼마 전까지만 해도 플라스틱 BB탄을 사용해 부상위험이 큰데다
판정이 분명치 않고 환경오염문제까지 대두된 야외 전쟁놀이에서 페
인트 볼 사용이 늘어가고 있다. 전혀 부상이 없도록 연질 캡슐로 만
들고 맞는 순간 물감을 뿌리면서 터져버려 누가 맞았는지 정확히 알
수 있다. 빨강, 파랑, 노랑 등 24가지 색깔의 페인트 볼은 수성이어
서 터지는 순간 채색이 되었다가 저절로 녹아 없어져 환경오염문제
도 없다. 우리나라의 경우 삼성전자가 경기도 포천 베어스타운 페인
트 볼 빌리지에서 사원들에게 이 게임을 실시한 것을 비롯해 경수산
업, 한독약품 등 여러 기업에서 잇달아 실시하고 있다. 특히 신세대
젊은 사원들에게 인기가 높다. 경찰에서도 폭주족을 단속하기 위해
페인트 볼을 사용하기 시작했다. 이것을 사용하는 데는 여러 이유가
있지만 무엇보다 환경친화적이라는 점이 좋다.
최근 로하스라는 단어 사용이 늘어가고 있다. 이것도 환경과 연관
된다. '로하스(LOHAS)'는 영어로 '건강하고 지속가능한 삶의 방식
(Lifestyles Of Health And Sustainability)'의 머리글자를 조합해 만든
합성어다. 이대로 살아가면 우리가 사는 세상은 끝장이라는 반성이

담겨있다. 요즘 유행하는 '웰빙(Well-being')이 개인의 행복한 삶을 말한다면, 로하스는 자신의 건강뿐 아니라 자연과의 공존을 생각하는 라이프스타일이다.

로하스는 최근 기업 활동에 도입되는 추세다. 미국의 '인앤아웃 버거'는 냉동하지 않은 신선한 재료를 사용하고 고객이 주문하면 그때부터 음식을 만들어 쓰레기 음식(junk food)이라는 햄버거에 대한 인식을 바꿔놓았다. 패스트푸드 햄버거보다 값은 조금 비싸지만 미국인들로부터 존경을 받으며 1990년대 이후 가파른 성장세를 보이고 있다. 자동차회사 도요타는 환경을 생각하는 하이브리드카 출시로 시장을 석권했고, 화장품 회사 아베다는 자연주의 이미지로 성공을 거두고 있다. 이처럼 로하스는 이제 이념이 아니라 기업의 생존전략이다.

2005년 조사에 따르면 미국의 로하스 인구는 6,300만 명, 로하스 시장 규모는 2,289억 달러였다. 우리 기업들도 그린마케팅과 환경경영을 외면할 수 없게 되었다. 내 아이의 미래를 생각하며 친환경 제품을 고르는 로하스 소비자들이 점점 늘어나고 있기 때문이다(김민주, 2006).

참고문헌

동양문헌

강영안. (1997). 주체는 죽었는가. 문예출판사.

권 민. (2006). 양손잡이 리더십. 고즈원.

김민주. (2006). 로하스 경제학. 미래의창.

김인호. (2006). 기업경영의 일반이론. 비봉출판사.

김태진 외. (2006). 일본의 10년 불황을 이겨낸 힘 TOYOTA. 위즈덤하우스.

데이빗 히넌 외. (2000). 위대한 이인자들. 최경규 옮김. 좋은책만들기.

리처드 도킨스. (2006). 이기적 유전자. 홍영남 옮김. 을유문화사.

리카르도 세믈러. (2006). 셈코 스토리. 한스컨텐츠.

마이클 래빈. (2006). 깨진 유리창 법칙. 김민주 외 옮김. 흐름출판.

브루스 윌킨슨. (1995). 배우는 이의 일곱 가지 법칙. 홍미경 옮김. 디모데.

삼성경제연구소. (2006). 경영의 새 화두: 일과 생활의 균형. 삼성경제연구소.

스가야 요시히로. (2006). 롱테일 법칙. 예병일 옮김. 재인.

스펜서 존슨. (2000). 누가 내 치즈를 옮겼을까. 이영진 옮김. 진명출판사.

스티브 데닝. (2007). 조직혁신에 관한 명쾌한 아이디어 다람쥐 주식회사 이
        야기. 김민주 옮김. 베이스캠프.

스티븐 굴드. (1998). 판다의 엄지. 김동광 옮김. 세종서적.

신원동. (2005). 삼성의 팀 리더십. 한국경제신문사.

앤소니 기든스. (1997). 현대성과 자아정체성. 새물결.

___________ (1997). 좌파와 우파를 넘어서. 한울.

___________ (1998). 성찰적 근대화론. 한울.

앨빈 토플·하이디 토플러. (2006). 부의 미래. 김중웅 옮김. 청림출판.

엘리자베스 하스 에더사임. (2007). 피터 드러커, 마지막 통찰. 이재규 옮김. 명진출판.

오열근. (2005). 조직과 인간. 대경.

우젠광. (2006). 다빈치의 두뇌사용. 류방승 옮김. 아라크네.

워렌 베니스·버트 나누스. (2006). 리더와 리더십. 김원석 옮김. 황금부엉이.

월트 디즈니 이매지니어. (2005). 파란 코끼리를 꿈꾸라. 이상원 옮김. 용오름.

윤덕균. (2007). 초우량기업들의 경영혁신 200년. 민영사.

윤석철. (2005). 경영·경제·인생 강좌 45편, 위즈덤하우스.

이면희. (2007). 3.0 CEO를 위한 명품경영학. 청년정신.

이타가키 에켄. (2002). 기적을 만든 카를로스 곤의 파워 리더십. 강선중 옮김. 더난출판사.

장승규. (2006). 발렌베리가의 신화. 새로운제안.

잭 웰치·수지 웰치. (2005). 잭 웰치 위대한 승리. 김주연 옮김. 청림출판.

제임스 루카스. (2006). 파워 밸런스. 김광수 옮김. 비전과 리더십.

제프리 크레임스. (2006). 잭 웰치와 4E 리더십. 김종완 옮김. 한국맥그로힐.

존 냅. (2007). 미래 리더십 코드. 안진환 옮김. 비즈니스맵.

존 바텔. (2005). 검색으로 세상을 바꾼 구글 스토리. 이진원·신윤조 옮김. 랜덤하우스중앙.

존 어데어. (2006). 위대한 리더들 잠든 시대를 깨우다. 이윤성 옮김. 미래의창.

짐 콜린스. (2002). 좋은 기업을 넘어 위대한 기업으로. 이무열 옮김. 김영사.

클레이튼 크리스텐슨·스콧 엔서. (2005). 미래기업의 조건. 이진원 옮김. 비즈니스북스

토니 다빌라·마크 엡스타인·로버트 셸턴. (2007). 혁신의 유혹. 김원호 옮김. 럭스 미디어.

토머스 프리드먼. (2006). 세계는 평평하다. 김상철 옮김. 창해.

톰 켈리·조너던 리트맨. (2007). 이노베이터의 10가지 얼굴. 세종서적.

페이스 팝콘 외. (1999). 클릭 미래 속으로. 조은정 외 옮김. 21세기북스새날.

포스코 PI프로젝트추진팀. (2002). 포스코 멈추지 않는 진화. 21세기북스.

폴 스톨츠. (1997). 위기대처 능력 AQ. 강미영 옮김. 세종서적.

피터 드러커. (2006) 경영의 실제. 이재규 옮김. 한국경제신문사.

__________ (2006). 피터 드러커, 나의 이력서. 남상진 옮김. 청림출판.

한　비. (2003). 한비자 — 공명정대한 법치 리더십의 고전. 김원중 옮김. 현암사.

현대경제연구원. (2008). 만년 2위 탈출 전략. 현대경제연구원.

LG경제연구원. (2007a). 인식의 차이를 만드는 리더의 유형. LG경제연구원.

__________ (2007b). 오해하기 쉬운 경영혁신에 대한 상식. LG경제연구원.

__________ (2007c). 이런 상사가 창의성을 죽인다. LG경제연구원.

서양문헌

Boulding, K. E. (1953). *The Organizational Revolution*. NY: harper & Row.

Chappell, T. (1993). *The Soul of A Business: Managing for Profit and the Common Good*. NY: Bantam Books.

Collins, J. C. (2001). *Good to Great: Why Some Companies Make the Leap and Others Don't*. NY: HarperCollins.

Davis, P. K., Bankes, S. C., and Egner, M. (2007). *Enhancing Strategic Planning With Massive Scenario Generation*. National Book Network.

Friedman, T. L. (2000). *Lexus and the Olive Tree: Understanding Globalization*. NY: Random House.

George, Jr. C. S. (1972). *The History of Management Thought*. NY: Prentice−Hall.

Golembiewski, R. T. (1990). *Ironies in Organization Development*. Dekker.

__________________ (1985). *Humanizing Public Organization*. Lemond.

__________________ (1979). *Approaches to Planned Change*. Vol. II. Dekker.

__________________ (1967). *Men, Management, and Morality*. NY: McGraw
－Hill.

__________________ (1972). *Renewing Organizations: The laboratory approach to planned change*. NY: F. E. Peacock Publishers

__________________ (1974). *Toward the Responsive Organization: The theory and practice of survey/feedback*. Brighton Pub. Co.

Greene, R. (2006). *The 33 Strategies of War*. Viking Adult.

Habermas, J. (1990). *The Philosophical Discourse of Modernity:* Twelve Lectures. MA: The MIT Press.

Hamel, G. (2006). "The why, what and how of management innovation", *Harvard Business Review,* Feb. 84·2

Hannen, M. T and J. H. Freeman. (1989). *Organizational Ecology*. MA: Harvard University Press.

________________________________ (1977). "The Population Ecology of Organization", *American Journal of Sociology,* 82:929－964.

Huizinga, Johan. (1971). *Homo Ludens: A Study of the Play－Element in Culture*. NY: Houghton Mifflin

Nicholas, D. S. (2007). *Return on Ideas: A Practical Guide to Making Innovation Pay*. NY: Wiley. 아이디어를 강력하게 쏴라 혁신의 로켓을 쏘아 올려라. 최종옥 옮김. 북코스모스.

Niebuhr, R. (1932). *Moral Man and Immoral Society*. NY: Charles Scribner's.

O'Reilly, C. A. & Pfeffer, J. (2000). *Hidden Value: How Great Companies Achieve Extraordinary Results With Ordinary People*. NY: Perseus Distribution Services.

Pfeffer, J. (1996). *Competitive Advantage through People: Unleashing the Power of the Work Force*. MA: Harvard Business School Press.

__________ (1998). *Human Equation: Building Profits by Putting People First*. MA: Harvard Business School Press.

__________ (1977). "The ambiguity of leadership", *Academy of Management Review*. 2: 104－112.

Porter, M. (2006). "Strategy and Society: Corporate Social Responsibility and Competitive Advantage", *Harvard Business Review*. Dec.

Reich, R. B. (2007). Supercapitalism. NY: Random House.

Root－Bernstein, R. & Root－Bernstein, M.(1999). *Sparks of Genius*. NY: Houghton Mifflin Books. 박종성 옮김. 에코의 서재(2007).

Senge, P. M. (1990). *The Fifth Discipline: The Art & Practice of the Learning Organizations*. NY: Doubleday/Currency.

Sutton, R. I. (2007). *The No Asshole Rule: Building a civilized workplace and surviving*. NY: Warner. 또라이 제로조직, 서영준 옮김. 이실MBA.

Wren, D. A. (1979). *The Evolution of Management Thought*. NY: John Wiley & Sons.

Young, R. (1988). "Is Population Ecology a Useful Paradigm for the Study of Organizations?" *American Journal of Sociology*, 94: 1－24.

Yukl, G. A. (1989). *Leadership in Organization*. NJ: Prentice－Hall.

신문 잡지 및 기타

강한수. (2007). "스피드 경쟁력이 없으면 시장에서 살아남기 힘들어", 조선일보. 9월 1일.

김덕한. (2006). "사원들이여, 감성을 깨워라", 조선일보 6월 10일.

김상범·정두희. (2007). “열심히 만든 경영전략 왜 번번이 실패할까?” 조선일보. 5월 12일.

김용학. (2008). “매스 컬래버레이션”, 조선일보. 2월 25일.

김응철·이호승(2005). “조직의 창조성은 시스템이 만들어낸다”, 매일경제, 10월 13일.

김현진. (2007a). “2.0의 시대가 온다”, 조선일보. 9월 15일.

______ (2007b). “CEO들이여, 예술을 즐겨라”, 조선일보. 12월 8일.

박성훈·나지홍. (2007). “혁신기술이라면 회사 밖에서 찾는데 주저 말라”, 조선일보. 3월 24일.

박 용. (2007). “글로벌 기업들, ‘꼴찌도 빛나게 하라’”, 동아일보. 6월 9일.

박용근. (2007). “파킨슨 딜레마”, 조선일보. 3월 30일.

박용태. (2007a). “자동차 산업이 IT 흉내 내면”, 조선일보. 8월 4일.

______ (2007b). “기술창고를 비워라”, 조선일보. 9월 8일.

______ (2007c). “서비스도 엔지니어링이다”, 조선일보. 9월 22일.

선우 정. (2005). “조직의 마쓰시타, 창조의 소니를 누르다”, 조선일보. 8월 1일

송재용. (2007a). “양손잡이 기업만이 살아남는다”, 조선일보, 1월 27일.

______ (2007b). “플랫폼 리더십은 적과의 동침이다”, 조선일보. 4월 27일.

______ (2007c). “명확한 비전은 죽은 기업도 다시 살린다”, 조선일보. 8월 25일.

신지은. (2007). “테레사 수녀의 마음에 대기업 CEO의 머리로”, 조선일보. 6월 12일.

여운동. (2007). “트리즈, 모순을 정의하고 창조력으로 극복한다!” KISTI 동향분석. 7월 25일.

염강수. (2005). “회사 내 사부님, 멘토를 찾아라”, 조선일보. 10월 18일.

윤영수. (2007). “혁신에 성공하려면 워킹과 점핑 맞물려야”, 조선일보, 8월 4일.

윤창희. (2006). “도전 받는 잭 웰치 경영 바이블”, 중앙일보. 7월 13일.

이동진. (1998). “인간이 만드는 악마적 광기”, 조선일보. 1월 13일.

이병기 외. (2008). “설득—통합 리더십으로 유럽의 병자 치유/덴마크식 노동모델 가능할까”, 동아일보. 2월 28일.

이성훈. (2006). “머리를 써라, 당신의 우뇌를”, 조선일보. 6월 27일.

이정석. (2007). “성공하는 기업들의 7단계 시나리오 플래닝”, 조선일보. 9월 1일.

이지훈. (2007). “선행의 경제학”, 조선일보. 7월 5일.

이호승. (2005). “창의성 없이 살아남을 기업 없다”, 매일경제, 10월 11일.

정동일·김현진. (2007a). “경영학의 아인슈타인, 역발상 경영을 외치다”, 조선일보. 3월 24일.

_______________ (2007b). “IQ 130인 사람들이 모였는데 조직 전체 수준이 60이라면”, 조선일보. 8월 25일.

정동일·나지홍. (2007). “MS·인텔처럼 월드 클래스 기업이 되려면”, 조선일보. 3월 10일.

정재홍. (2008). “경영＋자선 — 젊은 사회적 기업가가 뛴다”, 중앙일보. 2월 28일.

정철환. (2007a). “Kobalization: 한국식 경영이 세계표준으로”, 조선일보. 10월 15일.

______ (2007b). “왜 지금 코벌라이제이션인가”, 조선일보. 10월 15일.

조동성. (2007). “창조경영, 삼성만의 숙제인가”, 조선일보. 8월 1일.

조인스HR통합자료실. (2006). “자기코칭을 지속적으로 하라”, 중앙일보. 7월 12일.

최선욱. (2007). “Web2.0 그 다음은?” 중앙일보. 4월 2일.

최형석. (2006). “돈이 자식 망친다”, 조선일보. 10월 11일.

탁상훈. (2007). “삼성 웹2.0 경영……아이디어·정보공유 시스템”, 조선일보. 3월 14일.

한창수. (2007), "혁신하기 전에 균형부터 잡아라", 조선일보. 5월 12일.

호경업. (2006). "디자인 퍼스트!······ '미친 조직'에 미쳤다", 조선일보 9월 11일

http://www.joinshr.com/comm/pds_view.asp

· 저자 ·

양창삼   ·약 력·
서울대학교 정치학과(학사 및 석사)
서울대학교 대학원(경영학 석사)
웨스턴일리노이대학원(MBA)
펜실베이니아주립대학교
연세대학교 대학원(경영학 박사)
총신대학교 대학원(목회학석사 및 신학석사)
한국사회이론학회 회장
한국인문사회과학회 회장
연변과기대 상경대학 학장
한양대학교 경상대학 학장
한양대학교 산업경영대학원 원장
평양과기대 설립 학사위원
현, 한양대학교 경상대학 경영학부 교수

·조직관계저서·
『조직행동』(법문사, 2007)
『조직혁신과 경영혁신』(경문사, 2005)
『디지털조직과 디지털경영』(형설출판사, 2003)
『열린사회를 위한 성찰과 조직담론』(한양대 출판부, 2003)
『공맹사상에서 문명충돌까지』(한양대 출판부, 2002)
『리더십과 기업경영』(경문사, 2002)
『창의성과 기업경영』(석정, 2002)
『e조직이론』(박영사, 2001)
『인간관계론』(경문사, 1999)
『최신조직이론』(법경사, 1999)
『인간관계와 갈등관리』(경문사, 1997)
『조직혁신과 창조적 경영』(민영사, 1997)
『거시조직이론』(박영사, 1995)
『조직행동의 이해』(법문사, 1994/1999)
『한국의 경영사상』(양영각, 1993)
『조직이론』(박영사, 1990/1994/1997)
『인적자원관리』(법문사, 1991/1994)
『조직행동론』(민영사, 1988/1991)
『현대조직철학』(민영사, 1990)
외 다수

본 도서는 한국학술정보(주)와 저작자 간에 전송권 및 출판권 계약이 체결된 도서로서, 당사
와의 계약에 의해 이 도서를 구매한 도서관은 대학(동일 캠퍼스) 내에서 정당한 이용권자(재
적학생 및 교직원)에게 전송할 수 있는 권리를 보유하게 됩니다. 그러나 다른 지역으로의 전
송과 정당한 이용권자 이외의 이용은 금지되어 있습니다.

경영환경의 변화와 조직의 혁신전략

·초판 인쇄	2008년 6월 5일
·초판 발행	2008년 6월 5일
·지 은 이	양창삼
·펴 낸 이	채종준
·펴 낸 곳	한국학술정보㈜
	경기도 파주시 교하읍 문발리 513-5
	파주출판문화정보산업단지
	전화　031) 908-3181(대표)·팩스　031) 908-3189
	홈페이지　http://www.kstudy.com
	e-mail(출판사업부)　publish@kstudy.com
·등　　록	제일산-115호(2000. 6. 19)
·가　　격	36,000원

ISBN　978-89-534-9287-5 93320 (Paper Book)
　　　　978-89-534-9288-2 98320 (e-Book)